民國歷史與文化研究

九 編

第 3 冊

黨同伐異：「反革命罪」及其爭議（1927~1931）

王慧婷 著

花木蘭文化事業有限公司

國家圖書館出版品預行編目資料

黨同伐異：「反革命罪」及其爭議（1927~1931）／王慧婷 著 ——
初版 — 新北市：花木蘭文化事業有限公司，2019〔民108〕
目 2+226 面；19×26 公分
（民國歷史與文化研究 九編；第3冊）
ISBN 978-986-485-670-1（精裝）
1. 北伐 2. 民國史

628.08 108001116

ISBN-978-986-485-670-1

9 789864 856701

民國歷史與文化研究
九 編 第 三 冊　　　　　　ISBN：978-986-485-670-1

黨同伐異：「反革命罪」及其爭議（1927~1931）

作　　者　王慧婷
總 編 輯　杜潔祥
副總編輯　楊嘉樂
編　　輯　許郁翎、王　筑　美術編輯　陳逸婷
出　　版　花木蘭文化事業有限公司
發 行 人　高小娟
聯絡地址　235 新北市中和區中安街七二號十三樓
　　　　　電話：02-2923-1455／傳眞：02-2923-1452
網　　址　http://www.huamulan.tw 信箱 hml 810518@gmail.com
印　　刷　普羅文化出版廣告事業
初　　版　2019 年 3 月
全書字數　202379 字
定　　價　九編 9 冊（精裝）台幣 17,000 元

黨同伐異：「反革命罪」及其爭議（1927~1931）

王慧婷　著

作者簡介

王慧婷（Wang, Huei-ting），澎湖人，國立東華大學歷史學系碩士，國立政治大學歷史學系研究部博士班肄業，現任職於臺灣西鐵國際物流股份有限公司機場操作部遠雄組。外祖父爲馬公國寶廟宇繪師黃友謙。認爲訴諸暴力、威權統御的政治並非社會進步良方，唯多元思維才能推進國家發展。著有〈合作中反制：1932 年中國在國聯對滿洲國問題的申述〉、〈長春地方當局與駐華領館對萬寶山案的交涉〉、〈政治與規訓：武漢國民政府對「反革命」罪犯的懲處〉、〈嚮往「革命」：近代知識份子的政治追尋 (1890 ～ 1903)〉。

提　　要

　　1927 年，中國出現懲治「反革命」的刑事法規，1927 至 1931 年間，以「反革命罪」起訴的政治案件遍及全國各地。從「國民革命」軍北伐至「訓政」前期，1927 年武漢國民政府曾制定〈反革命罪條例〉、1928 年南京國民政府亦有〈暫行反革命治罪法〉，國民政府以「反革命罪」辦理政治案件，對此類政治犯的認定標準隨著國民黨內局勢的變化而有所異動。「反革命」因應掃蕩政治阻礙之需要，成爲一種權術，本論文以 1927 年至 1931 年中國「反革命罪」之審判與爭議爲研究對象，目的在理解北伐至訓政初期中國的「革命」與「反革命」之爭對司法的影響；並透過分析相關法制如何影響社會，了解 1920 年代中國「反革命」法治的意義與內涵。本論文主要參考中國國民黨黨史館、國史館典藏的檔案與當時的報刊雜誌、時人回憶錄，透過對法制、個案與政治宣傳檢視，闡釋「反革命罪」的緣起及其變化，釐清「反革命罪」在 20 世紀中國的意義與影響，提供一種重新省視中國近現代「革命史」外，「反革命」意識淵源與流變的歷史視角。

目次

圖片目錄

表格目錄

緒 論

　　人們對某段歷史時期或過往事件的理解，往往難擺脫自身時代與環境牽引；因此，義大利歷史學家克羅齊（Benedetto Croce, 1866～1952）才會這麼說：「所有的歷史都是當代史」。歷史由對於過往事件的理解與分析所構成，東亞在百年間經歷政體法制鉅變，其中 20 世紀初中國鼎革局勢，至今仍是熱議不止的歷史議題。近現代歷史研究或相關論著中，多以 1911 年辛亥革命為主軸，「革命」意象在歷史敘述中不斷出現，這類敘事史觀所延展者，無論是「辛亥革命」、「國民革命」、「共產革命」——相關詮釋，皆屬於「革命史」範疇。

　　「革命史」本身帶有主觀性——20 世紀中國國民黨與中國共產黨對立的歷史結構，使得分屬於兩黨統治下陳述者各自闡釋歷史時，難免受到泛政治影響，革命史範疇內，以「革命」為主題或論調的歷史研究得到良好發展，相當程度反映人們對於過往事件的理解相當程度上仍受到當今政治條件左右；如今歷史著作中以「革命」開展之相關議題與研究已經獲得了相當程度成果，只是，革命論述並不能概括一切，前輩研究者成果仍需被後至者重新檢證。歷史研究不存在恆定不變的立論，而是需要不斷檢證，以貼近歷史事實，而一部「革命、革命又革命」的歷史觀，其實不足以概括民國史全部。

　　欲理解「革命」之歷史屬性與特點，有時不妨由其他面向觀察；或許我們可以在其他時代斷面、其他研究資源中取得此議題的反證：肇始於 1920 年代中國「反革命」與「革命」的對立觀念，從意識之爭至被實際運用於法治層面的過程，已經顯示「革命」其實並非一道絕無僅有、無法被撼動、不可逆轉的政治實力，而是不斷被挑戰、被形塑，因而發生變異、有機轉化的政治意識形態。

圖一　一部破爛的民國史又要從頭翻起

圖片說明：時值中原大戰前夕，時事漫畫將當時軍政派系鬥爭比擬作一本
　　　　　開頭就沒理清，又要被從頭掀開的「爛帳」。

資料來源：《大公報》，天津，1930年1月1日，第4張第15版。

　　「世界潮流，浩浩蕩蕩，順之者昌，逆之者亡。」

　　　　　　　　　──孫中山（1866~1925），1916年題於上海觀潮後。〔註1〕

第一節　「革命」的妥協、調和與散場

　　中華民國1912年成立以後，歷經北洋、武漢至南京，政府體制多次變異，直至建國十餘年，「民國」的概念與格局仍不斷變化著；割據無休，戰亂不止，每當一有地方實力派得勢，彷彿「民國」的藍本又重新寫起，令全國惶惑的爭奪不斷上演，民國史如同一部老劇本，一次又一次被掀起。（參見「圖一」）孫中山去世之際，中國國民黨歸結自身始自清末以來革命無法成功的因素，

〔註1〕收錄於劉望齡，《孫中山題詞遺墨彙編》（武漢：華中師範大學出版社，2000年），頁37。

認爲其敗於「妥協」，「當滿州〔洲〕君政顛覆以後，革命政府爲情勢所迫，
不得已與反革命的專制階級謀妥協，此種妥協實間接與帝國主義相調和，遂
爲國民革命第一次失敗之根源。自是而後，革命之進行，每有一度之成功，
必與反革命的專制階級，謀一度之妥協，而每次之妥協，皆足使過去之革命
失去意義。」〔註2〕選擇不再妥協的國民黨，在孫中山去世後繼續推動國民革
命軍北伐，終於推翻北洋政權，在 1928 年以國民黨黨政體制爲基礎的國民政
府統一全國。

　　北伐軍起初以「革命」正統聲勢出征，而軍政與民間賦予其軍事行動與
政治動態「國民革命」的雅號。北伐完成，雖然形式上完成國家統一，卻並
未立即帶給百姓和平，「國民革命」的終結之處，並不是和平開端；黨爭與政
爭，還有軍事衝突，使天津《大公報》1930 年新年曾以「一部破爛的民國史
又要重頭翻起！」爲漫畫標題，將破舊不堪的書籍比作國家局勢，畫家似乎
認爲只要鬥爭不止，前景乖舛堪憂；對於 1920 至 1930 年中國而言，辛亥前
後那些政治鬥爭歷歷在目，卻並未成爲歷史，而是一部現在進行式。

　　以往革命史論述之中，研究者大多肯定北伐時期號召的「國民革命」始
終帶有進步與建國理想的積極正向意義，然而，在革命浪潮之下，當代整體
社會變遷與輿論卻未必皆與政治方面宣揚「革命」的呼召相互呼應；當中國
1920 年代在南方興起號召「國民革命」的北伐之際，反對國民政府與北伐進
行者，被視爲與「革命」者立場相對的「反革命」者，而直接予以批判；當
中卻不乏影響深遠的挑戰者和評論家，於同時代提出有力駁議、並另立山頭
有著實際作勢，影響隨後的格局發展。1920 年代是繼 1910 年代以後另一個
重要的歷史樞紐，而過往歷史學研究對於同時期「革命」理論或「革命史」
論著雖然豐富，1920 年代「反革命」相關議題卻仍未獲得較爲深入的關注；
欲求對民國史有更進一步釐清，則不能不再次將過往學者已經關注過的時代
「重頭翻起」。

　　對於兩岸的歷史研究者而言，「反革命」都是歷史名詞，但在坊間論著中，
它並未絕跡；縱使事件或人物已經灰飛煙滅，但它仍是個醒目的主觀評述，
以此稱號評價歷史的論述未曾斷絕。筆者研究所時期與學友切磋中，發現對
年紀與我相仿的中國學生而言，作爲歷史解釋所出現的「反革命」三字並不

―――――――――――――

〔註 2〕〈中國國民黨接受總理遺囑宣言〉（1925 年 5 月 24 日），秦孝儀主編，《國父
　　　全集》，第 2 冊（臺北：近代中國出版社，1989 年），頁 184。

陌生，是他們學習歷程中就是一種歷史評價，但對於 1980 年代下半葉出生、見證臺灣國立編譯館「國編本」到三民、龍騰、康熙等「百家爭鳴」之歷史教科書改革時代的筆者而言，自國小至高中國民義務教育十二年，「反革命」卻是一個幾乎不曾在教科書中出現的字彙，而僅是歷史書籍上偶然驚鴻一瞥的大字報影像。

　　若大量閱讀中國現代史研究論著與檔案資料，不難發現「反革命」頻繁出現在史料與論述間，尤其是早年觸及國共關係史研究者，敘事中此一詞彙頻率出現頗高，〔註3〕使我心中紮下了一個問題：「究竟，什麼是反革命？」；而這一疑問，又遇 2010 年前後適逢辛亥百年已屆之際，以其劃時代意義下，學界對於「革命史」復重新探討，在多場大小型制不一的學術討論會中的議題，使得筆者自發性去閱讀更多關於革命史研究的論著，也接觸到近期探討「反革命」的新研究，因此第二層疑問由之萌生：「相對於『革命』為主體研究的深入與全面，為何『反革命』相較而言卻是不受青睞的歷史名詞呢？」。

　　「革命史」研究精湛盡出，研究者甚至已能考證出特定革命政治詞彙其首次出現的時間、倡議者、刊登的報刊書目與出版版次等，〔註4〕相關研究豐碩無比；但「反革命」話語之淵源、其出現的時空背景與條件等，卻未有人以同等細膩研究方式處理過。隨著閱讀資料的累積，更多資料卻讓我有更

〔註3〕 在臺灣學界較為罕見使用「反革命」一與論述歷史，但今日在大陸史學界學者著作中，仍然可見此評述，如研究國共關係的著名學者楊奎松著作中亦有「把帝國主義及一切反革命勢力……」之類的語句，沿用國共內戰時期「革命」與「反革命」定義歷史事件的做法卻不常出現在近期臺灣研究著作中。楊奎松，《中間地帶的革命：國際大背景下看中共成功之道》（太原：山西人民出版社，2010 年），頁 200、342。

〔註4〕 1890 年王韜《重訂法國志略》使用了具有現代意涵的「革命」介紹法國史，陳建華考證以王韜為中國「革命」話語首開先河者。對此金觀濤提出修正：1887 年黃遵憲於《日本國誌》中書寫「紀尾井坂之變」（日本明治 11 年〔1878〕5 月 14 日明治維新元勳大久保利通遭到暗殺之事）時已使用「革命」這一話語；又指出王韜於《重訂法國志略》中「首先使用『法國革命』一詞」，金論殊非準確——實際上，王韜與岡本在書中僅書寫「革命」，未曾使用「法國革命」一詞，而 1789 年革命爆發至 1814 年拿破崙流放聖赫勒拿島間的書寫段落中，也始終沒出現「革命」二字。另一方面，早在《日本國誌》與《重訂法國志略》前，晚清中國知識界就已經陸陸續續藉由明治時期日本的翻譯與創作為媒介，受到此新觀念刺激；如岡本監輔的《萬國史記》，更是早於《日本國誌》以前就已在中國流傳。陳建華，《「革命」的現代性：中國革命話語考論》（上海：上海古籍出版社，2000 年），頁 32～33；金觀濤，〈革命觀念在中國的起源和演變〉，《政治與社會哲學評論》，第 13 期（2005 年 6 月，臺北），頁 9～10。

深疑惑：民國以來，無論是報刊、日記或電文資料中，此一詞出現的比率相當高，而以「反革命」爲罪，審判政治犯的方式，並非 1950 年代以後才誕生的。

如今在一般大眾認知裡，所謂「鎮壓反革命」會最直接與中國共產黨黨史連結；眾多人文社會科學領域研究者早已注意到運用「反革命」的現象，但相關議題在 1920 年代中國已經存在的事實，卻罕有研究者關注，至今研究民國史的歷史學者仍未對廣泛存在於北伐前後觸及此一詞彙與罪刑的相關文獻作更細緻探討，「『反革命』究竟爲何會在 1920 年的中國曾興起一番討論熱潮，又具有何意義與影響？」是透過本論文試圖回答的問題。

最初僅是爲了要尋找關於中國「反革命」話語之淵源及內容，以解答自己心中疑惑；目的是對於作爲罪名「反革命」這一話語歷史背景爲藍本，以釐清過去歷史研究中尚未深刻詮釋的現象：什麼是反革命？1920 年代的官方與民間對於反革命的更想與理解有何異同？它究竟造成了什麼實際影響？本論文正是在上述思考過程中構成。

刑罰與律令與人類社會文明中不可分割，是群體用以匡正、齊一個體歧異，以便利統治的方法，而刑事法規無論如何駕馭，執行的反側始終也不乏社群內部批評者，越嚴峻的法，就會有越嚴峻的反議；刑法中最嚴峻的罰則，莫過於治罪者於死。老子曾謂：「民不畏死，奈何以死懼之？」〔註 5〕無分古今中外，在人類歷史中出現過的各種文化與政權都有死刑傳統；透過人性本能恐懼死亡之特性，進行死亡展演，以求達到威嚇效果的刑罰模式淵源流長。〔註 6〕只是名稱或方法上或有些許差異，本質都是透過刑罰，好能鞏固特定秩序。

「反革命」與「革命」的近代意義，誕生於法國大革命時期，是時，「革命」與斷頭台意象結合，民眾圍觀政治犧牲者被處刑的儀式性展示，甚至成爲一種雅俗共賞的時尚；但是在集體狂熱失控時，黨派之爭也逐漸激化，使得斷頭台從「政治懲罰的象徵」變成了「黨派之爭的象徵」。〔註 7〕

〔註 5〕王淮注釋，《老子探義》，第 74 章（臺北：臺灣商務印書館，2001 年），頁 276～277。

〔註 6〕瞿同祖，《中國法律與中國社會》（臺北：里仁書局，1984 年）。

〔註 7〕貝納爾・勒歇爾博尼埃（Bernard Lecherbonnier）著，張丹彤、張放譯，《劊子手世家》（*Bourreaux De Pere en Fils Les Sanson1688～1847*）（臺北：麥田出版，2013 年）。

　　發展至晚近的 20 世紀初期，「革命」很明顯不是太平盛世或政治前景可觀的代言詞。它往往是爲了塑造理想的政治而發生，但無論是在法國、俄國或中國所發生的經驗，顯示「革命」末了來到的後一階段並非立即性地和平，而是，必定歷經一段混亂、甚至是恐怖統治時期：在法國革命時期曾將無數「反對革命」的成員與政爭失敗者送上斷頭台，曾有用以審判的「革命法庭」；而在俄國共產革命過後，「非常委員會」專門審訊「反革命罪」，在俄國 1918 年秋天公布之判決中，「反革命行動」、「反革命宣傳」、「反蘇維埃政府」等理由下，大量政治犯被處以死刑；〔註 8〕1927 年以來「國民革命」過程中的中國，則透過刑事法規執行著「反革命罪」政治清理。這些都是起初「革命」倡議者始料未及的發展。

　　1920 年代中國「反革命罪」司法屬性爲刑事法，所涉及乃是政治犯罪，根據國民政府所頒布的〈政治犯大赦條例〉中，定義「政治犯」爲「因政治嫌疑被通緝者視爲政治犯」、「指犯內亂罪、反革命罪及依法規定與內亂罪、反革命罪」透過上述資料，可以側面理解 1927 年至 1931 年間反革命案件中嫌疑犯或押罪犯在整體司法結構下的定位。〔註 9〕「政治犯」本身是一個範圍較大的總稱，而「反革命」屬於「政治犯」範疇下的特定犯罪類型；「政治犯」概念先於「反革命」而生，中國的「反革命」話語與「反革命罪」發展，與國民黨統治之下政府規模以及該黨組織發展有關。

　　概括論之，「革命」帶有反叛的色彩，然而「反革命」則又是革命過程中的一股逆流。〔註 10〕文化大革命時期將過往優秀共青團員、勞動楷模、先進

〔註 8〕根據 1920 年外電消息的報導數據：俄國犯反革命之罪者有二萬一千零三十一人，1918 及 1919 年俄境內遭「懲治反抗勞農會之機關」槍決者，共有七千零六十八人乃犯反革命罪。〈里昂無線電：俄勞農黨行動漸和緩〉，《申報》，上海，1920 年 3 月 24 日，第 6 版。

〔註 9〕〈政治犯大赦條例〉，《國民政府公報》，南京，第 633 期，1931 年 1 月 1 日，頁 5～7。

〔註 10〕北京清華大學附中紅衛兵 1966 年 6 月 20 日在大字報〈論無產階級的革命造反精神萬歲〉中第一次指出：「革命就是造反，毛澤東思想的靈魂就是造反」學校工作組看了大惑不解，問大字報作者「造反」兩個字如何解釋？現在是共產黨領導，要造什麼反？
在共產政權之下因「造反」兩字的歧異性而產生的政治困惑其來有自——它在現代漢語使用中通常是貶義辭彙，「造反」作爲罪名，等同傳統上宮廷內部傾軋的「謀反」，而共產政權以革命標榜，試圖站在革命的反向，不正是圖謀「造反」，動盪政權的「反革命」嗎？然而在歷史弔詭的發展之下，文化大革命時期的「造反」與「反革命」幾乎各自成爲了進步優秀與退步落伍、忠誠

工作者、生產骨幹、業務尖子及其他積極分子打爲保守派，對保守派共產黨員扣緊「反革命」罪名而進行清理，〔註 11〕這次全國性運動裡，與「造反」相悖的保守份子被扣上「反革命」罪名加以批判；運動裡作爲政敵標誌之一的「反革命」本身並非中國新事物：1920 年代國民政府宣傳中被用以對反對北伐的既得利益者、敵對軍事將領與外國勢力控訴。

　　與其他極權政體下「反革命」案件之審判法理類似，「反革命」作爲負面詞彙，在北伐前後也廣泛被運用於各種群眾運動與刑事審判中，在不同時段、不同政權統治下皆出現如此相似、用「反革命」打壓異己以鞏固政權的政治清理動作，這並不是出於偶然，也不是歷史循環，而是一種觀念延續現象的呈現。

　　「革命」作爲一種手段與方法，僅是政治過程，最終目的是爲了達到「建國」理想。廣州國民政府對於北洋軍閥的一連串軍事行動，如今我們稱爲「北伐」或「國民革命」，由於廣州國民政府在中國版圖之南，「北伐」之稱是其軍事意義，「國民革命」的口號則是其政治意義，〔註 12〕但是在這層「國民革命」的價值背後，所欲達成的是更爲深遠、建立實行「三民主義」之國的理想。

　　孫中山（1866～1925）亟思以「三民主義」建設中國，最終認爲必須經過：「軍政」、「訓政」，以達「憲政」目標。〔註 13〕，「國民革命」軍北伐之際，當是由「軍政」進入「訓政」的關鍵，由於黨權分裂、軍權高漲，1924 年改組以來「以黨建國、以黨治國」的方針，在北伐期間化爲對「黨」崇高精神的認同與孫中山主張「訓政」的貫徹。〔註 14〕隨著「軍政」時期「以黨建國」

與背叛的代名詞，「造反」成爲傾向革命的一種方法，「反革命」則是遭人嫌棄萬世之臭名。
李遜、文漢，《大崩潰——上海工人造反派興亡史》（臺北：時報文化出版企業有限公司，1996 年），頁 46。

〔註 11〕李遜、文漢，《大崩潰——上海工人造反派興亡史》，頁 143。

〔註 12〕蔣永敬，〈同盟會成立的時代意義〉，《百年老店國民黨滄桑史》（臺北：傳記文學出版社，1993 年），頁 39～40。

〔註 13〕「蓋不經軍政時代，則反革命之勢力無繇掃蕩，而革命之主義亦無由宣傳於群眾，以得其同情與信仰，則不經訓政時代，則大多數之人民久經束縛，雖驟被解放，初不瞭知其活動方式，非墨守其放棄責任之故習，即爲人民利用陷於反革命而不自知」孫中山，〈制定建國大綱宣言〉（1924 年 9 月 24 日），秦孝儀主編，《國父全集》，第 2 冊，頁 172；《孫中山全集》（北京：中華書局，1986 年），第 11 卷，頁 102。

〔註 14〕蔣永敬，〈對中國近代革命運動的觀察〉，《國立政治大學歷史學報》，第 7 期（1990 年 1 月，臺北），頁 137。另參蔣永敬，《國父革命運動史要及其思想之演進》（臺北：正中書局，1975 年），頁 150。

階段過渡，「訓政」時期應該邁向「以黨治國」，待其階段性任務完成，最終達到「憲政」目的。〔註15〕

「軍政」階段，屬於北洋軍閥的政治力量固然隨著「國民革命」軍的逐步進逼而消散，革命「正」、「反」二分的概念卻在逐步增強的政治鬥爭下被強化，終使「反革命罪」漸次淪爲政治迫害的法理依據。「革命」與「反革命」對立並非只是抽象政治宣傳或者共產黨在地方推動農民運動、任一方面單獨興起而用於階級鬥爭的展現，而是北伐前後國民黨內各派爭奪黨權的深刻結果，黨爭最終不只改變了國民黨內組織結構，更影響了全中國的社會環境——由政治上互相攻訐的語言進入法律，成爲一種刑事罪名的「反革命」，使政治上層峰對立與派系問題衍生成全國性法治爭議，從而影響社會與庶民。主張「三民主義」統一全國的國民黨政府與主張自由民主的知識分子，在政治立場上的不同，使得「反革命」話語及其相關討論的時空背景充斥著對三民主義與以黨領政主張的正反意見，然而，以支持「三民主義」、「反三民主義」皆不能涵蓋當時對於「反革命」的切實認知，「革命」如何詮釋、如何行動，才行在「三民主義」的正途之上，而不至於落入「反革命」罪惡之中？其認定隨時可視政治需要予以調整。

對於國民黨人而言，阻礙、反對「國民革命」者亦即抗拒「三民主義」；站在國民黨的立場，抗拒三民主義者即與「軍閥」、「帝國主義」同爲異己。「革命」是一種進步，相對「國民革命」軍的北方諸「軍閥」是妨礙中國統一的敵人，是妨礙進步者，在其宣傳中，將盤據北方中國的敵對政治勢力稱之爲「反革命」。在聯俄容共的政策之下，由廣州遷都武漢的國民黨制訂出將「帝國主義」、「軍閥」、「土豪劣紳」、「國家主義」派等「反革命」派一網打盡的刑事法規，以「革命」爲砲口，展開對政敵的緝捕；以「革命」自居而控訴「反革命」的現場，有如一場戰爭，但是，這場內戰不再以北洋軍閥爲主要討伐對象，討伐者與被討伐者，亦不再只以軍事占領地劃據，而是意識形態、主義之爭的廝殺戰鬥！

交戰群體除了從屬政黨不同之外，同室操戈的情形亦並不少見。〔註16〕

〔註15〕 張玉法，《中國現代政治史論》（臺北：臺灣東華書局股份有限公司，1988 年），頁 183。

〔註16〕 國、共、青三黨在 1920 年代之際有著密切而對立的關係，以青年黨爲例，根據李璜回憶「中國青年黨與中國共產黨法國分子雖自 1923 年冬天起即已鬥爭甚烈，但雙方人馬，不是學生同住宿一個學校宿舍中，便是工人在工廠附近

在國民革命陣營內部共產主義與三民主義角力之下，「反革命罪」成為一種清理異己的手段，「左」、「右」之間，「寧」、「漢」、「滬」三中央分立時，「反革命罪」成為武漢國民政府與南京國民政府在相同政黨與主義之下，各自尊己為「正」，斥對方政權為「反」的宣傳話語與法律術語。

「政治是殘酷的，黨的鬥爭尤其是殘酷的。」〔註17〕中國 1920 年代與「反革命」相關的論述內容不斷變化，以國民黨為主的論述者使之成為反對「革命」力量與造成退步的負面象徵詞；此一詞彙在北伐前後的擺盪尤其劇烈。「反革命罪」在北伐前後引發各界討論，以國民黨內黨爭問題為濫觴，產生各種不同解釋意見；而政爭中草擬出的此法，成為揭舉政治犯、思想犯根據，產生以防範、懲戒「反革命罪」犯行為目的的刑事法規，相關概念進入中國司法後不斷發生變化，其淵源是來自於國民黨內部的黨爭動態，後續效應卻不限於政治，影響甚鉅。

本書的研究主體是「反革命罪」相關制度、施行概況與輿論反應，時間斷限為 1927 年至 1931 年。自武漢國民政府於 1927 年 2 月 9 日公布〈反革命罪條例〉起至南京國民政府於 1931 年 1 月中止〈暫行反革命治罪法〉，「反革命罪」作為刑事律令共有四年之久，此時期包括武漢國民政府和南京國民政府時期，其中有關聯俄容共、寧漢分裂、清黨、馬日事件、建國十年等議題已經獲得相當豐碩的研究成果；然而相較於前述研究領域的學術成果，「反革命罪」與刑罰雖已有部分學者在研究中觸及，然而嚴格來說，無論是透過制度、政治、社會概況進行的歷史研究，尚未有學者針對發生於這段歷史時期的「反革命罪」本身脈絡與流變進行深入分析，又或者在其著述中並未著墨太多。由於過去沒有深刻處理，使現有研究當中存有著大量錯誤認識，〔註18〕使得欲探其究竟的人們，僅存有普羅大眾對於文化大革命或其他 1949 年後共

合租一屋，連舖共棲，因之雙方私人仍接觸頻繁，不過大家心裡有數而已」誠可謂是標準的「同室操戈」。李璜著、沈雲龍節錄，《學鈍室回憶錄》（臺北：中國青年黨黨史委員會，1985 年），頁 41。

〔註17〕陳公博，〈軍中璅記〉，《寒風集》（上海：上海書店，1989 年），頁 138。

〔註18〕過去如蔣永敬等學者把武漢國民政府時期對「反革命」的處置視為國民黨內跨黨份子偕同共產國際在農民運動層次進行獨斷司法的舉措，然而，藉由資料可見武漢國民政府內未跨黨的政治領導人在懲治「反革命」過程中其實也扮演了重要角色，相關措施絕非單純是共產黨「赤色恐怖」專制產物，而「反革命罪」的範圍也超出農、工運動之外。蔣永敬，《鮑羅廷與武漢政權》（臺北：傳記文學出版社，1972 年），頁 19、261～262。

產黨政權下存在「反革命」案件的歷史記憶，但論及中國在 1920 年代所存在「反革命罪」的事實，卻彷彿走進一片歷史迷霧一樣，其面目模糊，反映出當代研究者對此議題仍缺乏深刻理解。

自武漢國民政府至南京國民政府制訂法規並施行緝捕「反革命罪」的這段期間，眾多人民遭到起訴。與其將「反革命」詮釋的運用視為一種抽象政治辭令、政治迫害之律法、或簡化為一套「反軍閥」、「反帝國主義」的救亡圖存意識，不如將這項歷史事實作為觀察政治、軍事局勢變化下的立足點。以圍繞「反革命罪」的刑事法規之制訂與修訂過程、爭議切入，目的之一，在簡單梳理相關法規與爭議，釐清前人研究中未處理的基本概念，了解國民黨對應不同政治局勢下「反革命罪」之定義如何異動、如何作為政治或法律實踐；其次，本書之所以不以政治宣傳中的「反革命」用語為研究對象，而僅抓牢 1927 年至 1931 年為研究時段，選擇研究此間「反革命罪」本身的流變，則是希望透過研究「反革命罪」，抽離革命史觀下以任一方為正統的批判或論斷，提供「國民革命」史觀之外對於北伐至訓政期間更多元的歷史理解。

總結研究焦點：探討「反革命」作為刑事罪名的存在以及其爭議性，目的在於理解相關法規在 1927 年至 1931 年間的中國究竟有何意義，透過個案分析與報刊輿論顯現之相關議題探討，理解「反革命罪」出現的歷史背景與環境。藉由對「反革命罪」興起與終結的探討，期待提供另一種與革命史觀有所差異的歷史詮釋。

第二節　「革命」脈絡下的「反革命」伏流

「革命」與「反革命」並列呈現的醒目標題，並非歷史研究者所首創，而是具有預設立場的政治理論結構，對革命認知別為「正」、「反」本身，就是以理論劃分我者與他者的意識型態；五四以後，兩者所展現的對立觀是民國時期政治與社會議題之一，是具有時代性的政治意識型態衝突現象。然而，「革命與反革命」、「革命／反革命」、「反革命」的現象與論述，並未成為歷史研究的熱議而得到完整分析，就目前研究成果觀之，關於相關概念透過翻譯進入中國的時間、關於「反革命」的詮釋、時人如何理解以及此概念在政治層面的運用究竟如何，目前仍值得研究者進一步探索。

　　早年臺灣方面研究者不乏點明「革命」史觀盲處的先見者。李達嘉〈從「革命」到「反革命」——上海商人的政治關懷和抉擇，1911～1914〉〔註19〕一文就曾指出：以「革命」和「反革命」來進行臧否論斷，正是「革命史觀」支配研究所存在的一大問題。〔註20〕在很長一段時間裡，兩岸歷史研究中使用「革命」與「反革命」評價，旨在凸顯單一史觀論述的政治象徵，呈現一種對於歷史現象後見之明——是以單一政黨的正統性爲依歸，而非純就當時代之歷史現象、事實來分析，將歷史事件屬性以符合「辛亥革命」、「國民革命」、「共產革命」與否分裂爲「正」、「反」來理解。上述情形受限於過往的研究環境，然而在北伐與清黨等種種歷史議題得以脫離政治影響與正統論研究的今日，吾輩後生自當力求反省，以免陷入既定的歷史研究框架中：站在21世紀，我們是否能重新對當時「革命」與「反革命」的政治宣傳或政令運用有更爲全面的理解、或梳理出一套新的詮釋？

　　晚近關注相關論述的再詮釋者反而來自社會學界，而非歷史研究者。黃金麟以「革命」與「反革命」爲概念修正對以往將清黨等同清共、分共的詮釋，〔註21〕敏銳地指出「革命」與「反革命」之爭論是「寧漢和國共之間的各自自命爲革命，錫封他人爲反革命的作爲」。〔註22〕有別於以往將格局限縮在單純的國共相爭，黃金麟不僅跳脫容共、分共的框架，他以社會學概念指出武漢與南京方面操控話語權的意圖，以及在黨政爭下「反革命」的工具化：繼武漢之後，南京也搬出懲治「反革命」的種種刑事法律條文，顯示出的不是單純地反共，乃是證明國民黨部各派勢力爲「鞏固國民黨黨權」、乃不惜與黨內同志齟齬、針鋒相對。

　　王奇生則當是歷史學界首先重視「反革命罪」議題的研究者，其研究揭示一段在「革命」正統論述下「反革命」話語流變的過程，顯示譴責性政治話語轉變爲一種嚴厲刑事罪名的政治意義；又臚列武漢1927年〈反革命罪條例〉的條文以比對蘇聯〈國事罪條例〉，證實這項條例與〈國事罪條例〉之聯

〔註19〕 李達嘉，〈從「革命」到「反革命」——上海商人的政治關懷和抉擇，1911～1914〉，《中央研究院近代史研究所集刊》，第23期（1994年6月，臺北），頁237～284。

〔註20〕 李達嘉，〈從「革命」到「反革命」——上海商人的政治關懷和抉擇，1911～1914〉，頁240。

〔註21〕 黃金麟，〈革命與反革命——「清黨」再思考〉，《新史學》，第11卷第1期（2000年3月，臺北），頁99～143。

〔註22〕 黃金麟，〈革命與反革命——「清黨」再思考〉，頁135。

繫。〔註23〕他認為「反革命罪」之建構與誕生，實與國民黨、共產黨、青年黨三大黨進行的黨爭有關，而「反革命」的司法審判是以「殺雞儆猴」為目的——就表層結構看來，〈反革命罪條例〉乃是專門處置北洋戰犯的政治法，但其中隱含著對於國民黨軍事領導人蔣中正（1887～1975）的警惕。〔註24〕但文中未將聯俄容共的大背景與納入歷史因素考量。

王氏研究卻存在史料運用的瑕疵：由於以「反革命」入罪為特定時空政治產物，若不涉及該法制訂的時空環境，似乎不足以完全說明這項法規的制訂過程及其涵蓋的意義；且僅分析審訊戰犯陳嘉謨（？～1927）、劉玉春（1878～1932）之反革命案，便斷言「反革命罪」是針對北洋戰犯的法規，是以單一個案概括武漢國民政府轄下的一切反革命刑事案件，忽略當時其他案件中罪犯多元的身分，案例資料舉證不足，使得在這篇探討「反革命」刑罰與中國政治、社會文化之研究中，僅舉當中一案件資料為孤證，難免見樹不見林之虞。

「反革命」入罪化的過程，實與與聯俄容共下蘇聯方面對中國共產黨的指示，以及兩湖地區對農民運動執行、寧漢分裂等大背景有關。關於此時期的地方概況，鄭建生研究農民運動曾指出：〈反革命罪條例〉與〈懲治土豪劣紳暫行條例〉兩條法律的條文，都是近代中國黨派制定、操控法律以對付反對者之惡法濫觴，純粹以政黨利益及意識型態作為論罪標準，以嚴刑竣罰打擊、壓迫、控制敵人甚至全體公民，加強政黨控制社會能力，並輔助黨國的國家政體建構；這種立法程序，可以說是當時扭曲時代精神的展現。〔註25〕

鄭建生以為的「時代精神」，或許指的就是民意方面反威權、反政治、追求民主的訴求。中國當時政治干預司法乃是常見之事，除南方於國民革命之際有以「反革命」懲辦異己外，北洋政府之下亦有對「赤化」份子的拘捕，〔註26〕司法審判難保中立，政治干預乃是當時普遍的司法問題，而非南方所

〔註23〕〈反革命罪條例〉與〈國事罪條例〉條文比較，揭櫫於王奇生，〈「北伐」與「南征」與「反革命罪」的緣起〉，《革命與反革命——社會文化視野下的民國政治》（香港：香港中和出版有限公司，2011年），頁144～145。

〔註24〕王奇生，《革命與反革命：社會文化視野下的民國政治》，頁138～140。

〔註25〕鄭建生，〈國民革命中的農民運動——以武漢地區為中心的探討〉（臺北：國立政治大學歷史研究所博士論文，2007年），頁97。

〔註26〕〈槍決多數青年詳訊　冤乎抑該死　當局不肯宣布罪狀〉，《盛京時報》，瀋陽，1927年10月28日，第1版。

獨有，〔註 27〕官方與民意對於司法上的政治犯問題意見上時常相左，呈現針鋒相對的狀態。由於鄭論主要側重仍是地方上農民運動情狀，故在「反革命罪」這方面並無進一步討論。

此時共產黨首先試驗性質地欲以蘇維埃模式進行的土地革命亦與「反革命罪」的起源有所連結。在北伐前後，1925、1926 年間兩廣農民運動開始有了激烈衝突，武漢國民政府管轄下的兩湖地區，在 1927 年因黨內共產黨跨黨份子有組織地發展農民運動，在鄉村運動農民與士紳對立，其中尤以「有土皆豪、無紳不劣」等口號與對大批地方菁英的捕殺爲甚；而在漢口等城市則逮捕軍人、學生、工人等有「西山會議」派與「國家主義」派嫌疑者，喊出「反共產即反革命」的稱號，造成外界有「赤色恐怖」之觀感。〔註 28〕

張世瑛考察了湖南地區農民運動，指出中共幹部眼中，「土豪劣紳」、「貪官污吏」或是「反革命分子」這三者之間有無差別並不重要，最要緊的是，他們是否符合「反抗革命或阻撓革命」的罪名。〔註 29〕從北伐時期湖南農運寶貴經驗裡，初出茅廬的中國共產黨藉由群眾公審「土豪劣紳」之公開儀式，學習到了群眾暴力的表現方式。就共產黨而言，「反革命」乃奪權模式下的一種手段；而國民黨人此時卻也著手制訂「反革命罪」之刑法。顯示「反革命」不僅是中共土地革命的獨特措施，國民黨內亦有其制訂相關法律的考量。

對中國近現代史領域而言，「反革命罪」議題或許堪稱是一處新領域，相關議題觸及者寡，歷史學界目前對於「反革命罪」研究成果皆僅止於單篇論文篇幅的探討。除了歷史研究外，近期法學研究成果亦值得矚目：劉恆妏

〔註 27〕　1927 年 5 月《大公報》社評云：「最近而國人之死於語言文字者，又日以眾，夫至以語言文字殺人，而人知能逃其死者僅矣，而殺人之又不經正式機關，或以特別裁判、或假手於暴徒，人隨在可死，死者不能盡得其名，得其名者人又不盡知……李大釗死於軍法裁判、葉德輝死於人民裁判、陳獨秀於昏夜爲工人所暗算、漆樹芬於白晝爲商團所狙擊，……則今之所謂士，其將無所逃於天地之間矣！」〈社評：打倒語言文字〉，《大公報》，天津，1927 年 5 月 13 日，第 1 版。另外，在 1927 年的中國《法權報告書》中，跨國界專業人士組成、來華考察的法學團隊在報告書中多有指陳中國的司法現象，如當中人權低落與司法獨立性不足等，均可見當時中國的法政狀態，實與二〇世紀歐美等國家對現代國家的司法概念有所出入。(《法權報告書》全文於當時各大公共性報刊、雜誌上均有附載，然其公開內容或有部分不同，在此不便逐一引註)

〔註 28〕　曹慎修，〈紀載：赤色恐怖下之兩湖最近現狀紀述〉，《民國日報》，上海，1927 年 7 月 30 日，第 1 版。

〔註 29〕　張世瑛，〈罪與罰──北伐時期湖南地區懲治土豪劣紳中的暴力儀式〉《國史館學術研究集刊》，第 9 期（2006 年 9 月），頁 49～101。

由「反革命罪」及其相關言論、法律修訂的相關檔案資料，析探南京國民政府時期的法律論述——「革命」、「反革命」等不確定概念之意涵，在法律操作中，是如何被具體化。論文中指出：南京國民政府在「反革命案件」審理程序中，特別採行了陪審制度，而此「黨員陪審制」，限定「25 歲以上的中國國民黨員」具有陪審員資格，仰賴黨員對黨的忠誠與對黨義的認知，去定義「反革命」與否。〔註30〕藉由上述論點，點出當時國民黨極力推行「司法黨化」、「黨義折獄」等現象，在其論文中，認為此無疑是黨的革命詮釋權擴張。〔註31〕

關於「訓政」時期「反革命」罪犯的處置，目前歷史學界仍然缺乏進一步探討，但相關的爭議在前人研究中已有所提及。針對南京國民政府時期對「反革命」罪犯之法理爭議，蔣永敬〈胡適與國民黨〉（1980 年）、〔註32〕〈國民黨實施訓政的背景及挫折〉（1992 年）、〔註33〕以及楊天石〈胡適和國民黨的一段糾紛——讀胡適日記〉（1991 年）〔註34〕，都曾提及 1929 年胡適針對陳德徵（1893～？）提出「嚴厲處置反革命份子案」的批評，然而造成爭議的「反革命」法或相關審判與其淵源，並非其研究核心，自然未對生成於武漢國民政府時期的相關法規與判例進行研究，但其研究中指出黨治問題之爭議，正是圍繞「反革命」罪與刑罰討論的核心。

〔註30〕 劉恆妏，〈革命／反革命——南京國民政府時期國民黨的法律論述〉，王鵬翔主編，《2008 法律思想與社會變遷》，中央研究院法律學研究所籌備處專書第 7 冊（臺北：新學林，2008 年），頁 290。其實在劉恆妏以前，有兩篇以反革命罪為討論的學位論文：李有容，〈中共社會主義人權觀之研究——以反革命罪為例〉（臺北：國立政治大學東亞研究所碩士學位論文，1999 年）。以及陳毓雯，〈中共刑法反革命罪章之研究〉（臺北：文化大學法律學研究所碩士學位論文，1992 年）。兩篇處理的也是「反革命罪」，然而這兩篇與本研究的屬性及範圍相關性不高，關注議題也完全殊異，故不列入討論。此外，吳奇英，《中共專政下的反革命份子》（臺北：韋柏文化事業出版社，1998 年）是以中共建國以來的「反革命」罪為討論的專著。以上四位研究者皆非歷史學家，除劉以外的研究者，研究時皆未注意考察 1920、30 年代聯俄容共至訓政前期國民政府對「反革命」的司法審判與中國共產黨於 1930 年代萌芽的「反革命」審判、司法理論是否有所連結。

〔註31〕 劉恆妏，〈革命／反革命——南京國民政府時期國民黨的法律論述〉，頁 255～304。

〔註32〕 蔣永敬，〈胡適與國民黨〉，《百年老店國民黨滄桑史》，頁 215。

〔註33〕 蔣永敬，〈國民黨實施訓政的背景及挫折〉，《百年老店國民黨滄桑史》，頁 191。

〔註34〕 楊天石，〈胡適和國民黨的一段糾紛——讀胡適日記〉，《蔣介石與南京國民政府》（北京：中國人民大學出版社，2011 年），頁 209～215。

綜觀歷史學界研究，當前對於 1927 至 1931 年間涉及「反革命罪」案情
細節以及審訊過程仍缺乏梳理。而本論文藉由收集當時輿論反應，對比黨政
規劃，顯示此時政府與知識分子在不同立場上對於「反革命罪」的觀點。〈反
革命罪條例〉與〈懲治土豪劣紳暫行條例〉概念頗多可互通之處，在以往研
究農民運動的論著之中僅略為論及；「反革命」、「土豪劣紳」罪名之內容不詳，
故其施行狀況之異同亦是未來可進一步研究的議題，雖在本論文中對此亦著
墨亦不多，但希望先透過此釐清 1927 年至 1931 年「反革命罪」的研究，提
供日後學者著手相關議題研究基礎。

　　當前有關 1949 年以前「反革命罪」的源起問題，已有岳新宇在 2008 年
的研究，其碩士論文中直接探討了 1920 年代中國「反革命罪」的源流與變異
過程，與本論文的研究範圍重疊，〔註35〕同樣使用了法條、律令、司法解釋、
輿論分析，其研究仍以法學為主要焦點，而本論文關注的則是其歷史意義，
在法學中較不關注黨派問題，卻是觸及這段時期國共關係的歷史研究所必須
著重討論的焦點。

　　近期史學界有王奇生集結了過去研究「反革命」法規淵源有關的數篇文
章，集結為專書的歷史學術成果，〔註36〕但於王著中，針對武漢國民政府時

〔註35〕岳新宇，〈二十世紀二十年代中國反革命罪考論〉（北京：北京大學，2008 年）
　　　　碩士論文。岳新宇，〈20 世紀 20 年代中國反革命罪考論〉，孫家紅、俞江主編，
　　　　《近代法的維度——李貴連教授榮休紀念論文集》（北京：九州出版社，2013
　　　　年），頁 400～430。

〔註36〕王奇生對「反革命」之研究皆以單篇論文形式發表，而後集結在論著中，以
　　　　《革命與反革命——社會文化視野下的民國政治》命名，實際上僅有兩篇探
　　　　討「反革命罪」：其第三章〈「革命」與「反革命」：三大政黨的黨際互動〉是
　　　　以發表於 2004 年《歷史研究》上的〈「革命」與「反革命」：一九二〇年代中
　　　　國三大政黨的黨際互動〉一文為基礎；書中第四章〈「北伐」|南征與「反
　　　　革命罪」的緣起〉與 2011 年已刊之〈北伐時期的地緣、法律與革命——「反
　　　　革命罪」在中國的緣起〉、〈「反革命」的源起與剔除〉，係同篇論文改寫；在
　　　　2013 年，王奇生又以單篇文章方式發表〈國民革命時期「反革命罪」提出的
　　　　經過〉，然而此文內容並未超出前著〈「北伐」「南征」與「反革命罪」的緣起〉
　　　　一文的內容，實無新論點提出，僅可視為是前著的精簡版。而《革命與反革
　　　　命——社會文化視野下的民國政治》首先由北京社會文科學文獻出版社出版
　　　　後，翌年之海外增修本內容仍無太大異動。故雖然王奇生本人著作頗多，嚴
　　　　謹而論，目前探討「反革命罪」實際上仍只有兩篇。
　　　　王奇生（以下作者同），〈「革命」與「反革命」：一九二〇年代中國三大政黨的
　　　　黨際互動〉，《歷史研究》，2004 年第 5 期，（2004 年，北京）；〈北伐時期的地
　　　　緣、法律與革命——「反革命罪」在中國的緣起〉，《近代史研究》，2010 年第

期審判「反革命」案件的探討僅以一例舉證分析，以至於錯以「反革命份子」為針對北洋戰犯的罰則——該研究認為此法係武漢國民政府司法部，為了回應民眾要求公審陳嘉謨和劉玉春的願望，並在一定程度上以「反革命」作為政治宣傳與刑事樣板，但「反革命罪」的案件並非針對陳、劉審判，亦非只針對軍事上的戰犯而專門制訂的刑法，軍事戰犯事實上在「反革命罪」拘捕中，只占其中一部分，當時多數反革命犯屬於國民黨員；〔註 37〕故王奇生研究中將反革命案分析為北伐前後軍事戰犯處置的理解，與涉案政治犯職業遍及商民、工人、學生、軍人等的事實不合；以「反革命罪」引起討論對應南北地緣政治關係的論點值得商榷，因為「北伐」與「南征」之議並非「反革命罪」案例中討論的主軸。此外，該法是在聯俄容共背景下，武漢方面國民黨與黨內跨黨份子（即國共雙方聯手）對於異議份子的處置方式之一，國民黨內跨黨人士在此間的重要性，以及武漢方面清黨前後政治背景，使得「反革命罪」被廣泛運用於清理政治障礙、排除群眾運動中的異議份子，在軍事審判外，實際上有許多案例實屬政治清理，在文中未能有更進一步的說明。

而關於南京國民政府時期「反革命罪」的法制研究者中，劉恆妏認定「中國國民黨壟斷控制了法令的制訂權限」，但「壟斷」一字使用上，似乎值得商榷——劉忽視了國民黨內部本身派系林立、各地政局實際分而治之與此法根源於武漢時期律令基礎的事實，相關法律制定之初跨黨人士對黨內影響的多元因素，在其研究中被忽略；另一方面，即便到了南京時期，法律與黨組織亦有意識型態上矛盾與實際利益衝突存在，並不存在一個強而有力的中央與方向一致的黨的意志，國民黨在「反革命」相關法律制訂上充滿了爭議，除受黨外反對勢力牽制，黨內派系林立，亦難取得絕對共識，所謂「黨」的單一意識是否存在，頗值得存疑。由於作者受限於資料特性與議題侷限，因而未使用報刊資料檢視時人評論，此部分且容筆者於論文中補充與論述，以盼多方檢視黨政與社會互動狀況，並將之呈現。

---

1 期（2010 年，北京），頁 28～39；王奇生，〈「反革命」的源起與剔除〉，《政府法制》，2011 年 12 期（2011 年，北京）頁 46～48；〈國民革命時期「反革命罪」提出的經過〉，《武漢文史資料》，2013 年第 4 期（2013 年），頁 24～29；《革命與反革命——社會文化視野下的民國政治》（北京：社會科學文獻出版社，2010 年）。

〔註 37〕 在 1927 年春季，黃埔軍校生與其他黨派政治犯被拘捕人數之眾，間或勝於北洋軍事犯。

　　綜觀目前學界對「反革命罪」的現有研究成果：兩岸學者頗早就有志一同留意到胡適（1891～1962）對「反革命」法規修改提案表態中所涉及的「嚴厲處置反革命份子案」與相關後續討論。除前述之蔣永敬與楊天石在距今二十多年前的研究成果外，李雲漢、鄭建生、陳耀煌、田湘波等研究者亦在研究中曾提及相關案件，但案件之因果、淵源皆非上述研究者關注焦點所在，故在法規名稱或適用範圍上，未有深入解析，而所引用之法規正式名稱亦因此偶見錯誤。1949 年以前中國的「反革命」罪如何認定，又造成何種影響？而該法與 1949 年後中華人民共和國治下的法規是否存在延續性？至今無論是在法學、政治學或歷史學研究中，對相關議題仍欠缺完整的認識。

第三節　「反革命」在中國的主體與架構

　　在接下來的章節中，將採用歷史研究法，以檔案爲基礎，旁及報刊資料爲輔，又藉日記與人物資料佐證，以探討「反革命」作爲刑事罪名的存在以及其爭議性，查驗相關法規在 1927 年至 1931 年間的中國究竟帶有何時代特性；透過個案分析與報刊輿論顯現的相關議題，理解數年之內「反革命罪」在武漢國民政府至南京國民政府轄下出現的歷史背景與環境，以至於其最終帶給中國的影響；藉由對「反革命罪」興起與終結的探討，其實也足以佐襯出「革命」相關概念並未隨著帝制中止、權力轉移而瓦解，清末以來的概念繼續流轉，反而轉化成了民國時期黨治政體核心，促成 1920 年代的黨政轉型，此段社會結構，確實是中國政治承上啓後的重要架橋。

　　「反革命」一詞，並非中國所獨有，然而這是中國古籍經典中未曾有過的詞彙，而在民國時期首次出現；它隨著翻譯概念而來，將漢語原有「反」的概念與「革命」結合爲一組新話語，並在俄國大革命與其後續風潮影響之下，漸漸爲中國所認識。若要開展「反革命罪」的議題，不可不妥善梳理「反革命」三字在中國話語淵源與流變的概況，然而在新文化運動以後，琳瑯滿目的報章雜誌開啓了一段新聞業飛黃騰達的時代，〔註 38〕大量的自辦報刊、

〔註38〕「新文化運動」的名詞，雖然是在「五四事件」以後半年才流行，但在當時或其後樂於使用這一名詞的大多數新知識分子，他們所指的「新文化運動」，實際上的範圍，實在是涉及文化，乃至於政治、社會、經濟等各方面的活動；嚴格來說，「新文化運動」早在「五四」前數年就開始，並且爲五四事件開路，而五四運動的展開，則確有助於新文化運動的普遍、壯大與瀰漫。呂芳上，《朱執信與中國革命》（臺北：私立東吳大學中國學術獎助委員會，1978 年），頁 230。

主義宣傳、黨政機關報、民營報業如雨後春筍般湧現，此詞彙竟最早誕生於何處、由何人首先使用、最初運用之際的目的是什麼？如今難以探其究竟。雖然「反革命」概念出現的細緻考證，在目前歷史研究實務上難以進行，但仍不妨礙對於相關話語進入政治領域的脈絡分析。是以，透過較為單純的取材方式，本書以中國國民黨黨國體制下對「反革命」的理解出發，簡單論述國民政府對「反革命」的運用，以供讀者查驗它由政治宣傳轉向刑事術語，其本質差異由何而轉變、如何詮釋而來。

在寫作文稿之際，筆者所能見到時間點最早可考的檔案文件，是 1920 年代中葉的政治宣傳。1924 年「廣州商團」事件前後，是國民黨興起，運用「反革命」一詞為宣傳、講述理論之用的關鍵年代。是故本研究著重於該事件發生後各界的觀感，以此作為本文介紹「反革命罪」的起點。時值廣州國民政府轄下，對比當時共產主義主要機關報《嚮導週報》與國民政府方面的宣言、相關電文等，配合黨政人士回憶錄，便可稍微勾勒出「反革命」用語在北伐過程中已產生漸變，並在黨內各派拉鋸之下，逐漸轉向激烈化的過程。

北伐至訓政初期之地方運動、政治制度、涉外事件中，「反革命」三字的運用不勝枚舉，並有一系列相關法規與本論文所研究的「反革命罪」脈絡相繫，然而相關法規之制定與運用，更多與國民黨內跨黨之共產黨員主導的農民運動有關，又或者涉及制度史範疇，與本文所探討「反革命罪」的聯繫相對薄弱；另外，根源於國民政府早期尚未完成建制的混亂，其法制資料與個案資料，在今日僅存片段，不足以考證當時在地方施行「反革命罪」與審判的全貌。

最晚在 1926 年地方審訊土豪劣紳的過程中，已明文出現「反革命」三字之用，然而各地審判過程與內容如今難以逐一考察，若涉及「土豪劣紳」之概念範圍，則必須比較兩者異同予以妥善分析，如此一來，在「反革命罪」的議題處理上，將難以顧及全體，故本論文核心只在國民政府律令上明確出現「反革命」三字的刑事法規著手，僅能先行就武漢國民政府〈反革命罪條例〉及南京國民政府〈暫行反革命治罪法〉適用範圍的案件與爭議限縮研究，將黨治下司法方面的審理與環境勉強連結，先求對於複雜歷史環境重新建構，理解相關法政變化因果關係。另一方面，由於當時司法判決書的不可得，故在運用上倚重民國初年報刊時常刊載的地方司法消息，在相互交叉比對後，方得將確實以〈反革命罪條例〉或〈暫行反革命治罪法〉審訊之案件予以進行歷史研究分析之用。

　　在〈反革命罪條例〉制訂之際，國民黨與共產黨間的政治對立已漸次擴大。若欲以個案切入理解其時代脈絡，則必須考察當時的刑事案件審理辦法，如今當時的判決書與報告文件保存並不齊備，「土豪」、「劣紳」、「工賊」、「反動」、「反革命」等稱謂，在此時期頻繁出現，然則，對於人犯的實際判決與所犯罪項，大多無從考察，所幸報刊資料與會議之決議資料中，仍有少數案例可資參酌；除中央方面有南京時期《國民政府公報》刊載頒布之法令外，當時地方法律條文，則以各地報紙轉載的方式留存，在比較版本的過程中，發現與大陸方面出版之資料彙編有所出入，故仍以公報為主要文本；此外，武漢國民政府時期政府公報的部分內容，在本著寫作時未能搜得，而泰半彙編資料並未明確註明引述原始資料版本，是以在比較內容後，依時代先行原則，本論文在武漢時期法條部分選擇報刊資料為文本。其他史料運用狀況，分述如下：

　　檔案資料方面，本文主要運用黨史館庋藏之「一般檔案」、「漢口檔案」與「會議紀錄」，國史館「汪兆銘史料」、「蔣中正總統文物」、「國民政府檔案」；主要運用軍政要人的電文、相關法政案卷，以釐清國民黨對於「反革命罪」之相關法制制度的構想形成過程。史料彙編運用以《中華民國史事紀要》、《司法院解釋彙編》為主。

　　年鑑、公報方面，年鑑資料主要運用臺灣方面國史館、黨史館編輯之年鑑，以及近期建置之資料庫，公報主要使用南京《國民政府公報》，政府公報內容有法規、命令，透過政府公報之內容，可以理解當時法制規定與政府施政成效，另有透過《最高法院公報》、《司法院公報》等查看法規解釋條文；主要運用以查證法制與司法判決之解釋、各地方法院審判與司法狀態。

　　使用報刊資料，必須面臨特殊時代文本屬性、以及報導者立場的考驗，北伐至訓政之際「反革命案」雖然頻繁出現，然而相關討論並不多；「反革命」案件乃是遍及於全國性的政治犯審判，而各地常有誣告之事出現，對比報刊所列之各地法院消息與輿論評述，卻發現討論者頗少，與案件頻繁出現以及各地法院常有司法解釋爭議比對，這麼少的討論相當令人匪解。若報紙沒有相關議題的討論，通常原因有二：該議題不被大眾重視；又或者，有其他外力致使討論稀少。然而筆者以為造成這樣結果的並非前因，畢竟，在民國時期眾多報刊常刊載法院判決書與過程，其中涉及「反革命」的案件並不在少

數，但恐怕是民國以來當局慣性對言論限制的狀況，〔註39〕致使在國民政府統治之下輿論的自由有所受限，致使在官方立場之外討論「反革命」相關資料頗少。

於南方報紙或黨機關報刊如廣州《民國日報》、上海《民國日報》，似乎未能見到個案的詳實報導，僅有新聞內容相當有限地揭露，通常必須透過比對同日其他報刊才得以查知更完整的案件情況；案件方面，更是僅有《漢口民國日報》、《大公報》、《申報》刊載較為完整的法庭辯護過程，其中部分個案僅見於單一報刊報導，然在截至本書完稿仍未能搜得其他相關資料，故在本行文間，武漢、南京方面對案件的判決與處置，無法引述其他立場報刊的相關報導；受限於個人能力與時機，期盼這方面的不足，能於日後以其他旁證補之。

期刊、報紙資料，在本論文大量引用《漢口民國日報》、上海《醒獅週報》、天津《大公報》、天津《益世報》、上海《民國日報》、上海《嚮導週報》、上海《現代評論》、瀋陽《盛京時報》、上海《申報》、上海《新月》、北京《晨報》、北京《世界日報》、南京《中央日報》等報刊資料，以上報刊資料方面，主要使用刊登之政論時評與案件報導。天津《益世報》亦以其超然於中國黨政關係之外的宗教辦報出發，對於時政與民生、經濟、文化諸多議題有客觀詳細的報導，多元角度視野與其辦報理念，使得新聞消息多以持平立場報導，報業特性，使《益世報》成為具有參考意義的時代實錄；北京《世界日報》為成舍我（1898～1991）所辦的新式報紙，內容涵蓋國內外消息，當中亦有對於「反革命」相關報導；而不可不提王世杰（1891～1981）等所辦的《現代評論》，「時事短評」欄廣泛述評國際局勢和中國現實政治、軍事、經濟狀況，有唐有壬（1894～1935）等名家時常發表論述，對知識界有極大的影響力；〔註40〕在本論文研究時段的《大公報》，則在吳鼎昌（1884～1950）、胡政之（1889～1949）、張季鸞（1888～1941）主持新記公司接辦下，於「社評」

〔註39〕 北伐之際南方報界多批判北方軍閥對言論自由的剝奪，然而，待北伐完成後，國民黨勢力之下，言論自由一樣受限於黨的指揮。就限制言論方面看，國民政府比起北洋時代有過之而無不及，「黨國對於言論界之過去，多少有承襲蘇聯式或法西斯式理論之趨勢，將完全置全國言論界於黨部指揮領導之下，而絕對統一之。」〈社評：國府當局開放言論之表示〉，《大公報》，天津，1929年12月29日，第1張第2版。

〔註40〕 陳源、徐志摩等主編，《現代評論》，第1卷（湖南：岳麓書社出版，1999年），「內容簡介」，原無頁碼。

專欄上展現「不黨、不私、不賣、不盲」的魄力，有時甚至不惜與當局者抗衡而直言不諱，秉其新聞專業，成為一流新聞界刊物與當時中國輿論核心；同時上海《新月》雜誌，自第 2 卷第 2 期起，有胡適、羅隆基（1896～1965）、梁實秋（1903～1987）等人對南京國民政府當局施政切中肯綮針貶，曾引發知識份子與國民黨對立的喧然大波，而受到舉國矚目。

上述期刊與報紙對 1920 年代中國知識界影響廣泛，而漢口之《漢口民國日報》、廣州《民國日報》、上海《民國日報》及上海《醒獅週報》、《新路半月刊》、上海《嚮導週報》，分屬於中國國民黨、中國青年黨及中國共產黨機關報，這類機關報對彼此的動向多所留意，並因政治理念不同時有論戰。藉由機關報資料，通常可以掌握同一事件中各路人馬思考與構想的差異，或釐清其從屬政黨與派系在特定時期的政策所在，對於釐清「反革命罪」司法動態與政治變化，乃不可或缺的材料。《申報》、《大公報》、《民國日報》、《益世報》更被稱為「四大報」，在當時的報紙中，這四家記者常全方位報導了許多社會狀況，舉凡政壇動向、軍事活動、人物往來、對外關係、中央與地方行政、團體活動、司法審判、警政事務、經濟實業等各方面，均有所著墨。

至於日記、年譜、回憶錄資料，由於主觀性較強，對於「反革命罪」的回憶論著或時人著述，通常夾帶撰寫者本人主觀黨派意識或政治思維，頗難用以客觀分析當時相關案件真正的處理與流程，故在本研究使用中較少，通常僅用以補足上述各種史料不足之處。

南京國民政府對「反革命」之認定與同時代輿論相關討論，都需放置於訓政初期政治格局之下來討論。前人研究已對相關制度的沿革有所關注，然而此時輿論反應以及相關案件引發之爭議仍欠缺關注。本文以檔案與報刊資料為主，透過 1927 年至 1931 年出現懲治「反革命」的刑事法規與討論，提出合理歷史解釋，企圖修正前人研究中由於個案不足而在歷史解釋上對於相關法律與刑罰的混同；期待突顯出武漢國民政府與南京國民政府對「反革命」緝捕考量及立場的根本差異、釐清相關法規與案件所引發之輿論、以及知識份子透過討論「反革命」法規與案件的動機、社會對國民黨「黨治」構想的檢討與反饋，釐清民意對黨治的態度，以顯示訓政初期知識份子對黨權與政治的立場。

第四節　全書主要架構與探討議題

本書屬性上爲學術著作。〈緒論〉含界定本研究範圍、學術定位與目的，顯明研究問題意識所在，並略述研究旨趣。其餘各章主體，表述如下：

需先理解 1920 年代之初漸興於報章雜誌上的動態，才能探明政治場域裡的話術及話權如何開始撼動群體價值。第一章「劍拔弩張：「反革命」與國民革命」，就要勾勒出這條政治發展軌跡：武漢國民政府制定〈反革命罪條例〉並非偶然產生，而是政治宣傳影響法治的結果，這組政治辭令從報章敘述、演變成反向證詞、再形成一組帶有強烈批判色彩的指控，最終由口號演變成爲刑事罪名，與國民革命時期政治宣傳工作推展密切相關。對相關宣傳語言生成條件加以著墨，釋論「反革命罪」法條化的大背景，才能進一步查考「反革命」之政治意義及作用。

第二章「在刃之端：〈反革命罪條例〉與司法審判」，以武漢國民政府審判刑案及法規施行後的整體狀況爲研究主體。1927 年 2 月至 9 月間相關個案之審判與處置，顯示人犯舉發、逮捕與審判與政治環境有直接關聯，透過回憶錄以及各界電文，顯見時人對黨務凌威司法與行政之政治頗生怨言，審判缺乏一套嚴謹的程序，已經開始受到輿論批判；另一方面，這年 4 月清黨以及 8 月分共前後造成「反革命」份子認定的改變，又顯示政治鬥爭深刻影響審判結果，審判結果在這兩段時間的分歧，體現認定犯行之判準主要依據政治情勢而非法規條文，相關刑事法規下的從犯，實爲廣泛定義下所謂「政治犯」。

第三章「司法之劍：〈暫行反革命治罪法〉的頒布與修訂」透過對照立法解釋條文與知識分子對於政府逮捕「反革命份子」之相關措施的態度，以及司法層次上與武漢方面對「反革命」審理過程與對「反革命罪」認定準則之異同，釐清 1928 年南京國民政府對「反革命」審判的法規內容與實施情況。法規雖然具有延續性，然而 1928 年後與 1927 年武漢國民政府的政治犯認定標準明顯有異，國民黨治下的國民政府企圖將對「反革命罪」的法規修訂，予以更嚴格的罪罰來穩定統治，然輿論對「反革命」法規的制定與反應，卻期待政府能由法權與人權爲考量爲出發點治理國家，就司法層次觀之，民意與政情本應互爲表裡，但進入南京時期，知識分子與執政方面對「反革命罪」的實行觀點幾乎背道而馳。

　　第四章「針鋒相對：反革命案件的報導與迴響」，以媒體報導之案件與時事評論，探討 1927 至 1931 年南京國民政府下知識分子對於相關案件的理解與看法。藉由這段期間對案件的關注與評述，顯示知識分子不是關注個案審判經過與結果，而是密切留意「反革命」會帶給國家的影響。在黨治之下，政治環境對於法制的剛性制衡、以及不落實憲政會對於司法獨立之害，是當時常見的批評；在此法權爭議下所顯示民意對於政治犯處置的觀感，多並不以此為保障，反而論嚴懲罪犯以及「反革命」罪名的不恰當。不僅法規本身有變化，整體社會格局也在不同脈絡中調適，「反革命」在數年之內猶如社群不安的政治指標：先與軍事行動同步聲譽鵲起，又漩起豹變，反映民間集體不安與惶惑。

　　將相關歷史議題透過背景、制訂、影響、個案考察再現，全書〈結論〉處為總結，明確指出「反革命」在 1920 年代所代表的時代特質、如何論述、由誰建構、為何會形成一種刑法依據、又帶給中國怎樣影響。由「反革命罪」淪為黨派與政治主張不同者互相攻訐的工具，顯現各方勢力莫不追逐如何破壞他方聲勢，以建設、培植自身勢力，求實現所屬政治團體的企圖：在黨爭中不僅止於衝擊黨員，政治板塊的變動直接搖動社會，影響個人日常生活，「反革命」實乃將國家、政局、社會、政黨、文化、個人一概席捲而入的旋風；因此，透過研究「反革命」從話語至刑律的轉變，不是僅由此勘測了特定時空之政治局勢，而亦可藉以釐清自北伐至訓政初期國民政府的法制規劃與黨治爭議。

第一章　劍拔弩張：國民、黨與「反革命」

　　「反革命」是 20 世紀中國新產物，這項專有名詞用以代稱一切阻礙「革命」與進步者，首先在廣州國民政府時期被大量使用於政治文宣中，隨後在武漢成為刑事罪名，不過在進入政治宣傳之前，它曾是新文化運動時期報刊中趨向以政治理論解釋外國政治情勢的專門用語——「共產主義」與泛馬克思體系理論在晚清已進入中國，〔註1〕當時已有相關概念出現，而在新文化運動中開始有組織的政治宣傳，與共產理論開始進入報刊宣傳實踐同步，醞釀出新文化運動中「反革命」這組新詞彙的誕生。

　　上述政治理論脈絡在國民黨聯俄容共時期得以延展，共產黨人此時的革命理論與思維更臻成熟，又基於實務需要，強化了新文化運動時期引入的「革命」與「反革命」對立觀點，並後續受到國民黨採納；在蘇俄對中國共產黨的有意栽培下，運用「反革命」是有組織的計畫，而究其意識，正是爭奪政治之正統的概念，然而受到孫中山聯俄容共策略的牽制，使得共產黨必須依附在對「三民主義」與「國民革命」的認同下推動革命，這時的討論主要在黨內，而尚不能單獨存在。

　　「革命」本身是動盪中轉移政權的動作，「反革命」也不是靜態，但是究竟何人、何事、何物與之有所牽涉？國民黨內部因應不同時期的政治需要而

〔註 1〕石川禎浩著，袁廣泉譯，《中國共產黨成立史》（北京：中國社會科學出版社，2006 年）；Martin Bernal 著，丘權政等譯，《1907 年以前中國的社會主義思潮》（福建：福建人民出版社，1985 年）。

對此有著不同觀點，報刊雜誌上與「反革命」有關的報導以 1927 年作爲分水嶺，此前只有宣傳與新聞報導，而此後除宣傳與評論外，刑事案件的報導與法院消息也屢見於報刊雜誌中。

從宣傳進入法制，「反革命」入罪化的過程涉及從聯俄容共到國共分家、中蘇斷交，寧漢分裂，橫跨廣州、武漢、南京三個國民政府時期。造成國民革命進行中「革命」與「反革命」的爭論，正反映了各方人士爭奪革命解釋權的動態。中國政治史上有所謂正統論，在國家分裂之際，往往就是正統觀念興盛之時；中國「革命」與「反革命」的敵我對立觀念與互斥爲「反革命」而自稱「革命」的現象，一方面顯示此時共產黨展現階級鬥爭奪權的企圖而以「反革命」標誌剷除對象；或顯示國民黨方面對共產黨以及其他黨派爭奪革命領導與詮釋的反擊；其實不過是反應一種企圖建立正統的心態。

第一節　政治宣傳誕生

在日常生活中，政治宣傳（Political Propaganda）無所不在。美國政治學家拉斯威爾（Harold Dwight Lasswell, 1902～1978）如此定義：宣傳就是「使用重要的符號來控制意見，換言之，就是使用故事、謠言、報導、圖片和其他形式的社會傳播來控制意見。」[註2] 數年後他又提出略爲不同的定義：「廣義的說，宣傳就是透過對象徵符號的操控以達影響人類行動的目的。而這些象徵的符號可以言語的、書寫的、圖畫的或音樂的形式出現。」[註3] 拉氏認爲宣傳有四個目的（Objective Propaganda）：其一、動員群眾仇恨敵人；其二、維繫與盟友良好關係；其三、保持與中立者友誼，盡可能爭取合作關係；其四、打擊敵方民心士氣。[註4] 拉斯威爾理論以第一次世界大戰中戰爭期國與國關係，討論政治宣傳的必要性，分析宣傳在戰爭中的意義與價值。但宣傳戰並不只出現在國際戰爭中，各種政治鬥爭也充滿了這種具有政治導向的宣傳，就功能性而言，製造對立或拉攏盟友的方式，不僅是國與國間抗衡辦法，也是一國之內政治團體或派系、個別人物間鬥爭的模式。

[註2] Harold Dwight Lasswell, *Propaganda Technique in the World War*, London: Kegan Paul, 1927, p.9.

[註3] Harold Dwight Lasswell, *World Politics and Personal Insecurity*, New York: McGraw-Hill, 1934, pp.521～522.

[註4] 方鵬程，〈總體戰爭時期與冷戰時期的宣傳戰〉，《復興崗學報》，第 98 期（2010 年 6 月，臺北），頁 58。

　　宣傳不是新發明：湯放桀，自己慚愧，恐怕將來有人攻擊他，仲虺便做了誥文替他辯護，書經上稱為〈仲虺之誥〉，〔註5〕湯自己在亳，也以天命大義宣告萬方，稱為〈湯誥〉；武王伐紂，即便遇到不利出師的凶兆歲星當頭，〔註6〕依然在牧野宣讀〈牧誓〉，宣告以庸君昏聵而戰，〔註7〕如這一類文章便是最古老宣傳；而到了1920年代的中國，自從新聞事業發達以後，各種報紙與電報消息成為宣傳載體，因著印刷技術與科技精進，通信社變成了更重要的宣傳機關。〔註8〕

　　戰爭是政治的延伸，古有明訓：「師出有名」，出兵必須找到正當理由，〔註9〕「反革命」字詞的運用，也是一種政治宣傳術語，在北伐以「國民革命」為精神指標，唱出「打倒列強」、「除軍閥」的〈國民革命歌〉，〔註10〕政治主

〔註5〕湯在道而言：「予恐來世以台為口實，故仲虺至此地而作誥也。」〔漢〕孔安國傳，〔唐〕孔穎達疏，《尚書正義（四）》（乾隆4年〔1739年〕校刊、同治10年〔1871年〕重刊，《武英殿十三經注疏》本），第7卷，頁7。另可參《尚書‧商書‧仲虺之誥》，收入「中國哲學書電子化」：http://ctext.org/shang-shu/announcement-of-zhong-hui/zh（2013/7/27）。

〔註6〕《尸子》卷下記載：「武王伐紂，魚辛諫曰：『歲在北方不北征。』武王不從。」《荀子‧儒效篇》說：「武王之誅紂也，行之日以兵忌，東面而迎太歲。」《淮南子‧兵略訓》也載：「武王伐紂，東面而迎歲。」歲星即今日我們所稱的木星，關於牧野之戰的確切時間至今仍有斷代爭議，有學者根據出現歲星的天文現象計算認為是發生在公元前1045年12月3日。「牧野之戰」條目，收入「維基百科」：http://zh.wikipedia.org/wiki/牧野之戰（2013/7/27）。

〔註7〕《尚書‧周書‧牧誓》：「古人有言曰：『牝雞無晨。牝雞之晨，惟家之索。』今商王受，惟婦言是用，昏棄厥肆祀弗答，昏棄厥遺王父母弟，不迪，乃惟四方之多罪逋逃，是崇是長，是信是使，是以為大夫卿士；俾暴虐于百姓，以奸宄于商邑。今予發，惟恭行天之罰。今日之事，不愆于六步、七步，乃止齊焉。夫子勖哉！不愆于四伐、五伐、六伐、七伐，乃止齊焉。勖哉夫子！尚桓桓，如虎、如貔、如熊、如羆，于商郊；弗迓克奔，以役西土。勖哉夫子！爾所弗勖，其于爾躬有戮！」屈萬里註，《尚書今註今譯》（臺北：臺灣商務印書館股份有限公司，2009年），頁90～92。

〔註8〕陶孟和，〈宣傳（一）〉，《現代評論》，第2卷第32期（1925年7月18日，北京），頁9。

〔註9〕《禮記‧檀弓下》：「師必有名。」；《陳書‧卷六‧後主本紀》：「智勇爭奮，師出有名，揚旆分麾，風行電掃，闢土千里。」劉萬國、侯文富主編，《中華成語辭典》（臺北：建宏出版社，1999年），頁683。

〔註10〕1920年代，中國存在著兩個以上的「政府」。1926年7月1日，南方廣州中華民國國民政府啟用黃埔軍校校歌代為國歌，以法國民謠入樂，填詞的是具有共產黨跨黨黨員身份的國民革命軍第四軍政治部主任廖乾五。歌詞反映了當時國民黨的敵人與國民革命目的：「打倒列強，打倒列強，除軍閥，除軍閥。

張「廢除不平等條約」、「打倒帝國主義」、「打倒北方軍閥」之際，「反革命」這組話語，也開始普遍流行了起來，作爲醜化敵方、加強內部團結的組織宣傳，這組詞彙不只在戰爭時期盛行，北伐戰爭結束之後，它變成中國內部政治鬥爭的工具。

1929 年天津《大公報》曾針對中國電報業頻發大量政治電報，「官吏通電」的狀況評論，議此乃「中國式政治怪現狀之一端，而爲世界所無者……此風自民國始盛」最消耗電報、妨礙商用、且最擾國民視聽：「電報爲用，應只敘述事實，而文字中毒之中國人，則駢四驪六，空文鋪張，故常有數千言之官電……上自政府當局，下至師旅長，動輒以一等電遍寄全國各機關」，自北伐以來，「反革命」三字也隨著政爭的運用成爲宣言式討伐敵方的電文慣用語，「國民革命」時期是此語運用高峰期，軍事將領或黨政要人間互通電報內出現這三個字已是常態，有如一種新時代的「八股文」。〔註 11〕國民革命軍的每個成員都樂於宣誓自己立足在打倒「反革命」、這進步的一方，然而在此數年以前，中國仍然沒有「反革命」這個詞彙。其意涵如何，又怎麼會被普遍運用在政令宣傳中呢？

當前歷史學、政治學、社會學、法學等社會科學研究中，對「反革命」理解多半是建構在中國共產黨建權後對異議份子的審判與對敵對勢力進行政治鬥爭之現象上，文化大革命中著名的「臭老九」蔑稱中，依鬥爭程度排序爲「地主」、「富農」、「反革命」、「壞分子」、「右派」、「叛徒」、「特務」、「走資派」、「知識分子」九類。〔註 12〕然而作爲負面意義所出現的「反革命」一詞，在 1920 年代首次出現於中國，於聯俄容共至國共分家的歷史背景中，卻有著不同於文化大革命時期的意涵：文化文革命中「反革命」的罪名與「造反」連結，紅衛兵高舉「造反」的旗幟，無論當時群眾運動的細緻進行模式究竟如何，在「造反」旗幟的揮舞之下，「革命有理，造反無罪」之類的口號

努力國民革命，努力國民革命，齊奮鬥，齊奮鬥。打倒列強，打倒列強，除軍閥，除軍閥。國民革命成功，國民革命成功，齊歡唱，齊歡唱」。由當時的國歌便可輕易理解國民革命的兩大敵人：「列強」、「軍閥」。然而在共同的外部敵人「軍閥」勢力分散後，此時國民黨內部的國—共、左—右開始搬演了一齣同室操戈的劇碼。而這一幕的最終，便是國民黨方面以清黨劃下聯俄容共休止符：種下國、共之間互斥爲反革命的種子。

〔註 11〕〈社評：中國式政治怪現象之一端〉，《大公報》，天津，1929 年 12 月 23 日，第 1 張第 2 版。

〔註 12〕李遜、文漢，《大崩潰——上海工人造反派興亡史》，頁 412。

確實成為時至今日人們對過往時代鮮明的歷史認識，「反革命」則幾乎為其反義詞；而在北伐階段，「反革命」是與「國民革命」、「三民主義」的呼召相對。

何謂「反革命」？當時各家眾說紛紜，實無定論。就字面上來看，「反革命」站在「革命」的完全對立面，兩者概念完全不同，但事實上，兩者指稱主體卻可能相同，同一人物與事件，在不同的時間點或不同陳述立場看來，都可能被賦予「反革命」與「革命」不等的評價，以 1927 年武漢國民政府的視角來回顧歷史事件：1922 年 6 月 16 日前的陳炯明是「革命」的，此後「反革命」；1924 年間廣州商團事件，孫中山發表宣言斥其為「反革命」，而部分國民黨內的共產黨員反斥責孫中山為「反革命」；以共產黨史觀觀之，1926 年 3 月 20 日中山艦事件為分界，此前的蔣介石是「革命」的，此後是「反革命」；以國民黨方面的詮釋，3 月 20 日卻被標誌為「革命史」上的重要里程碑。「革命」與「反革命」之間，是否存在一道涇渭分明的分界？前文所述幾個例子，顯示某些關鍵，足以導致人物或事件被賦予「革命」或「反革命」的評價——評價差異，反映出了立場上的不同。「反革命」並非一種事實存在，而是主觀論述，所反應的是立場，革命之「正」、「反」只不過概念上劃分敵我的方式，國民黨內對於所謂「反革命」的界定，顯現對敵人的認識。

作為政治宣傳在中國現代史普遍出現的「反革命」論述，最初並不是用以闡發革命理論或是對國內政治事件評述，而是對國外政情新聞的報導。在上海發行的《申報》，發行量大而商業氣息較重，比起各種黨派團體組織的報刊雜誌往往帶有意側重某種政治目的之報導，其內容豐富許多，在政治局勢觀察方面，具商業色彩的《申報》較不偏重任何一方黨派的報導，比起黨報、機關報更能反映出全國輿論焦點與所關注事件的真實走向，因此，不難顯現這段期間「反革命罪」及相關影響確實是全國性的。透過《申報》自 1872 年至 1949 年間標題、正文交叉查詢出現「反革命」的次數（表一），最初出現在報刊上的是 1917 年報導俄國大革命的新聞一則、1918 年關於俄國大革命與黨爭新聞八則；自 1917 年「反革命」一詞首先出現於《申報》直到 1923 年間，報導內容無一與中國國內新聞有關，然而 1924 年開始有了以「反革命」一詞報導國內消息的新聞內容，1925 年至 1926 年中，僅以一年之差，報導中出現「反革命」一詞的數量就呈現倍數增長；1927 年與 1926 年相比，報導篇數竟有百倍之差，自晚清至 1949 年以來，《申報》報導全文中出現的「反革命」一詞數量總計表中，可以看到最極端的高峰值出現在 1927 年的 634 篇，

1928 年數量卻驟然掉落至 421 篇，相差 200 多篇；此波高峰持續至 1930 年，而 1931 年又忽自百位數降至十位數。影響《申報》創立以來至 1949 年以前「反革命」出現頻率之變化的因素，直接是受各地「反革命」案件審判報導影響、間接因素則是宣傳的口號與政令內開始出現了相關字詞的運用所致、再次才是大眾關於「反革命」話語或相關案件的討論次數。

表一　《申報》1915～1949 年文中出現「反革命」之報導總數

年代	篇數	年代	篇數	年代	篇數	年代	篇數	年代	篇數
1915	0	1922	35	1929	416	1936	43	1943	3
1916	0	1923	6	1930	306	1937	42	1944	6
1917	1	1924	22	1931	87	1938	23	1945	2
1918	8	1925	35	1932	40	1939	28	1946	15
1919	0	1926	63	1933	44	1940	4	1947	6
1920	13	1927	634	1934	36	1941	2	1948	13
1921	9	1928	421	1935	16	1942	1	1949	25

資料來源：「申報（1872.4.30～1949.5.27）全文資料庫」
http://spas.egreenapple.com/WEB/INDEX.html（2013/7/17 點閱）。

　　各地法院「反革命罪」審理消息與相關報導次數，是造成晚清至中共建國以前這一數值在 1927 年至 1931 年短期間急遽變化的關鍵。「反革命」詞彙出現頻率在 1927 年突然竄升，並在 1931 年戲劇化下降；而 1927 年至 1931 年正是武漢國民政府制定〈反革命罪條例〉至 1928 年南京國民政府制定並實行〈暫行反革命治罪法〉的時段。此詞彙頻繁出現在報刊與政治宣傳中，並不只是因為刻意加以宣傳，使能見度隨之攀高，「反革命」是具有法律效力的專有名詞，因各地審案頻繁，使得出現這組詞彙的次數上升；國內政治動向反倒是影響數據變化的其次要素，北伐前後口號與宣傳影響之下，「反革命」這組辭彙從不被人關注的次議題走向了國共鬥爭戰場，清黨之後，政府對黨外人士的緝捕或對黨內政治清理延續此一辭彙的使用，使得在 1931 年〈暫行反革命治罪法〉中止後，仍然被運用於中國政治場域中。事實上，「反革命」雖然從表面來看已經從刑事法律名稱上取消，但是 1931 年取而代之適用於審理異議份子的法規〈危害民國緊急治罪法〉內，仍然保有與此相關的條目。作為罪名，議題持續發酵。

　　但令人感到疑惑的是，雖然在北伐前後受到「國民革命」運動帶動下，「反革命」在各文宣中聲勢日隆，民間對於「反革命」這組新話語討論卻相對零落。上述歷史現象，除了可能反映當時革命聲勢高漲下，社會只聚焦於國民革命軍事行動推展與「三民主義」極強的號召精神，而不在求問「反革命」真實意涵之外，另有可能是由於當局採取言論管控措施，缺乏新聞自由，致使多數搖筆桿維生的報刊從業人員不願觸及敏感話題；出現頻率雖然頗高，但仔細查驗，不難發現，除了黨機關報或與黨友好之報刊雜誌上使用「反革命」表明去阻礙者、用以鼓吹「國民革命」與「三民革命」外，除非在「異黨」（非國民黨）刊物上偶有所見，無論北伐前或北伐後，縱然各地都陸續存在著對於大批「反革命」罪犯的審理，不僅相關討論罕見於傾向當局的報紙上，但就連較能維持中立立場的所謂「超然派」報刊上，有關討論都相當有限。有此狀況的產生，或許與北伐前後不分南北——北洋勢力或南方「革命」政府都採取控制言論的取向有關。〔註13〕

　　「反革命」一語雖然新文化運動期間已在報刊出現，但一開始的討論並不熱絡，到了中國國民黨展開聯俄容共政策之際，才在人為宣傳操作下變得普及，而在 1927 年以後因為「反革命」成為一種刑事罪名，使這組新詞彙成為報刊常見用語。在中國共產黨成立以前，中國報刊已有零星出現「反革命」這組詞彙，這一詞彙，最初是對於外國政治動態的敘述：在俄國國境內發生「革命」，而對於殘存的武裝舊勢力，此時報章雜誌上即以「反革命」稱之；〔註14〕

〔註13〕北伐前的北洋政府轄下，人民在集會與輿論自由方面處處受限，其中王世杰曾批判過的〈管理新聞營業規則〉長期限制報業輿論自由，但待北伐開始，廣州國民政府亦採取壓制輿論自由的方式穩固權勢。國民政府因實施黨治，對於新聞輿論與人民集會結社、言論等自由採取控制，過濾一切可能對三民主義之治有所危害的意識形態或思想行動，是國民黨以蘇聯式政黨組建黨國體制的一貫作風；而這種做法使高一涵在當時曾經論謂：國民革命軍軍事當局對於輿論之箝制，「其壓迫的程度，不見得就比張作霖吳佩孚時代好得多少」，這樣下去結果還是「易地而皆然」，「結果必定是凡本派的報紙有自由，異派的報紙無自由；凡依附本派的報紙有自由，反對本派的報紙無自由。」高一涵，〈革命軍與言論自由〉，《現代評論》，第 3 卷第 64 期（1926 年 12 月 25 日，北京），頁 4～5；王世杰，〈這幾種法令還不廢止嗎？　〈懲治盜匪法〉〈治安警察法〉〈管理新聞營業規則〉〉（1926 年 2 月 6 日，北京），《現代評論》，第 3 卷第 61 期（1926 年 1 月 30 日，北京），頁 4～7。

〔註14〕王奇生指出「反革命」一詞源自蘇俄布爾什維克的譴責性語詞，五四以後才開始出現在中國人的言論中。王奇生，〈「北伐」「南征」與「反革命罪」的緣起〉，《革命與反革命——社會文化視野下的民國政治》，頁 131。

然而直到 1924 年中國國民黨改組以後這樣的詞彙才開始發揮影響力，〔註15〕
到了 1927 年，這組詞彙出現在新聞版面上時絕大部分是對中國國內情勢的報
導與評論，會有此轉變，關鍵即在於國民黨內跨黨份子有計畫的政治宣傳。（表
二）1923 年至 1927 年這段時期由於中國國民黨接納中國共產黨員以個人身份
加入成為黨員，黨內同時具有中國共產黨黨員身份者被稱為「跨黨份子」，這
類黨員就表面來看與一般國民黨員相同，但實際上，這類「跨黨份子」絕大
多數成員並非信仰「三民主義」而加入國民黨，而是暫時服從了共產國際的
指示而表面上入黨，〔註16〕他們從來就是為了發展共產黨，實現「共產革命」，
故北伐時期「國民革命」的完成，對這類跨黨份子而言不過是達到「革命」
目的的其中一個階段。

表二　五四時期數種期刊流行刊物出現「反革命」一詞之篇目總數

期　刊	年　代	篇　數
每週評論	1918 年 12 月～1919 年 8 月	0
新潮	1919 年 1 月～1922 年 3 月	1
少年中國	1919 年 7 月～1924 年 5 月	2
新青年（第 1～7 卷）	1915 年 9 月～1920 年 5 月	0
新青年（第 8 卷）	1920 年 9 月～1921 年 4 月	20
嚮導週報（第 1～50 期）	1922 年 9 月～1923 年 12 月	70
嚮導週報（第 51～100 期）	1924 年 1 月～1925 年 1 月	198
嚮導週報（第 101～150 期）	1925 年 2 月～1926 年 4 月	236
嚮導週報（第 151- 201 期）	1926 年 5 月～1927 年 7 月	395

資料來源：「五四期刊「反革命」一詞出現次數」表，載王奇生，《革命與反革命
　　　　——社會文化視野下的民國政治》（香港：香港中和出版有限公司，2011
　　　　年），頁 131。

〔註15〕　中國國民黨的改組，使得政黨的政治方針有所轉變，「這次國民黨改組，變更
　　　　奮鬥的方法，注重宣傳，不注重軍事」宣傳主義，使人民明白主義才能成功
　　　　推動革命，孫中山認為改組的目標之一在於「恢復武昌起義以前的革命方
　　　　法」，亦即注重宣傳，使全體朝宣傳努力。孫中山，「國民黨今後奮鬥方針」（1923
　　　　年 12 月 30 日，在廣州對黨員演講），〈改組前　國父講詞〉，中華民國史料研
　　　　究中心，《中國國民黨第一次全國代表大會史料專輯》（新店：中華民國史料
　　　　研究中心，1984 年），頁 37～38。在宣傳工作方面，負責北伐前後宣傳的政
　　　　治工作多由在國民黨內的所謂共產黨跨黨份子所控。
〔註16〕　陳亦平，《篡竊》，頁 52～53。

圖二　肅清跨黨份子

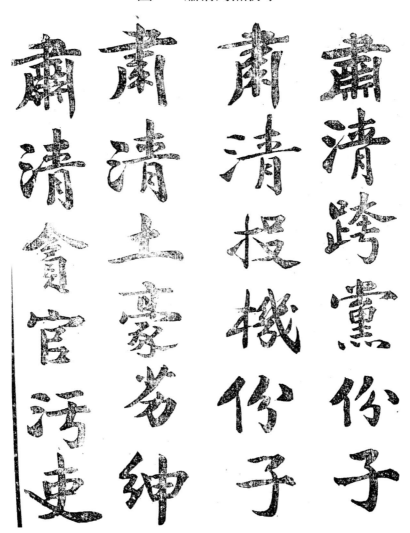

圖片說明：在聯俄容共時期，由於共產黨員是以個人身分加入，
　　　　　既具有國民黨員的正式身分，又有身爲共產黨員之事
　　　　　實，故稱爲「跨黨份子」；此文宣出現於上海四一二清
　　　　　黨之後，武漢方面雖仍保持聯俄容共之狀，但此時對
　　　　　寧滬方面而言，「跨黨份子」已經成爲欲除之而後快的
　　　　　敵人。

資料來源：《上海民國日報》，上海，1927 年 4 月 26 日，第 1 張
　　　　　第 2 版。

　　北伐前夕，部分言論顯示廣州被認為是「共產政府」，據當時報載傳說，南方任命鮑羅廷（Михаил Márкович Бородин, 1884～1951）為外交總長、加倫（Василий Константинович Блюхер, 1889～1938）將軍為黨軍總司令，甚至海軍艦長以及軍隊團營長都以俄人充任，而北京政府為「反共產軍」，唐有壬評論中顯示了當中的尷尬：「共產黨員是決不肯說自己是共產黨的，這個除了共產黨員纔知道，究竟廣東政府中人誰是共產黨，誰又能知道呢？」〔註17〕更有甚者，謠傳廣東已經赤化，實行共產公妻制。〔註18〕這段時期共產黨雖然在國民黨內部活動，但是工作人員間仍然相處融洽，根據黃紹竑（1895～1966）回憶，這時在黨務工作上「雖然知道其中很多都是紅色朋友，但一時亦不感覺得有若何不安地方」〔註19〕無論是從北方的立場還是南方觀點出發，這時國民政府在政治工作方面無疑帶著共產色彩，農工運動在此時得到長足發展，農工組織是這段時間政治工作的中心，各地工會組織發展迅速，工會活動與罷工請願等群眾運動開始變得普遍。國民黨效法蘇聯發動群眾運動，在北伐前已經獲得優良的成效，廣州在國民黨改組之後，「各縣都組織有農民協會、工會、學生會等。群眾大會經常舉行，情緒極為熱烈，軍民打成一片，如水乳的交融。這些，都不是華北和長江流域各省可比的。」〔註20〕

　　廣州雖有「革命策源地」美譽，但除此之外的地區，對「革命」的反應並不佳，直到北伐之際，「江蘇、浙江談到革命二字，聽的人都很害怕，講的人也很危險」〔註21〕當論及1920年代風潮時，王奇生認為：「國民革命」是一個過程，政治影響之下，這種對「革命」的積極認識與遐想，使革命本身日趨神聖化、正義化和真理化。革命成為了主流政治文化，成為「不可侵犯的主流話語」，〔註22〕以致無人敢於公開標識「反對革命」的立場，「國、共、青三黨分別以各自的政治利益和意識型態為依歸來詮釋其『革命』行徑，

〔註17〕 唐有壬，〈廣東國民政府的形勢〉，《現代評論》，第2卷第44期（1925年10月10日，北京），頁6。

〔註18〕 李宗仁口述、唐德剛撰寫，《李宗仁回憶錄》，上冊（臺北：遠流出版事業股份有限公司，2010年），頁251。

〔註19〕 黃紹竑，《五十回憶》，上冊（杭州：風雲出版社，1945年），頁167。

〔註20〕 李宗仁口述、唐德剛撰寫，《李宗仁回憶錄》，上冊，頁252。

〔註21〕 魯迅，〈革命時代的文學〉（1927年4月8日），《而已集》（上海：北新書局，1928年），頁13。

〔註22〕 王奇生，《革命與反革命：社會文化視野下的民國政治》，頁114。

使革命話語在日趨神聖化與正義化同時，又意含著濃烈的任意性和專斷性成分」。〔註23〕

　　過去，當段祺瑞以「革命」名義兼任總統總理之權時，段祺瑞「出任臨時執政」受到國、共、青三黨嚴正攻擊。〔註24〕1921年楊蔭杭注意到：孫文反對北方，則曰「革命」；北方反對孫文，則曰「共棄」。〔註25〕戰事臨到，南方以「國民革命」作為出師之名北伐，北方則以「反赤化」的旗幟率師南征。張季鸞曾說：「赤化云者，簡言之，赤俄化之謂也。何謂赤俄化？即受第三國際之指導，與赤俄同其主義與政策之謂也。」〔註26〕國民黨主張「國民革命」固然名正言順，然而該黨黨政屬性是否為「赤化」，難免遭受大眾疑慮。《大公報》的時論便一針見血道出其形象問題所在：「廣東國民黨招致反對最大之點，為主張俄式之黨治主義」。〔註27〕而在黨內，亦有黨員對於本該以「三民主義」為標的的黨、染上了俄國「共產主義」風格感到困惑，並對鮑羅廷主張「以黨治國」、「以黨領軍」一番訴求有所疑慮：「我自從去廣東，即開始懷疑國民黨為什麼容共，今日國共間關係複雜，究竟誰是國民黨，誰是共產黨，很難從一個人的言行中分得清楚，連許多國民黨人都開口閉口說共產黨的話，不如此不算進步，不如此不算革命」。〔註28〕

　　「革命」一詞在辛亥前後曾高度出現，而這次在國民革命時期運用，再次創造了民國以來使用頻率最高的另一次高峰，此現象無疑受到蘇俄影響頗深。1925年3月12日孫中山逝世，他留給這三組人馬的精神遺產之一無疑是由汪兆銘（1883～1944）起草、他本人3月11日病榻上簽署之遺囑，「尚未成功」的革命。

〔註23〕 王奇生，《革命與反革命：社會文化視野下的民國政治》，頁121～122。

〔註24〕 曾琦，〈異哉段祺瑞之革命〉，《醒獅週報》，第12號，上海，1924年12月27日，第1版。

〔註25〕 老圃（楊蔭杭），〈說革〉，《申報》，上海，1921年5月2日，第3版。

〔註26〕 一葦（張季鸞），〈反赤化運動之批評〉，《國聞週報》，第3卷第27期（1926年7月18日），頁1。

〔註27〕 國民黨中央宣傳部曾多次發表關於赤化的闢謠聲明（《中國國民黨週刊》，廣州，第14期）；〈時局雜感〉，《大公報》，天津，1926年9月13日，第1版。

〔註28〕 沈雲龍訪問，賈廷詩、夏沛然、周道瞻、陳存恭紀錄，《萬耀煌先生訪問紀錄》（臺北：中央研究院近代史研究所，1993年），頁153。

　　追悼氣息瀰漫，黨員不斷鼓吹著「革命」；除了遺囑帶有期待「革命」的願望之外，面對領導人驟逝、內部層峰重整之混亂，黨組織試圖以「革命」精神重新凝聚黨員向心力，無論如何，以國民黨內部觀之，最高層峰遺言交付者，不只是一人、一黨的未竟之志，渴求「革命」的聲量漸漸大了起來。〔註29〕同時，在共產黨人於報刊雜誌等管道的宣傳成功下，「革命」精神也逐漸爲大眾所知，並與「救亡圖存」、「反帝國主義」、「反列強」、「倒軍閥」的心態結合，1925 年 5 月 30 日「五三慘案」，則催化追求國家整體富強、統一的心態。在此背景之下，政治、軍事、民心，一切條件齊備，將它推向了「國民革命」。〔註30〕

　　1920 年代國民黨的革新策略，大體不脫兩個層次：先是尋求黨的新生、再進一步以黨來建國。〔註31〕隨著國民黨改組納新，「共產主義」與蘇俄式政黨在 1924 年至 1927 年短暫與「三民主義」共存於黨內，「國民革命」的意象在彼此共同推動下前進。1911 年以前，中國曾瀰漫著「革命」空氣、在此十多年後，1920 年代的中國再度成爲「革命」辭藻舞臺，隨著新文化運動的波滔與歸國學子帶來的知識系統，大量與「革命」有關新詞彙湧進中國，國民黨內部的共產黨則是最頻繁使用相關語彙的人們。革命被賦予進步、神聖、理想、新生意象，「革命化」、「革命性」、「很革命」、「最革命」、「更革命」、「眞革命」、「半革命」、「假革命」、「非革命」、「不革命」、「反革命」等概念，〔註32〕這些概念呼應此時政治環境；而除了與蘇俄關係緊密的共產主義活動之外，國民黨本身也企圖重新對成員灌輸一種嶄新進步觀念，再起「革命」，使黨「革新」；〔註33〕黨內雖然也有以「革命」與否或「反革命」等種種詞彙進行鬥爭的狀況，如 1925 年時身爲國民黨員的王昆侖（1902～1985）便曾在北京《晨報》上寫道，在國民黨內確有「反革命派」，那些經不起權勢薰染、金錢誘惑，「將中山的主意、革命的初衷、本黨的紀律置之不顧」的，正是那

〔註29〕　韋慕庭，《孫中山：壯志未酬的愛國者》（北京：新星出版社，2006 年），頁 344～347。

〔註30〕　費正清主編，劉敬坤、潘君拯等譯，《劍橋中國史》（臺北：南天，1999 年），第 12 冊，「民國篇（上）」，頁 676～677。

〔註31〕　呂芳上，〈尋求新的革命策略——國民黨廣州時期的發展（1917～1927）〉，《中央研究院近代史研究所集刊》，第 22 期上（1993 年 6 月，臺北），頁 308。

〔註32〕　王奇生，〈「革命」與「反革命」：三大政黨的黨際互動〉，《「革命」與「反革命」：社會文化視野下的民國政治》，頁 115。

〔註33〕　呂芳上，《革命之再起——中國國民黨改組前對新思潮的回應（1914～1924）》（臺北：中央研究院近代史研究所，1999 年）。

些官僚政客等流，〔註34〕但對外，在 1926 年以前，國民黨的宣傳大抵仍是火力一致、一切「革命性」都針對同樣假想敵而來——「軍閥」（／北洋政府／非國民政府勢力）；只是當國民黨以「國民革命」逐漸「克復」各省，十二道光芒開始壟罩長江流域之際，〔註 35〕「非革命」或「不革命」的「反革命」變成了一種罪過、污名。

第二節　創造鬥爭工具

　　國民黨 1924 年改組後，體質明顯變化，由一個缺乏群眾基礎的菁英型政黨逐漸發展為具有廣泛群眾基礎的動員型政黨。〔註 36〕共產黨扮演轉型的重要角色：與國民黨的合作階段，共產黨員參與了北伐時期民眾運動與政治工作，以語言（演講、報告）、圖像（漫畫、總理遺像）、文字（標語、傳單、小冊子）為媒介，〔註 37〕透過民眾運動與宣傳，「共產主義」信徒們不再只能虛晃著鐮刀與斧頭的大旗，〔註 38〕而是開始有了政治實際影響力。「國民革命」時期，有意識地傳播「反革命」的企圖，是開展鬥爭的第一階段；隨著軍事進擊所帶來政治力量的擴張，使「正」、「反」對立的「革命」觀與「國民革命」概念隨著宣傳與政令而廣為流傳，並對社會產生莫大影響。這樣的衝擊，就如同在此前二十多年晚清「革命」話語出現一般，大眾由對此話語的陌生，直到日常廣泛運用，正以北伐為過渡期，由 1927 年報刊與黨政要人演講稿中「反革命」這組詞彙之普遍，可以知道在此時「反革命」話語的敘述已經非常頻繁。而在北伐中，「掃除一切反革命勢力，建設三民主義的國家」〔註 39〕這類言論幾乎成為「國民革命」時期大眾耳熟能詳的宣傳之一，各方電文往返中不時出現「反革命」三字。然而隨著國共兩黨的衝突日益擴大，「反革命」從一開始對軍閥的指稱，已轉向對於一切異議份子、黨內異己者的清理，「革命」與「反革命」的鬥爭展開了。

〔註34〕 楊奎松，《國民黨的「聯共」與「反共」》（北京：社會科學文獻出版社，2009年），頁 86。

〔註35〕 中國國民黨黨旗係以藍底、白光十二道為標誌。

〔註36〕 王奇生，〈北伐中的漫畫與漫畫中的北伐〉，《南京大學學報（哲學‧人文科學‧社會科學版）》，第 4 期（2004 年 3 月，南京），頁 80。

〔註37〕 王奇生，〈北伐中的漫畫與漫畫中的北伐〉，頁 80。

〔註38〕 共產黨的旗幟以斧頭與鐮刀象徵。

〔註39〕 「湖北省農民協會電汪兆銘」（1927 年 10 月 3 日），〈抗戰前汪精衛與國軍首要往返函電〉，《汪兆銘史料》，國史館藏，典藏號：118-010100-0041-018，入藏登錄號：118000000033A。

　　而上述鬥爭基礎是在既有「國民革命」論述架構上建立，國共兩黨合作之下塑造出「國民革命」這股強大的精神號召，透過政治宣傳與軍事行動，向北方進攻。這次宣揚之「革命」核心精神，是對「三民主義」貫徹，而整套「三民主義」的建國架構，此時是在聯俄容共基礎上予以推動，北伐前至1926年所謂「反革命」者，在宣傳上幾乎一致指向「北洋軍閥」與「帝國主義」；〔註40〕北伐期間中國正經歷一段政治與軍事的轉型期，使「國民革命」的政治力量本身也連帶有所轉變，共產黨利用國民黨內既有矛盾造成內部對立，「左」、「右」兩面開始變成壁壘分明的既定對立事實，〔註41〕革命陣營產生了分化與對立，在國民黨內「左」、「右」派對黨權的爭奪，派系林立與政爭的影響之下，以及共產黨在地方以農民運動進行階級鬥爭的方略之下，大大影響了對「反革命」的詮釋與理解。

　　在〈中國國民黨第一次全國代表大會宣言〉內，所謂「反革命」是辛亥革命時期「專制階級統治者」，歸結「革命」之失敗，乃是在於與「反革命的專制階級」、與「反革命的袁世凱」妥協，而袁世凱所作所為，代表著「北洋軍閥」接受「帝國主義」國家的援助，使得辛亥革命後與袁世凱的妥協同時也象徵著對「帝國主義者」的間接讓步；而正是這種間接與「帝國主義」相調和的妥協，最終導致革命失敗。〔註42〕

　　一開始，使用「反革命」主要在於對過往事件進行歷史解釋，它轉化成為時事評論語言，則應是在稍後發生在1924年的「廣州商團事件」報導中；該次事件發生之初，國民黨立刻以「反革命」指控敵方。「廣州商團事件」於1924年5月發生，是英國匯豐銀行廣州支行買辦陳廉伯為首的廣州商團擴建武裝、私運軍火、煽動罷市，與國民黨抗衡的不合作軍事對立，在後續風波中，8月29日孫中山決議採取武力鎮壓，結果導致中英關係緊張，英國領事

〔註40〕　「鄧演達電蔣中正」（1926年10月8日），〈革命文獻—進佔武漢〉，《蔣中正總統文物》，國史館藏，典藏號：002-020100-00007-028，入藏登錄號：002000000299A。

〔註41〕　「我們可以說：採用革命方法的是左派，採用妥協方法的是右派……照這個意義，左派乃是真的國民黨、真的國民主義者，右派乃是拋棄了國民主義，實際上可以說不算是國民黨了……相信社會主義的是左派，不相信社會主義的是右派」獨秀（陳獨秀），〈國民黨左右派之真意義〉，《嚮導週報》，第62期（1924年4月23日，上海），頁495。

〔註42〕　〈中國國民黨第一次全國代表大會宣言〉（1924年1月31日），秦孝儀主編，《國父全集》，第2冊，頁132。

館來文表示：「余現接上級英海軍官通告，謂彼已奉香港海軍總司令訓令，倘中國當局對城市開炮，所有一切可用之英海軍隊應立即行動。」《嚮導週報》的表態顯示中國共產黨與中國國民黨左派立場一致，認為此事件應採取武力鎮壓，〔註43〕而譴責整起事件完全是「帝國主義主使商團，商團勾結軍閥來共同宰割革命政府，所以是一個反革命的行動」。〔註44〕孫中山發表〈為廣州商團事件對外宣言〉，指稱整起事件是「廣州匯豐銀行買辦開始公然叛抗我政府」的叛國行動，宣言中並將此事提升至革命政府與帝國主義的抗衡：「蓋帝國主義所欲毀壞之國民黨政府，乃我國中唯一努力圖保持革命精神之政府，乃唯一抗禦反革命之中心，故英國之炮欲對之而發射。」〔註45〕「廣州商團事件」被塑造成革命趨勢的轉捩點，孫中山指出「帝國主義諸強於此十二年來授與反革命者之外交精神上及數萬萬之借款之援助，不能不信此種帝國主義之舉動，實欲以之摧殘國民黨之政府而已」。〔註46〕

　　然而，孫中山以「反革命」斥責商團事件為非之際，《嚮導週報》上亦有其他作者對國民黨後續動作不以為然，反指孫中山本人行動乃為「反革命」。廣州商團事件爆發之時，孫中山即對事件發表聲明，指出帝國主義各強國於外交上、精神上及以種種借款始終一致的贊助「反革命」行動，直指廣州商團運動後有外國勢力的介入，〔註47〕而共產黨機關報《嚮導週報》則有文以孫中山10月14日下令滇桂湘豫粵五軍對商團的鎮壓是「反革命」行動、「孫文已經下了他的革命政府的照牌」，「國民黨中真正抱革命思想者、應當覺悟為孫文所欺騙、立刻脫離國民黨、更進而革孫文的命、否則革命的國民黨、已經變成反革命的團體、應該自己解散、表示不為世界革命之玷」〔註48〕顯

〔註43〕　張樹軍、柳建輝主編，《中國共產黨九十年歷程》（長春：吉林人民出版社，2011年）第2卷，「合作北伐」，頁211。

〔註44〕　和森（蔡和森），〈商團事件的教訓〉，《嚮導週報》，第82期（1924年9月10日，上海），頁665。

〔註45〕　〈為廣州商團事件對外宣言〉（1924年9月1日），秦孝儀主編，《國父全集》，第2冊，頁160。

〔註46〕　〈反對帝國主義干涉吾國內政之宣言〉（1924年9月），，秦孝儀主編，《國父全集》，第2冊，頁160。

〔註47〕　孫中山，〈為商團事件對外宣言〉（1924年9月1日），《廣州民國日報》，廣州，1924年9月4日，第2版。

〔註48〕　蔡和森，〈廣州反革命之再起〉（1924年10月15日）、夢良，〈孫文之反革命運動〉（1924年10月18日），《嚮導週報》剪報，《吳稚暉檔案》，中國國民黨黨史館（以下簡稱「黨史館」藏），館藏號：稚05170.42。

示國、共之間以「革命」與「反革命」展開的戰鬥，早在孫中山生前展開。

關於國民黨內如何闡釋「反革命」，以及相關論述如何被創造，目前並沒有研究者做更進一步的考證，然而可以確認的是，孫中山在 1924 年 9 月商團事件宣言中已經使用了「反革命」這一名詞來強化黨意論述。「吾人前此革命之口號曰排滿，至今日吾人口號當爲推翻帝國主義者之干涉。」〔註 49〕同月的〈中國國民黨北伐宣言〉中則更把這一名詞所指涉的對象明確化：「原夫反革命之發生，實繼承專制時代之思想，⋯⋯觀於袁世凱之稱帝，張勳之復辟，馮國璋、徐世昌之毀法，曹錕、吳佩孚之竊位盜國⋯⋯此等反革命之惡勢力，以北京爲巢窟，而流毒被於各省。」、「反革命之惡勢力所以存在，實由帝國主義卵翼之使然」；因此，「國民革命」軍北伐的目標爲剷除曹錕（1862～1938）、吳佩孚（1874～1939）等「軍閥」，推倒「帝國主義」，剷除「反革命」力量。〔註 50〕

1924 年 11 月 25 日晚間在日本東亞旅館開歡迎會的演講中，孫中山也使用了「反革命」一詞，表示「中國十三年來，反革命派之勢力甚爲薄弱，中國勢力最大者，莫若革命黨。然革命終不能成功者，皆因軍閥利用帝國主義，從中作梗」〔註51〕。到了 1925 中國國民黨第三次中央執行委員會執行委員會全體會議通過的〈中國國民黨接受總理遺囑宣言〉，再次強化黨內對於「反革命」組成的認識：「凡持續反革命的行動，受帝國主義的列強之嗾使及掩護，以阻礙國民革命之進行者，皆爲吾人之敵」〔註52〕「反帝國主義」、「反軍閥」，是此時「國民革命」宣傳的核心精神。

上述將「軍閥」與「帝國主義」視爲鬥爭對象的作法，帶有共產主義下階級鬥爭思維特徵，而共產黨方面對於「反革命」的理解，卻還是與老國民黨人稍有不同，則認爲此乃階級鬥爭的過程。1923 年 1 月 18 日陳獨秀（1879～1942）在《嚮導週報》上刊出〈革命與反革命〉：

〔註49〕〈反對帝國主義干涉吾國內政之宣言〉（1924 年 9 月），秦孝儀主編，《國父全集》，第 2 冊，頁 160。

〔註50〕〈中國國民黨北伐宣言〉（1924 年 9 月 18 日），秦孝儀主編，《國父全集》，第 2 冊，頁 169～171。

〔註51〕之圭，〈國外要聞——神戶特訊：孫中山對中國國民黨員演說〉，《申報》，上海，1924 年 12 月 4 日，第 4 版。

〔註52〕〈中國國民黨接受總理遺囑宣言〉（1925 年 5 月 24 日），秦孝儀主編，《國父全集》，第 2 冊，頁 186。

秦始皇以武力兼併六國，建設統一的政制，建設統一文字，這是革命的，至於焚書坑儒壓迫言論，便是反革命的了。段祺瑞在贊成辛亥革命反對洪憲帝制討伐張勳復辟時，本是革命的人物，後來組織賣國機關（安福俱樂部）討伐西南護法軍，便是反革命的行為了。康梁一派人在戊戌變政時代是屬於革命性質的，辛亥革命以後完全取反革命的行動。趙恆惕在參與辛亥革命及討伐洪憲時，也算是革命分子，到了割據湖南慘殺黃龐時，便是反革命的軍閥了。陳炯明在辛亥革命時代在漳州時代，在討伐陸榮廷莫榮新時代，都是一個很好的革命黨，後來阻撓北伐軍，驅逐孫中山，便是反革命的行為了。〔註53〕

總結「革命」與「反革命」概念，陳獨秀指出「對於任何黨派甚至於任何軍人每個革命的行動，都可以與之聯合；這種聯合純然是革命的聯合，為推進革命的過程而聯合」〔註54〕這篇文章恐怕是中國最早對「反革命」概念的解釋，內容無處不充斥著階級鬥爭氣味，指出人類社會兵爭之禍有四：「（一）外患，這是種族間的侵略戰爭；（二）內亂，這是野心家搶奪政權的戰爭；（三）革命，這是社會組織化的戰爭；（四）反革命，這是社會組織退化的戰爭。」實則後三項只是對於同一現象不同概念的理解。但陳獨秀仍聲稱國民黨對於革命與反革命的認識不夠，「未認清目前最反動的敵人是誰」〔註55〕，運用「內亂」、「革命」、「反革命」這三組詞彙，他又進一步論述：

（一）革命應以社會組織進化為條件，不應以武力暴動為特徵，因為革命反革命及內亂都要取武力暴動的手段；所以不但用武力改進社會組織是革命事業，凡是在社會組織進化上階級鬥爭的日常工作，都是革命事業，凡是一個革命家萬不可誤認革命之手段（武力暴動）為革命之目的（社會組織進化）。（二）我們稱許一個革命派攻擊一個反革命或自命為一個革命派，都不應該以一個階級，一個黨派或個人之靜的名稱為標準，應該以階級黨派個人之動的行為為標準。

〔註53〕 獨秀（陳獨秀），〈革命與反革命〉，《嚮導週報》，第 16 期（1923 年 1 月 18 日，上海），頁 129。

〔註54〕 獨秀（陳獨秀），〈革命與反革命〉，《嚮導週報》，第 16 期（1923 年 1 月 18 日，上海），頁 130。

〔註55〕 獨秀（陳獨秀），〈革命與反革命〉，《嚮導週報》，第 16 期（1923 年 1 月 18 日，上海），頁 130。

文中彷彿試圖解釋「反革命」概念，但實際上卻沒有將之清楚解釋，留有許多自由心證空間，在同年一篇探討資產階級與革命的文章中，他又將資產階級分作三個部分：「革命的」、「反革命的」、「非革命的」，號召「革命的」資產階級應該打倒「反革命的」官僚資產階級，〔註56〕一個階級或者「革命」、或者「反革命」、或者「非革命」，數種概念可以同時並行存在而不悖。乍看之下陳獨秀論述充滿瑕疵，但如果瞭解陳獨秀的構想，就會明白這一切並沒有任何矛盾：在不同鬥爭階段中，「革命」也好，「反革命」也罷，都是階段性的浮動認知，是隨著對「共產主義革命」有利與否而認定，一個人、一種階級，其行動或許相同，但是隨著策略運用的轉變，隨時有可能在「革命」與「反革命」中變換。而正是這樣的變化性，顯示「反革命」只是一種策略運用，實質上不具有任何的解釋價值，這種稱號不過是一切當前需被打倒敵人的總和。

　　以宣傳策略來看，造成分化結構後，聯合次要敵人打擊首要敵人，始終是共產主義式運作的良方。在 1924 年商團事件前後，順著孫中山對商團指控，陳獨秀也順勢寫作〈反革命的廣東商團軍〉〔註57〕以「反革命」為工具的分化宣傳首先試用在對商民運動壓制之上，賦予「資產階級」的理想性（革命）與毀滅性（反革命），作法是先指出國民革命帶有「資產階級的革命之性質」〔註58〕，卻指出「但是現在香港、廣州的商人，若在京、滬間的銀行家，都只是反革命的財閥，不能算是資產階級」。後者「他們都是帝國主義及軍閥的附屬品，都站在被革命的地位」〔註59〕將商民作為「資產階級」理解，並將資產階級分做「財閥」與「資本家」兩種，再指出「國民革命黨若把這班財閥當朋友，那便完全不知道國民革命之對象是什麼」，〔註60〕最後根本否定「財閥」作為「資產階級」，將之打壓為一種對資產階級本身、對「革命」都有害的存在。

　　國民黨全心推動「國民革命」，但革命舞台幕後一片喧囂，不只外人對國民黨有疑慮，更多時候爭議來自於其內部，改組以後，便有黨員憂心忡忡表

〔註56〕 陳獨秀，〈資產階級的革命與革命的資產階級〉，《嚮導週報》，第 22 期（1923 年 4 月 25 日，上海），頁 163～164。

〔註57〕 獨秀（陳獨秀），〈反革命的廣東商團軍〉，《嚮導週報》，第 79 期（1924 年 8 月 20 日，上海），頁 561～562。

〔註58〕 獨秀（陳獨秀），〈寸鐵：國民革命與反革命的財閥〉，《嚮導週報》，第 69 期（1924 年 6 月 11 日，上海），頁 556。

〔註59〕 獨秀（陳獨秀），〈寸鐵：國民革命與反革命的財閥〉，《嚮導週報》，第 69 期（1924 年 6 月 11 日，上海），頁 556。

〔註60〕 獨秀（陳獨秀），〈內國銀行又供給軍閥一百萬元〉，《嚮導週報》，第 72 期（1924 年 7 月 2 日，上海），頁 574。

示：「中國國民黨自改組以來，社會上革命分子非革命分子和反革命分子這三種人，對於國民黨各有各的懷疑。反革命分子無論在黨外或現時還在黨內，他們終於要反對革命的國民黨，我們本和這班人無話可說」〔註61〕共產或三民主義，兩種信仰的追隨著在國民黨內部共存，雖在短期內看來，「國民革命」發展相當穩妥，但表象的和平也幾乎快要無法維繫，北伐逐節勝利使得這組隱藏著的國共鬥爭棋局逐漸浮上檯面，聲勢愈高、容共實況愈險，聯俄容共政策已是如走鋼索般越走越險。

　　1924 年，「反革命」這種帶有反面意味的稱號就已開始同時向中國國民黨內部進攻，7 月陳獨秀〈假革命黨〉首先引用了孫中山「升官發財，畏難苟安，這是假革命黨」指出「凡屬中國國民黨員，每日至少要自問一次是不是中山先生所指摘的假革命黨」〔註62〕但賦予了「假革命」更沈重的意義，並將之與「反革命」連結，「不肯反對帝國主義的人，便不算是國民主義的革命黨，便是假革命黨；阻止別人反對帝國主義的人，更是假革命」〔註63〕如此雖然表面上延續了孫中山對「假革命」的論述，實質上則是扭曲了前者論述，將之納為自己論述用語。中國共產黨加入國民黨的行動，引發「革命」陣營內認定「共產黨破壞國民黨」的反彈聲浪，對於國民黨內部一切反共口號，在〈我們的回答中〉，陳獨秀將之轉化為國民黨本身存在的派系之爭，反擊道是：各項爭論點「沒有一件是共產黨的共產主義和國民黨的三民主義之爭，更不是共產黨與國民黨之爭；實在是國民黨內左派與右派之爭，也就是國民黨內革命派與不革命派之爭。左派代表的是民眾利益，右派代表的是私人官僚利益」〔註64〕反對共產黨的是右派，而「現在世界上反革命的社會民主黨和黃色工會，莫不極力排除革命的共產黨」。〔註65〕

〔註61〕誠齋，〈中國國民黨最近兩個光榮的行動〉，年份不詳（判應為 1924 年），10 月 19 日，收錄刊物不明，為吳稚暉剪報資料，收在〈廣州反革命之再起〉，《吳稚暉檔案》，黨史館藏，館藏號：稚 05170.42。

〔註62〕獨秀（陳獨秀），〈寸鐵：假革命黨〉，《嚮導週報》，第 73 期（1924 年 7 月 9 日，上海），頁 588。

〔註63〕獨秀（陳獨秀），〈寸鐵：假革命黨與反革命黨〉，《嚮導週報》，第 74 期（1924 年 7 月 16 日，上海），頁 594。

〔註64〕獨秀（陳獨秀），〈我們的回答〉，《嚮導週報》，第 83 期（1924 年 9 月 17 日，上海），頁 677。

〔註65〕獨秀（陳獨秀），〈我們的回答〉（1924 年 9 月 17 日），《嚮導週報》，第 83 期（1924 年 9 月 17 日，上海），頁 678。

圖三　左右派的釋疑

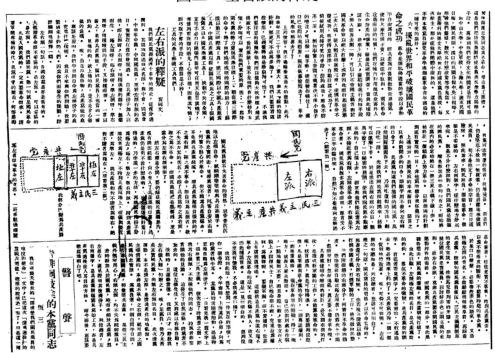

圖片說明：〈左右派的釋疑〉一文，作者應為國民黨基層黨員，圖、文指出左派右派分立，雖然皆在黨內發生，然而左右傾軋結果將是左派由「三民主義」向「共產主義」滑動，「三民主義」內部將被分為「極右」、「準右」、「準左」、「極左」，而「極左」派勢必成為共產黨。

資料來源：黃誕文，〈左右派的釋疑〉，《民國日報》，上海，1927 年 6 月 10 日，第 4 張第 2 版。

　　宣傳理論衝突，是國共分裂先聲。廣州國民政府時期，對於農工政策的看法分歧，導致國民黨內「三民主義」信徒與「共產主義」倡導者大打筆仗，對運動宣傳不同調，使中共份子龍啓光、周湳主持的梧州《民國日報》與梧州省黨部宣傳部的《農民日報》打起筆墨官司來。〔註66〕雖然並非所有黨員

〔註66〕黃紹竑，《五十回憶》，上冊，頁 172～173。廣西梧州市黨部代表、總工會代表曾至武漢國民政府出席會議，報告當局摧殘民眾運動，此事亦可參「中國國民黨中央執行委員會第二屆常務委員會第一次擴大會議議事錄」（1927 年 3 月 19 日）、「中國國民黨中央執行委員會第二屆常務委員會第三次擴大會議議事錄」（1927 年 3 月 26 日）、〈二屆武漢中央國府聯席會議及中常會紀錄〉，《會議記錄》，館藏號：會 2.4/5。（原陳果夫藏，「武漢中央國府擴大聯席會議中央常務擴大會議紀錄」本）

心中都有「左」和「右」的問題存在，寫的人也未必有都「左」「右」的意思存在，但雙方立場根本差異日漸顯明；受到共產勢力滲透，北伐前後國民黨內部也開始有了革命理論的爭執以及派系形成，各派皆積極爭取黨內實力人士的支持，若將此時盤據的黨內系統粗分成「國」、「共」兩派，第二次東征後，兩廣表面上呈現「國」、「共」合作無間，實際上系統各異，〔註67〕國派人士因親共與否又傾為「左」、「右」兩股，「左」、「右」兩股為爭取黨內實力，而積極拉攏中立者與黨內強人支持。1926 年 1 月，汪兆銘與譚延闓（1880～1930）邀請李宗仁（1891～1969）、黃紹竑、葉琪（1896～1935）等人自南寧前往梧州，這次 1 月 26 日李宗仁與中央領導人物的第一次會晤，他本人也明白事實上這就是左派企圖拉攏自己的安排：

> 我們對汪兆銘的革命理論多少也有點迷惘。如汪氏談起革命時，總是口口聲聲「革命的向左走」。一次在梧州郊外參觀，汪氏誤往左邊走去，我招呼他向右走。汪笑著說：「革命家哪有向右走之理？」我說「向左去走不通啊！」說得大家都大笑起來。但是我們有些不解，本黨自有其革命程序，何必又一定要向左呢？所以我們對他的一套革命理論也只是姑妄言之，姑妄聽之而已。〔註68〕

說到底，「革命」、「反革命」等相關宣傳，並不常存在黨人心中，各方勢力真正念茲在茲的是各自勢力範圍擴充與個人利害糾葛，派系與派系之間、個人與個人之間的聯合，是一種暫時權宜之計。對於堂堂廣州國民政府主席汪兆銘革命理論抱持「姑妄言之」、「姑妄聽之」態度的李宗仁本身也深諳此道──湖南省長趙恆惕（1880～1971）欲派時任湘軍劉鉶第二師師長的葉琪代表自己取道桂林至南寧與廣東軍事將領見面，意欲遊說並拉攏之，避免廣東軍事對自己造成直接危害，李宗仁反而看準葉琪對於廣州群眾運動興盛與士氣昂然而產生的動搖立場，趁機加以遊說，表示國民政府進行軍事若波及數省，則戰事「斷非湘粵地方主義之爭，而為革命和反革命之爭，湖南首當其衝而已。」〔註69〕葉琪的奉命來桂，最終成為離間吳佩孚、趙恆惕與唐生智（1889～1970）之本源。

〔註67〕李宗仁口述、唐德剛撰寫，《李宗仁回憶錄》，上冊，頁252～254。
〔註68〕李宗仁口述、唐德剛撰寫，《李宗仁回憶錄》，上冊，頁255。
〔註69〕李宗仁口述、唐德剛撰寫，《李宗仁回憶錄》，上冊，頁253。

　　南方國民黨內部有派系問題，在部分北方輿論界的觀察中，認爲「用『左』、『右』兩個字代表黨內互相敵視的兩部分，是不太恰當的。因爲在同一主義，同一黨綱，同一組織之下，縱然各分子的見解未能完全一致，也還不會衝突到如此的地步。所以與其說是左右派之分，毋寧說是共產主義派與三民主義派之分——共產黨與國民黨之分」。〔註70〕

　　無論國民黨內派別如何紛擾，在誓師北伐之前，黨內對於「反革命」仍然有較爲一致的看法，1925 年 8 月 20 日上午廖仲愷（1877～1925）以黨代表身分赴中央執行委員會開例會，在途中遭遇槍擊身亡，同月 31 日在軍校召開的追悼大會上，蔣中正對黃埔軍校第二、三期學生演說：「廖黨代表的死，是被一股反革命派打死的」、〔註71〕「廖仲愷的死，直接是受了反革命軍人之害，間接來說，也是因爲沙基慘案發生，接受軍校員生領導的廣東全省民氣激盪，使內外的敵人，非常恐懼，不得不出此下策。」〔註72〕；不過與此同時，黨中運用「反革命」造成的鬥爭已經開始：孫中山去世之後，跨黨人士在國民黨內的活動大增，無論是黨務、工人、農民活動方面，當常有人向常務委員會反映共產黨的活動情況，黨內共產勢力與非共產勢力的鬥爭，在各處黨部展開，「甚至不惜加以『反動』、『反革命』的罪名，以相陷害。入其陷者，輕則開除黨籍，重則不免殺戮。」〔註73〕。究竟誰屬於「反革命」，雖然難以解釋，不過，顯見當時黨內主流認知中「反革命」並不是單純以「左」、「右」或親共、反共作爲理解。

　　「反革命」指涉之範疇，在北伐過程中發生微妙變化。1926 年 9 月 17 日《大公報》「社評」專欄便指出：

　　　　蓋在討赤軍範圍內而所載事實不利於討赤軍者，輒以赤化目之；而同
　　　　時在粵軍範圍者，則以反革命目之。甚至同一地點之同一報紙，當北

〔註70〕　寄公，〈南方政潮的觀察〉，《現代評論》，第 5 卷第 123 期（1927 年 4 月 16 日，北京），頁 2。

〔註71〕　袁守謙、黃杰，「艱難中的奮鬥」，〈黃埔建軍史料〉，中華民國史料研究中心，《中國國民黨第一次全國代表大會史料專輯》（新店：中華民國史料研究中心，1984 年），頁 482。

〔註72〕　袁守謙、黃杰，「艱難中的奮鬥」，〈黃埔建軍史料〉，中華民國史料研究中心，《中國國民黨第一次全國代表大會史料專輯》，頁 483。

〔註73〕　鄒魯，「與共產黨奮鬥和北上侍疾」，〈容共與反共問題〉，中華民國史料研究中心，《中國國民黨第一次全國代表大會史料專輯》（新店：中華民國史料研究中心，1984 年），頁 572。

軍掌權，則受赤化之嫌，及南軍到來，又蒙反革命之禍。……縱同奉三民主義而言論紀載不與宣傳部完全一鼻孔出氣，則亦將受反革命之嫌矣。無論是學潮、工潮、黨潮，無論何時，皆工人是，廠主非；學生是，校長非，苟不然者，或即謚以帝國主義走狗之徽號矣。〔註74〕

1926 年 9 月鄧演達向蔣中正報告軍事情報中，告知安福系與蘇孫等勾結密謀各路反攻計畫，上述軍事勢力，被鄧演達於電文中概括稱為「反革命方面」；〔註75〕11 月初「國民革命」軍肅清江西以後，粵、桂、湘、贛、鄂、閩、黔七省已隸國民政府轄下；西北的馮玉祥、閻錫山（1883～1960）已聲明加入革命；川、滇地方政要也紛紛派員與國民政府接洽；安徽陳調元（1886～1943）亦暗中建立與國民政府的溝通管道；吳佩孚、孫傳芳（1885～1935）的勢力形同瓦解。〔註76〕但是，軍事底定後政治方面黨務的紛擾卻擺不平，這年年底，國民政府遷都問題使得原來深藏在「國民革命」波濤下黨內鬥爭的暗礁終於浮上檯面，在遷都問題議案壓力上，加以黨內強人對立之緊張，最終以倒蔣運動揭開其序幕——北伐期間黨內存在著眾多勢力，彼此不斷拉鋸，這段時期鬥爭中的「反革命」一語，理所當然地被用作清除敵對勢力的工具。根據當時各界電文往返內文，顯示「反革命」三字出現至為尋常，彷若一種對「革命」效忠的宣告、宣告必將「反對革命者」驅逐殆盡。

雖然相關詞彙仍然是國民黨對外批判的用語，但是「三民主義」陣營中，只要與宣傳部門不同調的內容，全都難逃「反革命」之嫌。王季文指出：「自從共產黨加入了中國國民黨，動輒拿『革命』和『反革命』字樣，劫持中國國民黨員，強使接受共產黨所定的一切口號。一般黨員，為力避『反革命』嫌疑計，不論何種問題，總要以最革命自居，而以『反革命』為大戒。」〔註77〕或許我們可以由蔣介石的言論中得到部分證實——1925 年 6 月 3 日，將介石在討伐楊希閔、劉震寰之際對黨軍精神喊話之時正是使用了「反革命」詞彙譴責唐繼堯與「假革命」楊希閔、劉震寰對於「革命」政府之侵擾：

〔註74〕〈社評：赤化與反革命〉，《大公報》，天津，1926 年 9 月 17 日，第 1 版。
〔註75〕「鄧演達電蔣中正」（1926 年 10 月 8 日），〈革命文獻——進佔武漢〉，《蔣中正總統文物》，國史館藏，典藏號：002-020100-00007-028，入藏登錄號：002000000299A。
〔註76〕李宗仁口述、唐德剛撰寫，《李宗仁回憶錄》，上冊，頁 378。
〔註77〕王季文，《中國國民黨革命理論之研究》，第 3 編，第 1 章（永和：文海出版社，1987 年），頁 4～5。

大元帥幾十年辛苦建設的革命政府根據地廣州，將被反革命的軍閥唐繼堯和假革命軍楊希閔、劉震寰等勾結危害。………孫大元帥建設的革命政府根據地，就如同我們祖先遺下來的產業一樣；我們祖先千辛萬苦遺下的產業，無故被強盜奪去，這不是我們做子孫的恥辱嗎？所以我們這次回去，一定要打倒那些賣國殃民的強盜軍隊，打倒阻礙我們實行主義的叛逆，保持我們革命根據地。〔註78〕

根據古屋奎二《蔣介石秘錄》觀點，認為「革命」與「反革命」之分，和國民黨內部的「左」、「右」派相同，話語裡具有政治上摒除異己、削弱敵手勢力的工具性質，國民黨人無法齊心，乃受蘇俄挑撥與共黨宣傳所致：

革命政府，在　孫先生逝世之初，首先暫由胡漢民以代理大元帥的身分處理一切政務；而鮑羅廷等人則立即為他扣上「右派」的帽子，並標榜汪兆銘是「左派」。胡、汪二人本為多年同志，友情深厚；可是由於鮑羅廷像這樣地替他們畫上不同的臉譜，把他們位置在對立的境地，乃給予人以國民黨已有左右分裂的印象。

接著，共黨分子便更進一步鼓吹左派是「革命的」，右派是「反革命的」，其目的，是在貶抑胡漢民的黨內聲望。〔註79〕

究其本因，「反革命」指控與國民黨內共產黨勢力發展有關。國民黨已經藉由北伐奠定了「國民革命」形象，與以「革命」政黨自居的國民黨為敵，最為有效的方式無疑掏空其宣傳事業根基，一旦政敵淪為「反革命」，則聲望自然低落。「反革命罪」在國民黨與共產黨結合下誕生，使得置政敵於罪有了刑事法理上的支持，但是無論是條例或暫行法中對於「反革命」與「破壞國民革命」之作為並無具體規範，「反革命」之刑律正是有意打擊特定人士的政治法，以人之思想治罪，本屬烏有，欲加之罪，何患無辭？倘若北洋政府「討赤」、〔註80〕國民政府「清黨」、共產黨則霍霍磨刀，挾其「反革命」為利器，也準備引刀一試。

〔註78〕 古屋奎二，《蔣總統秘錄》（臺北：中央日報出版社，1976 年），第 6 冊，第 11 卷，頁 50。

〔註79〕 古屋奎二，《蔣總統秘錄》，第 6 冊，第 11 卷，頁 40。

〔註80〕 1927 年 6 月安國軍高級將領與直系軍官在北京舉行會議，推舉張作霖為「中華民國軍政府海陸軍大元帥」；是時國民革命軍武力範圍已推展至長江一帶，張氏就職通電中，仍表示國民革命不免赤化，並重申「討赤」決心。顏惠慶，《顏惠慶自傳》（臺北：傳記文學出版社，1973 年），頁 154。

第三節　敵我對立抗衡

　　李敖曾說：「國民黨是性好革命的，共產黨也是性好革命的，但是性好此道的祖師爺，卻是主張國共合作的孫中山」〔註81〕國共合作之下確實建立了一套革命理論架構，更確切言之，以孫中山的「三民主義」為核心，配合「共產主義」式革命理論為骨幹的政治工作，確立了中國「革命」運動的意義與方向。而這套「革命」組織首先在廣州紮根，其實是容納了兩股不同主義的信徒，共同推展「國民革命」，但是隨著孫中山去世，以其理論和領袖魅力所凝聚的事業中心開始動搖，1925 年北方輿論界評論家唐有壬的觀察：在此之前，以孫中山為標準，贊成他是贊成革命，反對他便是反對革命，「不幸孫先生死，革命運動失了標準，革命意義因爾〔而〕模糊。什麼正統之爭，鬧得烏煙瘴氣，……甲派自稱正統，便罵乙派為反革命；乙派自命正統，便罵甲派為反革命」而這一切都是因為「革命」失了標準。〔註82〕當時廣州國民政府以「國民革命」性質自居，但是黨內各派以「革命」、「反革命」宣傳的攻防戰卻已經開打。

　　共產黨成立到加入國民黨期間，始終有屬於自己的機關報，作為機關發行刊物的《嚮導週報》就明顯呈現出一套不隸屬於國民黨的論述基調。運用「右派」與「反革命」口號運用鬥爭，並不是紙上談兵而已，口號宣傳之外，政治意識形態衝突其實在誓師北伐前已經開始在校園以及其他公眾場合發酵，在 1924 年 10 月上海某國民大會上，國民黨內部衝突造成了群眾運動的傷亡，《嚮導週報》刊載了某上海大學學生通電：

> ……在會場之下為贊成反帝國主義及軍閥演說而鼓掌之時，台上主席喻育之（國民黨黨員）便喝令禁止，加以「擾亂會場」之罪名，台上大隊流氓，聞聲響應，一呼百諾，蜂擁而前，向洪、何、王、黃諸同學施以慘酷之打擊，同時，並以「這是齊燮元的奸細」之口號誣害……當時恰有全國學生聯合會總代表郭君壽華登台演說。「我們應當推翻一切軍閥一切帝國主義……」話猶未了，該會會計童理璋（國民黨黨員）即上前將郭君攔阻，扯下演台……猛將黃仁、郭

〔註81〕 李敖，〈革命・革命・反革命〉，載李敖等，《革命・革命・反革命》（臺北：天元圖書有限公司，1985 年），頁 165。

〔註82〕 唐有壬，〈什麼是反革命〉，《現代評論》，第 2 卷第 41 期（1925 年 9 月 19 日，北京），頁 5。

> 伯和、郭壽華三君一推，竟自高逾七尺之台，跌至台下硬石上面，
> 一時慘痛之聲，慘不忍聞。〔註83〕

國民黨員的強推攔阻演講，使講者自 7 尺高的講台摔落重傷，會中造成學生黃仁當日跌傷腰部，嘔吐不止，嚴重昏迷並於隔日逝世、郭伯和傷及頭、胸、足，血流不止，身體不能行動、郭壽華則是在演講中挨打後傷肩背，又在台下被毆擊。陳獨秀順勢評論「近來國民黨中所謂右派的反動行為，說他是右派實在還是太恭維了，實在只是反革命的帝國主義及軍閥之走狗」，〔註84〕整起事件被批評為右派所涉及的「反革命」暴行。

上述衝突並非單一事件，而是「革命」陣營內部的衝突縮影，對於「反革命」認知與運用有別，也同時顯示了立場的根本差距。1926 年 12 月 26 日，廣州工界因錢大鈞以武力制止工人械鬥，引發工人代表會不滿而有「倒錢運動」，並連帶及於蔣介石、李濟琛，廣三鐵路沿路各站支電線杆及偏僻馬路均發現打倒新軍閥蔣、李、錢的標語，並有三五成群，手執旗幟者演講號朝打倒舊軍閥及新軍閥蔣、李、錢等口號，而高呼工友聯合起來，打倒蔣、李、錢，在廣東西瓜園舊商團操場演講的數名演講者遭到公安局拘捕；工人代表會要求保釋人犯而遭錢大鈞拒絕，而轉向李濟琛交涉，在這場衝突之中，李濟琛與工會協議中表示「無論工不工，但有擾亂秩序者，一律執法以繩，不容徇情。貴會此次請釋犯匪。不知用意何在，是否係包辦擾亂治安者，若然，則意圖反革命，……」。〔註85〕本起事件最後以農工廳解除「不良公會」告終。雖然在此，「反革命」尚不是法定刑名，但在嚴肅的協議文件中，它已經展現一種威嚇與權威。

「想證明反革命一定是壞名詞，除非革命本身具備種種條件。」〔註86〕唐有壬如此批判，是因為看清在國民黨內部運用「革命」與「反革命」的各項策略，只是爭正統的奪權動態，更明確來說，是對於「黨統」的爭奪。隨著北伐開始，國民黨內的國、共勢力鬥爭也越來越嚴重，在國共分裂以前，「反

〔註83〕獨秀（陳獨秀），〈國民黨右派慘殺黃仁案：這是右派的行動嗎，還是反革命？〉，《嚮導週報》，第 87 期（1924 年 10 月 15 日，上海），頁 717。

〔註84〕獨秀（陳獨秀），〈國民黨右派慘殺黃仁案：這是右派的行動嗎，還是反革命？〉，《嚮導週報》，第 87 期（1924 年 10 月 15 日，上海），頁 716。

〔註85〕〈廣州工界反對李錢〉，《晨報》，北京，1927 年 1 月 6 日，第 5 版。

〔註86〕唐有壬，〈什麼是反革命〉，《現代評論》，第 2 卷第 41 期（1925 年 9 月 19 日，北京），頁 4。

革命」一詞幾乎成為跨黨份子用以劃清敵我界線而貼在敵人身上的標籤。1926
年1月陳誠（1898～1965）營長任內，發生過一次受人誣告的小風波：

> 我們砲兵第二營的黨代表是游步雲，這個人雖說是本校第一期的畢
> 業生，但已參加了共產黨，是一個跨黨分子。我是參加孫文主義學
> 會最忠實的三民主義信徒，所以我二人在思想行動上都積不相能。
> 有一天游就告了我一狀，說我侵吞軍餉，跡涉貪污。東征軍參謀長
> 王東臣先生把我找了去，拿狀子給我看，並說：「一個營長，虧公款
> 數百元，不算什麼！」這是一種苟且了事的處理辦法，我如何受得，
> 我當時說：「一定要查個水落石出，如有分文出路不明或是浪費願受
> 嚴厲處分。」當時王先生並不想深究，安慰我說：『我知道你沒有貪
> 污，可回營去，安心工作。』我覺得這還不是個辦法，對他說：「此
> 事你知，我知，是不夠的。須使真相大明，要人人都知道是非所在，
> 才能算了。革命者遇事含含糊糊，將與反革命者何以異？現在我無以
> 見信於所部，恕不能奉命回營。」這案子由此暫時旋起來。」〔註87〕

這起「國民革命」軍內部衝突頗值得人們留心：回憶此事的陳誠在當時已經
有了對於黨內「跨黨份子」跟「三民主義信徒」之間分界的明確界定，顯示
國民黨內部因對「共產主義」態度不同引發的黨員衝突雖尚未引發全面性對
立，但彼此間的不滿也已經升至一定程度；〔註88〕另一方面，陳誠對於被誣
告貪污的回應，並非只有個人名譽遭到污衊的憤慨，乃是將這起事件提升到
更高境界——此事不得含糊，乃因此事涉及「革命性」，「革命者遇事含含糊
糊，將與反革命者何以異」，「革命」與「反革命」似乎是必須劃清界限的不
同範疇，在陳誠理解中，明顯是將自身所處的團隊與群體視為「革命」。

〔註87〕　何智霖編輯，《陳誠先生回憶錄：北伐平亂》（新店：國史館，2005年），頁
　　　　　23～24。
〔註88〕　「他們背地裡有他們的組織，有他們的集會有他們的決議的行動，有一天我
　　　　　看見某寢室某人不在牀上，時間有十一點了，又看見某寢室某人不在，我約
　　　　　計有十人內外，……遠看有十多人席地開會，看見我來了，均逃散。……於
　　　　　是覺得我是他們的障礙，對我來個決議攻擊，並造謠言，來個匿名信。蔣先
　　　　　生對匿名信很生氣，交給我看。……如是對政治部，天天都在明爭暗鬥之中，
　　　　　後來終於被我們想出了一個『孫文主義學會』來，方免本黨大禍，政治部就
　　　　　在這樣的情況下工作的。」王柏齡，「黃埔軍校開創之回憶」，〈黃埔建軍史料〉，
　　　　　中華民國史料研究中心，《中國國民黨第一次全國代表大會史料專輯》（新店：
　　　　　中華民國史料研究中心，1984年），頁408～409。

在陳誠與游步雲軍中糾紛同時，發生了廣東大學風潮，近因說是廣東大學是「反革命的大本營」、「不能培養革命人才」、「不能充滿緊張革命之空氣」、「所養成之人才不能供黨及政府所需要」。這次風潮最終造成三十八名教授辭職，並據稱有六百多名學生離校。〔註89〕時任校長的鄒魯（1885～1954年）日後回憶此事：

> 鮑羅廷最初利用造謠中傷的陰謀，想加我以「不革命」、「反革命」的罪名，使我自動離開廣大；繼則利用繼皆使我為難的詭計，取消廣大獨立的經費，迫我無法繼續維持；三則採用正面攻擊的辦法，想撤換我的廣大校長，使我不得不離開廣州，最後他老羞成怒，一不做二不休，想出了斬草除根的毒計，利用廖案加我以莫須有的罪名，使我根本無法活動。〔註90〕

在當時社會環境下，人們自認身處於「革命時代」之中。〔註91〕但是「革命」的流變與走向究竟將會帶領國家走向哪一種發展？要選擇哪一種「革命」？政局依舊使人憂懼惶惑，北伐所喊出的「國民革命」，雖然凝聚了一股龐大政治力量，但是這種精神號召仍然面對了各式各樣挑戰。並非所有人都對於「革命」抱有正面評價，而甚至有人願意自己冠上「反革命」的立場表達自己對軍閥鬥爭局勢的意見，如在1925年底有讀者以「湘君」之名投書《現代評論》表示自己並不樂見挑起戰爭，他主張反戰，反對「國民革命」的進行，投書標題即書為〈說幾句反革命的話〉。〔註92〕

在北伐過程中，來自國民黨內部陣營的分裂帶給「國民革命」精神上極大拉鋸。1927年2、3月間，武漢與南昌之間對立形勢已經相當緊繃，蔣中正在南昌演講，針對徐謙（1871～1940）等斥責他為獨裁的公開發表，他反指徐謙為獨裁，「若不加考慮，而事惡罵，乃反革命之行為而欲亡我黨者也。」並稱「今者共產黨橫暴已極，而將累及國民黨」〔註93〕關於國民黨內部軍事

〔註89〕　〈時事短評：廣東大學的風潮〉，《現代評論》，第3卷第58期（1926年1月16日），頁1。

〔註90〕　鄒魯，「與共產黨奮鬥和北上侍疾」，〈容共與反共問題〉，中華民國史料研究中心，《中國國民黨第一次全國代表大會史料專輯》（新店：中華民國史料研究中心，1984年），頁581。

〔註91〕　魯迅，〈革命時代的文學〉（1927年4月8日），《而已集》，頁11～22。

〔註92〕　湘君，〈通信：說幾句反革命的話（小百姓呼籲之一）〉（1925年12月22日，河南許州），《現代評論》，第3卷第57期（1926年1月9日，北京），頁9。

〔註93〕　〈蔣介石在南昌演說〉，《晨報》，北京，1927年3月4日，第2版。

與政治對立的狀態，外界以爲兩湖地區已經爲「共產派」所掌控，〔註94〕3月
10日漢口召開的第三次中央執行委員會全體大會中，通過「統一黨的領導機
關」與「軍事委員會組織大綱案」，這兩項提案使蔣中正的權限大爲削弱，《晨
報》記者因此估測「黨軍內訌將因此而起」。〔註95〕在後案中，第一章總綱以
「第一條　軍事委員會設立之目的，在鞏固國民政府統治下之疆域，撲滅國
內反革命武力，以謀全國統一。並籌畫國防，使不受帝國主義者對中國軍事
進攻之危害。」而第五章革命軍事裁判所「第二十二條　軍事委員會爲鎮壓
反革命，及裁判軍事犯，設立革命軍事裁判所，組織條例另定之。」〔註96〕
不僅國內將武漢與南昌的對立定爲以武漢「共產派」（或稱「武昌派」、「武漢
派」、「左派」）和「南昌派」（或稱「右派」）蔣派人馬間的對立，國外對中國
南方局勢觀察，亦是將「共產」與否視爲劃分兩者的關鍵。

武漢與南昌兩派對立，其根源於聯俄容共實行後黨內權力結構的變化。
容共改組後國民黨有「左」、「右」派之分，就是共產黨創造分化的結果。共
產黨員加入國民黨以後，其重要策略之一，便是在國民黨內造出派別。中共
中央在1924年發布的文件說：「照現在的情況看來，國民黨的左派是孫中山
及其一派和我們的同志——我們同志其實是這派的基本隊；因此所謂國民黨
左右派之爭，其實是我們和國民黨右派之爭。」〔註97〕國民黨左右兩派之爭，
並非一種事後追述，而是確實存在的具體爭議。1925年相關文件顯示：「國民
黨自改組以後，左右派之分化已成事實，⋯⋯兩派中間都發生了劇烈的衝突。
左派的成分是工人農民及知識分子的急進分子；右派的成分是軍人官僚政客
資本家。」。〔註98〕

國民黨內部「左」、「右」兩派，分別以政治傾向共產黨或國民黨爲界。
孫中山於1925年3月逝世，兩派鬥爭越發激烈，國民黨「左」派勢力上升。

〔註94〕　〈兩湖實權在共產派〉，《晨報》，北京，1927年3月22日，第2版。
〔註95〕　〈國民政府上之新機關　以黨管轄政府〉，《晨報》，北京，1927年3月22日，
　　　　　第2版。
〔註96〕　〈國民政府上之新機關　以黨管轄政府〉，《晨報》，北京，1927年3月22日，
　　　　　第2版。
〔註97〕　佚名，〈共產黨在國民黨內的工作問題議決案〉，收錄於中央檔案館編，《中共
　　　　　中央文件選集：第一冊（1921～1925）》（北京：中共中央黨校出版社，1989
　　　　　年），頁230。
〔註98〕　佚名，〈共產黨在國民黨內的工作問題議決案〉，《中共中央文件選集：第一冊
　　　　　（1921～1925）》，頁338。

另一方面，隨著孫中山的去世，原來國民黨與其內部共產黨以貌合神離的政治結合，隨著共同的領袖已矣，更少了黏著點，理念也開始越來越傾向分化。「非常之破壞」、「非常之建設」的「革命」乃「天然之進化，勢所必至，理有固然。今欲以人事速其進行，是謂之革命。」〔註99〕縱然不分左右、無論國共，都以孫中山之革命為革命，然而，如何「破壞」？如何「建設」？怎樣「革命」？這儼然成為雙方分道揚鑣之必然。

鮑羅廷和陳獨秀則曾經把國民黨分為「左」、「中」、「右」三派。他們認為共產黨人代表國民黨「左派」，一般所稱的國民黨左派則是「中派」。〔註100〕不過，在1925年中共中央的另一文件，則認為三派分法「不但在理論上不正確，而且在策略上也不適當。」〔註101〕由此可見中共對「左」、「右」派的意涵和劃分，其實是相當模糊、並且是流動不定的。彭述之說法最為一針見血，他說：「所謂國民黨左右派的區分完全是站在策略上之革命與非革命的區分。」〔註102〕這便是說，中共對「左」「右」派的區分，完全視革命的策略而定，其用意是製造分化對立，以利於「革命」之進行。以學術觀點來看，派系劃分存在著概念模糊、界線不清楚等種種問題。但是，對中共而言，這種模糊卻符合革命的需要；其他如「資產階級」、「無產階級」、「買辦階級」、「民族資產階級」等等的劃分運用，莫不如是。最初，國民黨對外雖然極力否認黨內有派系之分，但是在容共改組後，黨內「左」「右」派之爭確實極為激烈。〔註103〕

無論如何定義或命名，黨內分化為兩股力量互相拉鋸的態勢已為全國所認識，而國外亦關注中國在「國民革命」過程中的分化狀態。1927年時任日

〔註99〕 孫文，〈孫文學說〉第6章，收錄於《國父全集》，第1冊（臺北：近代中國出版社，1989年），頁466。

〔註100〕 陳獨秀，〈陳獨秀給維經斯基的信〉、〈陳獨秀給共產國際遠東部的信〉、〈鮑羅廷的書面報告〉，收錄於中共中央黨史研究室第一研究部譯，《聯共（布）、共產國際與中國國民革命運動（1920～1925）》（北京：北京圖書館出版社，1997年），頁507、538、575。

〔註101〕 〈中國共產黨與中國國民黨關係議決案〉，收入中央檔案館編輯、中共中央文獻研究室審定，《中共中央文件選集：第一冊（1921～1925）》，頁490。

〔註102〕 述之，〈國民黨中之左右派的爭鬥與共產黨〉，《嚮導週報》，第138期（1925年12月10日，上海），收入《嚮導彙刊》（東京：大安株式會社，1963年），第3集，頁1256。

〔註103〕 李達嘉，〈左右之間：容共改組後的國民黨與廣東商人，1924～1925〉，《中央研究院近代史研究所集刊》，第71期（2011年3月，臺北），頁5。

本政友會總務的山本條太郎（1867～1936）訪華，在南昌會見蔣中正，〔註104〕並在武漢與徐謙、陳友仁（Eugene Chen, 1878～1944）、孫科（1891～1973）、鮑羅廷等晤談後，認爲「徐謙等屬於共產黨系」，「國民黨中現似無所謂左派右派，其所以當起內訌者，實乃國民黨及共產黨間之衝突耳」，而鮑羅廷是南方政府的中心人物；〔註105〕而在某位西方人士的觀察中，認爲「國民革命」的本體在於武漢，「南方勢力之中心，已操持於武漢派過激份子團體之手。而操縱之者，非華人自身，乃於革命戰術，附有專門技能之蘇俄顧問。」，並分析中央執行委員會常務委員九名的派別，認定蔣中正等國民黨份子的「中央派」僅有蔣中正、譚延闓、吳玉章（1878～1966）三人，「國民黨左傾派」有汪兆銘、孫科二人，「共產派」則有譚平山（1886～1956）、顧孟餘（1888～1972）、徐謙、陳公博（1892～1946）四人，而政治委員會中亦以左派爲大宗，局勢明顯對蔣方不利，俄、德與其他國家的共產黨員在武漢積極動作，而徐謙、陳公博、陳獨秀之過激行動又超乎於前者，該旅華西方人士遂認爲與南昌派雖握有兵權，然武漢派以組織和第三國外援占有優勢，長此以往，兩者的對立終將導致對中國自身利益的葬送。〔註106〕

綜上所述，「反革命」入罪化的過程在「國民革命」中心由兩廣遷至兩湖的時段展開，是廣州國民政府至武漢國民政府成立中，國民黨內部鬥爭的產物，〈反革命罪條例〉並非偶然在 1927 年誕生，它是自廣州國民政府以來國民黨內一連串黨爭的結果；1928 年南京國民政府〈暫行反革命治罪法〉之所以選擇延續前者概念於對黨治下異議份子的刑事案件辦理，不選擇「反革命」以外其他刑事名義作爲懲治危害「三民主義」與國民黨政權的規範，並非只是爲行政便利，乃就法制層面實行考量而依循，而有國民黨內派系鬥爭經驗蘊含其中。

〔註104〕 「陳友仁電蔣中正」（1927 年 3 月 9 日），〈迭肇事端（一）〉，《蔣中正總統文物》，國史館藏，典藏號：002-090200-00014-151，入藏登錄號：002000002171A。

〔註105〕 〈南方中心人物爲誰？　俄國顧問鮑羅廷〉，《晨報》，北京，1927 年 3 月 25 日，第 2 版。

〔註106〕 〈蔣介石難打倒左派：某西人對於南方大局之解剖觀〉，《晨報》，北京，1927 年 3 月 30 日，第 3 版。

圖四　1932 年至 1949 年的國立中山大學校徽

圖片說明：在「革命」與「反革命」戰雲籠罩之下，廣東大學曾受
　　　　　風波衝擊而影響校內職員組織。1924 年創立的「國立
　　　　　廣東大學」，在 1926 年為紀念創始人改稱「國立中山大
　　　　　學」，正是今日高雄「國立中山大學」與廣州「中山大
　　　　　學」的前身；圖中塔樓為 1924 年 1 月 20 日中國國民黨
　　　　　第一次全國代表大會開會會址所在。成立於 1924 年的
　　　　　該校與今日存在兩支不同路線教學組織的校務發展
　　　　　史，都具有濃厚「黨校」色彩，因此，比起獨立辦校，
　　　　　其受黨內派系鬥爭的影響也最為鮮明。

資料來源：「1932 年至 1949 年的國立中山大學校徽」，〈兩校合併
　　　　　（2001）前中山大學檔案珍藏〉，收錄於《中山大學檔
　　　　　案館》：http://archives.sysu.edu.cn/index.aspx?lanmuid=
　　　　　65&sublanmuid=664&id=689（2013/10/9 點閱）。

第二章　武漢伐異：〈反革命罪條例〉之刑與罰[*]

　　自 1924 年中國國民黨改組以來，「黨治」、「以黨領政」、「以黨治國」的黨本位執政，始終是國民政府特色，[註1] 此種治理原則，以及黨政府「國民革命」之號召，隨著國民政府在 1926 年底議決遷都武漢而繼續發展。湖北成為繼廣州之後中國的「革命」新都，在粵中國國民黨政治會議議決中央黨部與國民政府遷移武漢，「以應革命局勢時事之需要」，[註2] 國府搬遷動作自年底持續至隔年 1、2 月間，期間 1 月 7 日南昌方面「忽有決議中央黨部國民政府暫駐南昌」[註3] 值此之際，雖然武漢、南昌甚至上海方面中國國民黨黨權爭議問題與個別黨員主張始終爭執不休，司法與行政上亦相互掣肘、黨務彼此矛盾，然而綜觀 1927 上半年國民黨政府內政令所從出，仍賴於武漢國民政府方面之議定為根據。

---

[*] 本文底稿曾以單篇會議論文型態首發於 2013 年 5 月〈在刃之端：1927 年的〈反革命罪條例〉與司法審判〉，「2013 全國研究生歷史學論文發表會」（臺南：長榮大學，2013 年 5 月 31 日），後改寫為〈政治與規訓：武漢國民政府對「反革命」罪犯的懲處〉發表於 2014 年 11 月，「近代中國的國家與社會」工作坊（臺北：國立政治大學歷史學系，2014 年 11 月 24 日），會議論文，頁 89～133。並獲刊載於 2015 年 6 月《政大史粹》（〈政治與規訓：武漢國民政府對「反革命」罪犯的懲處〉，《政大史粹》，期 28〔2015 年 6 月，臺北〕，頁 105～152）。

[註1] 深町英夫，《近代廣東的政黨・社會・國家——中國國民黨及其黨國體制的形成過程》（北京：社會科學文獻出版社，2003 年）。

[註2] 中國國民黨中央執行委員國民政府委員擴大聯席會議記錄」（1927 年 2 月 21 日），〈二屆武漢中央國府聯席會議及中常會紀錄〉，《會議記錄》，館藏號：會 2.4/5。（原陳果夫藏，「武漢中央國府擴大聯席會議中央常務擴大會議紀錄」本）

[註3] 徐謙發言，「中國國民黨中央執行委員國民政府委員擴大聯席會議記錄」（1927 年 2 月 21 日），〈武漢中央國府擴大聯席會議中央常務擴大會議紀錄〉，《會議記錄》，館藏號：會 2-4.5。

　　1927年2月9日武漢國民政府頒布〈反革命罪條例〉,此條例制訂於聯俄容共政策尾聲,武漢方面府方高層的政治態度,影響了對於政治犯審訊與處置。〈中華民國國民政府組織法〉規定:「國民政府受中國國民黨的指導及監督,掌理全國政務。」〔註4〕一切政府機構當在在黨的領導之下,此即訓政時期「以黨領政」、「一黨專政」、「黨治」的法理依據,對於國民黨黨治有所疑義與抨擊者,則是所謂的「反革命」。武漢當局對於「反革命」罪犯的處置,實與政治環境緊密相連。

圖五　香港粵東襪廠廣告啟事

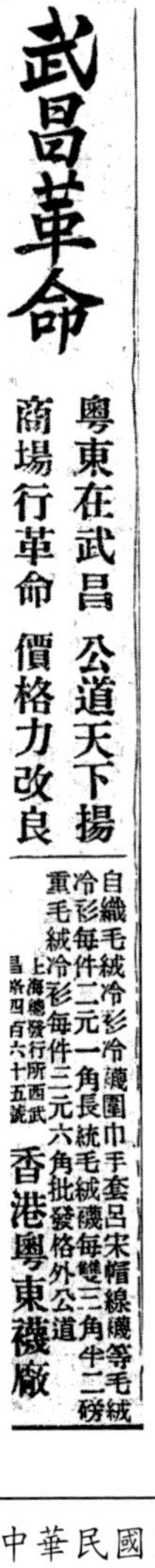

圖片說明:國民政府遷移後,「革命」重心由粵東轉入武漢,在這則香港粵東襪廠的商業廣告中,「武昌革命」四字顯得鮮明。

資料來源:《民國日報》,上海,1926年11月29日,第1張第1版。

〔註4〕　〈中華民國國民政府組織法〉(1925年7月1日),《國民政府公報》,南京,第1號,頁5。

第一節 「反革命罪」認定與告發

　　國民黨與共產黨之間以「革命」與「反革命」話語進行政治宣傳的交鋒並非國民革命到了武漢才發生，1925 年唐有壬〈什麼是反革命〉一文曾指出「有一種流行名詞『反革命』，專用以加於政敵或異己者。只這三個字便可以完全取消異己者之人格，否認異己者之舉動。……被加這種名詞的人，頓覺得五內惶惑，四肢無主，好像宣布了死刑似的」﹝註5﹞唐有壬在北伐前的預言，雖不幸而言中，發生在 1927 年，這一年，「反革命」發揮了法律層面的實質作用，魯迅認為這一年「似乎是青年特別容易死掉的年頭。」﹝註6﹞政治影響力深入民間，但並不只有一股順勢潮流，「這里〔裡〕以為平常的，那邊就算過激，滾油煎指頭。今天正是正當的，明天就變犯罪，藤條打屁股。」﹝註7﹞政治口號成為具體法令規章，武漢國民政府真用了「反革命」這一名詞宣布確確實實的「死刑」。

　　1927 年 2 月 9 日武漢國民政府公布之〈反革命罪條例〉是首次以「反革命」命名的刑事法，犯者屬非告訴乃論治罪（當時法條中所稱「照俱發論」，即今日法律上所稱的「非告訴乃論」法律原則），其刑重者至死刑、無期徒刑或沒收財產、褫奪公權，其懲處之犯行囊括：

　　一、意圖傾覆國民政府或推翻國民革命之權力而為各種敵對行為，以及利用外力或勾結軍隊，或使用金錢而破壞國民革命之政策；上述犯行被視為「與世界帝國主義者通謀，以武力干涉國民政府者」（第一條、第三條）。

　　二、反革命為目的，統率軍隊或組織武裝暴徒或集合土匪盤踞土地兼犯殺傷放火決水掠奪及其他各罪（第二條）。

　　三、組織各種反革命團體者（第四條）。

　　四、（一）組織機關，以炸裂燒燬或其他方法損壞鐵路，或其他交通事業，及關於交通各項建築物；（二）將要塞軍港軍隊船艦，及其他軍用處所建築物，或兵器彈藥，錢糧交通財料，及其他軍用品，交付敵軍，或燒燬損壞；（三）設法煽動陸海空軍隊，互起衝突，或發生叛變；（四）引導敵人之軍隊船艦，使侵入或迫

﹝註 5﹞ 唐有壬，〈什麼是反革命〉，《現代評論》，第 2 卷第 41 期（1925 年 9 月 19 日，北京），頁 4。
﹝註 6﹞ 魯迅，〈談「激烈」〉（1927 年 9 月 11 日，廣州），《而已集》，頁 88。
﹝註 7﹞ 魯迅，〈談「激烈」〉（1927 年 9 月 11 日，廣州），《而已集》，頁 88。

　　近國民政府領域。上述犯行被視爲「圖利敵軍或妨害國民政府」
　　的反革命犯行（第五條）。

五、以反革命爲目的，盜竊刺探或收集重要軍務政務應秘密之消息
　　文件圖畫，煽動通於敵軍或世界帝國主義者（第六條）。

六、以反革命爲目的而破壞國家金融機關或妨害其信用（第七條）。

七、宣傳反革命之各種煽惑文字圖書（第八條）。

八、以反革命爲目的，捏造及宣傳各種謠言，足使社會發生恐慌（第
　　九條）。

九、在反革命勢力之下，利用官紳勢力對於革命運動或農工運動曾
　　有積極壓迫行爲（第十條）。〔註8〕

值得注意的是，除了上述罪刑之外，「反革命罪」成立之標準不只是行動本身，也涵蓋了「未遂犯罪」（第十一條）、「預備或陰謀犯」（第十二條）；其適用對象則跨國界，「本條例對於在中華民國內或中華民國外犯反革命各條之罪者，不問何人適用之」（第十四條）；而在適用範圍方面，該條例在公布之日施行，亦即在1927年2月9日起生效，然而，該法並沒有「既往不究」原則的觀念，「反革命罪」之概念雖爲新產物，但是根據該條例第十七條：「在公佈前未經確定審判之案，亦適用之。」〔註9〕換而言之，若任一嫌疑犯過去曾有行動觸犯〈反革命罪條例〉，雖然犯罪之時在1927年2月以前，尚未有對「反革命罪」之規範，但如今亦可使用〈反革命罪條例〉針對其既往有過犯行的嫌疑起訴，予以審訊、懲處。

　　1927年武漢街頭，有兩項稱呼是眾人避之唯恐不及的——「反革命」、「土豪劣紳」——「土豪劣紳」可能有「反革命」行爲，但「反革命」者不必爲「土豪劣紳」；兩湖農民運動中懲治「土豪劣紳」的事件中，多有以「反革命」控訴所謂「土豪劣紳」者，但是「反革命」份子並不因爲其行爲而被控訴爲「土豪劣紳」。之所以會有這樣的差異，是因爲「土豪劣紳」通常被視爲「反革命」之下層勢力，〔註10〕「身爲土豪劣紳」是一項指控，而有「反革命」嫌疑的「土豪劣紳」其罪更重。

〔註8〕　〈昨日中央聯席會通過之反革命罪條例〉，《漢口民國日報》，漢口，1927年2
　　　　月10日，第1張新聞第2頁。

〔註9〕　〈昨日中央聯席會通過之反革命罪條例〉，《漢口民國日報》，漢口，1927年2
　　　　月10日，第1張新聞第2頁。

〔註10〕　〈黨務消息：省黨部請嚴辦土豪劣紳〉，《漢口民國日報》，漢口，1927年3
　　　　月10日，第2張新聞第2頁。

　　漢口特別市黨部就直接指出：「對於反革命派姑息，既是叛黨害民的行為」，打倒「土豪劣紳」即是剷除「封建勢力」。〔註11〕根據徐謙報告，法律意義而言：內亂罪、外患罪、及內亂兼外患罪、此外反革命團體的宣傳等，這些都是「反革命罪」，在武漢國民政府的處置方式，是「須用革命軍來鎮壓之」，鎮壓之手段是容易的；但除此之外，尚有「封建的勢力，土豪劣紳等，則須用革命司法來鎮壓之」，而鎮壓之機關，普通以控訴法院為第一審，最高法院為第二審，特別的審理有「人民審判委員會」及「革命軍事裁判所」。〔註12〕

　　1927 年 2 月 9 日武漢國民政府公布的〈反革命罪條例〉，參考了蘇聯「新刑律」制訂，〔註13〕並受此時農民運動，影響了其審判方式，「反革命罪」之認定與裁決，與地方上審判「土豪劣紳」的經驗多有連結。然而，若以此淵源而認定「反革命」入罪化的過程全係共產黨人在國民黨內部單方面操作，或以為審判所謂「土豪劣紳」或「反革命」罪犯的「特別法庭」與「革命軍事審判所」等單位皆為共黨所操縱，〔註14〕則是頗不完整的見解。在刑責確立的過程中，跨黨份子與國民黨員皆是當中的實際推動與執行者，〔註15〕毫無疑問地，在北伐前後社會對於「反革命」的關注確實受蘇聯方面強力影響與中國共產黨員推動，〔註16〕但 1927 年 2 月以來「人民審判委員會」對「反

〔註11〕　〈省黨部緊急會議援救陽新監利被殺黨員　起草懲戒土豪劣紳條例〉，《漢口民國日報》，漢口，1927 年 3 月 5 日，第 3 張新聞第 1 頁。

〔註12〕　〈司法改良之近況〉，《湖南民報》，長沙，1927 年 4 月 2 日，第 3 版。

〔註13〕　根據王奇生考證，時任武漢司法部長的徐謙參考了蘇聯「新刑律」，而 1927 年 2 月 25 日蘇聯中央執行委員會頒行的〈國事罪條例〉（又名〈反革命及對蘇聯特別危險的妨害管理秩序罪條例〉）與同年 1 月 1 日施行之〈蘇俄刑法典〉分則第一章的「反革命罪」，當是武漢國民政府參考的資料。王奇生，〈「北伐」與「南征」與「反革命罪」的緣起〉，《革命與反革命——社會文化視野下的民國政治》，頁 144～145。

〔註14〕　蔣永敬，《鮑羅廷與武漢政權》，頁 261～262。

〔註15〕　如陶希聖本人在 1927 年擔任學生改編而成獨立師的軍法處長，在職中殺了不少的國民黨同志（周佛海，〈盛衰閱盡話滄桑〉，《往矣集》〔上海：上海書店，1989 年〕，頁 62。）；陶希聖並非跨黨份子，在國民黨聯俄容共政策進行間，國民黨非跨黨黨員參與相關運作的狀況實際存在，絕非單由共產勢力推展，這類事實在過去的革命史論述之下常被有意或無意忽略，將相關程序簡化為任一政治集團錯誤行動的理解，並無益探究歷史事實。

〔註16〕　1927 年 3 月以後，兩湖地區對於土豪劣紳的指控方向，陸續出現在性質上屬於「反抗革命或阻撓革命」及「反抗或阻撓民眾運動」的罪名，對土豪劣紳與反革命的追緝，是在共產黨群眾運動路線下進展的。張世瑛，〈罪與罰——北伐時期湖南地區懲治土豪劣紳中的暴力儀式〉，頁 49～101。

革命」案件的審訊與處置，不只是仿效蘇俄或在鮑羅廷等俄方指導下將俄國執法經驗的移植而作爲「人民審判」、「反革命案」的複製品；審判與執行刑法處決的儀式性與展演，並非一套完整的外來執法系統，而是與中國自身司法進程中，農村民眾運動與傳統執法習慣、社會風俗與外來「反革命罪」觀念的結合，而 1927 年 8 月 5 日武漢國民政府下令拿辦共產黨一事，〔註 17〕亦使中國「反革命罪」的歷史經驗與蘇俄進入了不同的發展脈絡。

「土豪劣紳」與「反革命」，兩種犯行的界定相當接近，如周文軒案中，經營周恆順翻砂場的漢陽商會長周文軒被控爲有「反革命行爲」。根據漢陽縣商民張森發等函稱，商會劣紳周文軒等人勒索貪占軍餉，假冒政府軍隊名義，向商會勒索，1927 年 1 月 6 日，漢陽縣署稱奉第八軍總指揮唐生智令，以周文軒等「違反軍紀，至重且大」，並關閉其經營之周恆順翻砂場，〔註 18〕由商民協會、武漢機器業漢陽分會，依照湖北省〈懲治土豪劣紳條例〉送交「土豪劣紳審判委員會」等候判決，其工廠與機器等則由商民協會、農民協會、工會與婦女協會等團體所組織的臨時委員會「暫時保管」，以候判決。

後來在 1927 年 11 月，汪兆銘在廣州中山大學演講，追憶略述此案處置經過，表示此乃過去共產黨「把持政權」之非、「挾持國民政府」造成社會恐怖；〔註 19〕然而實際上，當時「把持」著政府的實際最高單位，是武漢國民政府的全體中央政治委員，而非單純由共產黨方面操縱全局，據其聲稱：「今年五月，漢陽縣黨部爲共產黨所把持，擅自議決沒收漢陽十間工廠，組織工人管理委員會」〔註 20〕在此案處理過程中，漢陽縣黨部與中央政治委員會發生多次衝突，武漢國民政府命令漢陽縣長釋放周文軒等人，然漢陽縣長抗命不從，〔註 21〕最終以徐謙提議爲依據，警告漢陽縣黨部若不服從命令，

〔註 17〕 李雲漢主編，《中國國民黨一百周年大事年表》，第 1 冊（臺北：中國國民黨中央委員會黨史委員會，1994 年），頁 227。

〔註 18〕 〈唐總指揮令查漢陽劣紳〉，《漢口民國日報》，漢口，1927 年 1 月 7 日，第 3 張新聞第 6 頁。

〔註 19〕 汪兆銘口述，林霖記，〈武漢分共之經過〉（1927 年 11 月 5 日），《汪精衛先生最近演說集》（出版地、出版者不詳，1927 年），頁 109～156。

〔註 20〕 汪兆銘口述，林霖記，〈武漢分共之經過〉（1927 年 11 月 5 日），頁 149～150；蔣永敬，《北伐時期的政治史料──一九二七年的中國》，頁 467；蔣永敬，《鮑羅廷與武漢政權》，頁 253～254。

〔註 21〕 「中國國民黨中央執行委員會政治委員會第二十一次會議速紀錄」（1927 年 5 月 16 日），〈武漢時期中央政治委員會會議記錄 21～41 次〉，《會議記錄》，黨史館藏，館藏號：00.2/6.2。

將命其解散。〔註22〕

　　此案引起社會輿論的非議，當時漢陽縣黨部卻解釋其行動為「應民眾的要求，以合法手續拘留周文軒周仲宣」，總共列舉 11 項「反革命之行為」作為證據：（一）組織非法「機器聯合會」破壞工會。（二）誘惑失業工人搗亂工會。（三）收買流氓暗殺工會領袖。（四）勾結蔣逆介石。（五）反對漢口特別市黨部及全省總工會、無故辭退工人事，不履行總工會仲裁之判決。（六）誘脅小廠主一致破壞工會。（七）陰謀破壞本黨。（八）破壞商民協會。（九）組織十人團體圖謀不軌。（十）散佈謠言擾亂社會秩序。（十一）破壞政府集中現金政策。〔註23〕中央執行委員會政治委員會針對此問題進行討論，即認為此乃漢陽縣黨部違背中央政策與法規的擅自行動。〔註24〕於是公告表示：司法部就漢陽縣黨部呈報之十一點，詳加審查，認為並無「反革命」行為，亦無其他罪證；原呈指稱之各項指控，係空言指摘，並無具體事實，無從證明，勢難認為罪狀。唯有其中原呈指稱勾結蔣介石一節，機器聯合會確實在 1927 年 2 月初曾電致蔣，當時周文軒不在漢、周仲宣未到會，且當時武漢尚未反蔣，譚延闓、汪兆銘等人認為，蔣「尚為國民政府之高級軍官，與之通電，當難認為反動行動」〔註25〕於是在被拘捕 5 個月後，兩人釋放，並歸還其財產，令其工廠重新開工。然而自由並非不必付上代價，根據上海《民國日報》

〔註22〕　「中國國民黨中央執行委員會政治委員會第二十一次會議決議錄」（1927 年 5 月 16 日），〈武漢時期中央政治委員會會議速紀錄及決議錄〉，《會議記錄》，黨史館藏，館藏號：00.2/5.2。

〔註23〕　〈黨務消息：漢陽縣黨部宣布周文軒周仲宣罪狀〉，《漢口民國日報》，漢口，1927 年 5 月 18 日，第 3 張新聞第 6 頁。

〔註24〕　「（二）關於漢陽縣黨部查封漢陽數家工廠沒收其資產及逮捕廠主於漢陽縣公署事件案。決議：漢陽縣黨部此舉有違中央政策及條例應由湖北省黨部予以嚴重之警告如再有違背即予解散。並著武漢公安局即將查封財產即行發還周文軒周仲暄即行釋放。關於此案由司法部從新審查辦理。此決議用中央黨部名義送湖北省黨部用國民政府命令送武漢公安局」「中國國民黨中央執行委員會政治委員會第二十一次會議決議錄」（1927 年 5 月 16 日），〈武漢時期中央政治委員會會議速紀錄及決議錄〉，《會議記錄》，黨史館藏，館藏號：002/5.2。

〔註25〕　此報告書分載於《漢口民國日報》，詳見：〈司法部審查周文軒周仲宣一案報告〉，《漢口民國日報》，漢口，1927 年 5 月 31 日，第 1 張新聞第 4 頁；〈司法部審查周文軒周仲宣一案報告〉，《漢口民國日報》，漢口，1927 年 6 月 1 日，第 2 張新聞第 4 頁；〈司法部審查周文軒周仲宣一案報告〉，《漢口民國日報》，漢口，1927 年 6 月 2 日，第 2 張新聞第 4 頁。

報訊的側面消息,此案原擬定刑訊,關鍵卻是雙周以 5 萬元「神通」主導工會運動的李立三(1899～1967),經李緩頰而宣告無罪。〔註26〕

　　以「反革命」為罪名直接對政敵予以報復與壓制,最早可循的案例是對北洋戰犯陳嘉謨與劉玉春處置。陳劉「反革命罪」一案在 1927 年 2 月 10 日於武昌最高法院評議室由湖北「人民審判委員會」展開初次審訊,由人民論告代表、武昌善後委員會正副主席連瑞琪、劉季良(1896～1928)以〈人民論告書〉揭出罪狀四條:一、抵抗我國民革命軍;二、慘殺我革命同志陳定一;三、為吳佩孚守城四十日之久;四、戰時閉城不放人民。國家論告代表兼湖北控訴法院首席檢察官梁元芳起訴二人,〈對於陳嘉謨劉玉春犯反革命罪一案論告書〉列有罪狀八條:

(一) 該犯等因守孤城外援已絕,猶復利用外國兵艦潛通消息,並受其物質上之援助以圖苟延殘喘,如射擊飛機之汽槍,該犯軍中素質所未有,及我軍飛機襲擊武昌,竟於城垣上發見此種利器,其為輸自外艦事實顯然,此其假借外力以反抗國民革命軍之罪一

(二) 我軍攻陷漢陽以後吳佩孚敗退武勝關外,適是時孫逆傳芳尚擁重兵於武穴九江一帶,我均分兵進擊尤須布置後防,該犯等亦知孤城之不可久守,而所以不肯遽降者無非為牽制我軍之計,此其盤據土地以反抗國民革命軍之罪二

(三) 該犯等曾在圍城內捏造種種不利我軍之事實,佈告通衢,使城內民眾減少對於國民革命軍之信仰,此其借宣傳文字以反抗國民革命軍之罪三

(四) 武昌城外自漢陽門至武勝門一帶,均係貧民聚居之地,該犯等為阻撓我軍之進行,不惜舉數千萬戶民房付之一炬,又復擊槍射擊,使此間居民不死於火即死於彈,其情形極為慘酷,此其借放火燒房以反抗國民革命軍之罪四

(五) 該犯等退守武昌城內居民尚在二十萬人以上,其時城門緊閉,非有該犯命令不得出城,迨至米糧禁絕各界人士要求開放,竟置不理,此其挾持民眾以反抗國民革命之罪五

〔註26〕 瑞霖,〈紀載:武漢盧布黨現形記〉,《民國日報》,上海,1927 年 6 月 22 日,第 4 張第 2 版。

（六）該犯等在圍城中，迭經武漢經商會及各慈善團體勸其以民命
　　　為重，勿再死守，該犯等時而詭言受編，時而藉口反悔，無
　　　非為騙取金錢並懈我軍心之計，此其使用詐術以反抗國民革
　　　命軍之罪六

（七）武昌城內存米無多，該犯等既將米店一律封閉，復派兵士挨
　　　戶搜查，凡有存米在一斗以上者均被攜之而去，致令居民絕
　　　食老若惡死者不少，其手段無異故意殺人，此其殺害民眾以
　　　反抗國民革命軍之罪七

（八）該犯等對於青年學生及無產階級素所仇視，遇有愛國運動無
　　　不極力壓迫，其在圍城先後被其捕殺者更不知凡幾，陳定一
　　　遇害即其顯著之事實，此其殘殺黨人以反抗國民革命之罪八」
　〔註27〕

梁元芳代表國家提出論告書，認定上述罪狀「應構成反革命罪條例第一條第
二條第八條第十條及刑律上關於放火殺人強奪詐財各條之罪」。乃觸犯〈反革
命罪條例〉中所述：意圖傾覆國民政府或推翻「國民革命」之權力而為各種
敵對行為，以及利用外力或勾結軍隊，或使用金錢而破壞國民革命之政策（第
一條）、以「反革命」為目的，統率軍隊或組織武裝暴徒，或集合土匪盤踞土
地（第二條）、宣傳「反革命」之言論，散佈煽惑文字圖書（第八條）、在「反
革命」勢力之下，利用官紳勢力對於「革命」運動或農工運動曾有積極壓迫
行為（第十條）。〔註28〕事實上，就軍事行動而論，不過是吳佩孚陣營軍事將
領抗衡北伐軍，戰敗被俘，但戰犯身分在「反革命罪」規範之下，過去抗衡
國民革命軍而有的一切反抗行動，都被賦予了「反對、破壞國民革命」的罪
性，兩位前北洋軍事將領的呈堂證供，均成為罪證確鑿之「反革命」鐵證。
　　人民多有控告陳嘉謨，對過去陳嘉謨掌權時不滿的百姓甚至有恨不得寢
其皮、食其肉，呈請當局予以嚴懲者；民間對於劉玉春則似乎沒有太多的控
訴。〔註29〕論告書中對兩人的八項指控雖皆屬實，但是事證或犯行都不是重
點，主席徐謙表明：「在法律上為現行犯當場拿獲，在軍事上為對敵時拿獲，

〔註27〕　〈本省新聞：湖北人民審判委員會昨日審訊陳劉詳記〉，《漢口民國日報》，漢
　　　　　口，1927 年 2 月 11 日，第 3 張新聞第 1 頁。
〔註28〕　〈昨日中央聯席會通過之反革命罪條例〉，《漢口民國日報》，漢口，1927 年 2
　　　　　月 10 日，第 1 張新聞第 2 頁。
〔註29〕　〈武昌審判陳劉情形〉，《大公報》，天津，1927 年 2 月 14 日，第 2 版。

本無須審判，即可定罪，現在所以要審判的，不過是要使汝等知國民革命有最高權力，並使反革命者知道國民革命是決不能反抗的」如此顯明此時之「革命司法」，其實跳脫了一般司法之行政常規，可以直接對於「反革命」份子予以司法制裁，判決本身的效用在於展示罪狀，表彰政府之權力，弘揚「國民革命」。本案的第一次審判，旁聽人數據報載有 300 名、歷時 5 小時，武昌審判之後，預定 2 月 17 日再由 15 人組織之市民代表會議決議，北方的《大公報》揭露此消息，「被告等似已有所覺悟，泰然自若，毫無所懼，令人有不愧武昌籠城勇士之感」並稱對兩人的處置「聞擬從寬發落」。〔註 30〕

除了有戰犯審判，更多被認定犯了「反革命」的，是政治思想犯與黨外異議份子。以盧琰一案為例，大學畢業生盧琰是 1925 年 12 月 23 日加入「國家主義」團體的前四川學生，在東南大學求學時期曾以東大學生會代表名義參與南京學生聯合會，是極其活躍的學生領袖。1927 年 3 月 14 日，自東南大學畢業後旋被捕入獄，遭判處四等有期徒刑一年又二月，〔註 31〕然而實際上他在獄中近八個月。若單就事件本身經過觀之，在未開庭審訊的狀況下，大學畢業生一夕間淪為拘留所內的人犯，其實只是當時中國眾多政治案的一例，不特別具有討論價值；然而，他被以「反革命派」起訴，逮捕、收押與審判的過程，卻頗具相關案件審理的代表性，由他〈繫獄七月的回憶〉〔註 32〕，正可推見武漢方面對於政治犯的拘捕過程。

盧琰的被捕在其大學畢業返鄉之際，他東南大學時的同學朱福民與前南京河海工科大學學生徐家政突然來訪，隨後他被帶至公安局收押，兩人是他學生時代就認識的共產黨員。徐氏當時任漢口市公安局警務科長，「我見著他，登時就想起我任南京學聯會代表大會主席時，逼令他償還拖欠南京學聯

〔註 30〕 〈武昌審判陳劉 徐謙謂擬從寬發落〉，《大公報》，天津，1927 年 2 月 12 日，第 6 版。

〔註 31〕 盧琰，〈繫獄七月的回憶（六）〉，《醒獅週報》，第 174 期，上海，1928 年 2 月 11 日，第 12 版。

〔註 32〕 盧琰，〈繫獄七月的回憶〉，分載於《醒獅週報》，第 168 期，上海，1927 年 12 月 24 日，第 11～15 版；第 169 期，上海，1927 年 12 月 31 日，頁 11～15；第 170 期，上海，1927 年 1 月 7 日，第 11～13 版；第 171 期，上海，1928 年 1 月 14 日，第 12～15 版；第 172、173 期，上海，1928 年 1 月 21 日，第 19～21 版；第 174 期，上海，1928 年 2 月 11 日，第 10～14 版；第 175 期，上海，1928 年 2 月 18 日，第 12～15 版；第 177 期，上海，1928 年 3 月 3 日，第 13～15 版；第 178 期，上海，1928 年 3 月 10 日，第 14～15 版；第 179 期，上海，1928 年 3 月 17 日，版次不明。

會五十元公款的一件事！」當盧琰在公安局看守房時，見案上書有「敵探盧琰一名」的紙籤，還不明所以，只能猜想應是往日得罪了共產黨員，直至在拘留所第三天，同牢難友閱覽《漢口民國日報》發現了一段新消息〈反革命派難逃法網——所謂國家主義者！〉，才知道自己罪狀，乃是因爲他國家主義的思想與政治傾向。〔註33〕

他在獄中遭到徐家政外與江蘇省黨部委員長張曙時（1884～1971）、漢口特別市黨部委員宛希儼（1903～1928）等將近三十人聯名控告。〔註34〕而在罪狀中，罪嫌攸關學生時代的行動：他被控告將南京光夏中學與廣東中山大學附屬中學南京分校宣言「國民革命」之事，洩漏給孫傳芳，然而南京光夏中學與廣東中山大學附屬中學南京分校的黨政屬性本來鮮明，亦常在報刊明文刊登招生，顯示出學校「三民主義」與「國民革命」的色彩，不必「國家主義」派諜報，孫傳芳自當有所聞；其次，針對被指控爲敵探，雖然湖北在北伐前確實是「國家主義」派活動的其中一個重要地點，〔註35〕但盧氏自辯：「學子學成，返鄉課旅宿於漢口，若是孫傳芳的間諜，何需大費周章以大量書籍與衣物，招攬茶房協助搬運，以行李妨害特務行動？」〔註36〕整體而論，除了「國家主義派」之指控爲眞，其餘要項在本案都是頗爲牽強的誣陷，若對比〈反革命罪條例〉條文，就知道其實這樣的指控可能是希望取得一個法理依據來清理異議份子。從盧琰案中可以獲知幾項狀況：一、對於嫌疑犯的起訴與控告，是在逮捕之後補上；二、對人犯的拘捕與收押，並不需要嚴謹的行政程序，並且主要由共產黨員執行。

除軍閥、敵探嫌疑外，「反革命罪」的追緝也已經來到了黨內組織，嚴守「三民主義」的黨員，仍不免受詆毀，在推動工人運動的，或被稱爲「工

〔註33〕原文應於《漢口民國日報》上，然截至本文完成仍未能尋得該篇報導，故此據盧琰本文轉引。盧琰，〈繫獄七月的回憶（一）〉，《醒獅週報》，第168期，上海，1927年12月24日，第13版。

〔註34〕盧琰，〈繫獄七月的回憶（五）〉，《醒獅週報》，第172、173期，上海，1928年1月21日，第21版。

〔註35〕根據在第一百十八次中國國民黨中央執行委員會監察委員各部部長聯席會議上，漢口特別市黨部的報告，「醒獅派欲以湖北爲根據地之一，其主張頗足以誘惑一般青年，本黨應有宣傳物，以闢其妄謬。」〈第一百十八次會議〉（1925年11月6日），中國國民黨中央執行委員會，《中國國民黨第一屆中央執行委員會會議紀錄彙編》（臺北：中央委員會秘書處，1954年），頁177。

〔註36〕盧琰，〈繫獄七月的回憶（一）〉，《醒獅週報》，第168期，上海，1927年12月24日，第13～14版。

賊」，而中央黨部、省黨部、特別市黨部、市黨部、縣黨部、區分部各處，非兼掛共產黨籍或是不願順從共產方面領導的執監委員，若不被誣爲工作不利，則被構陷以「反革命嫌疑」，跨黨黨員主導下的武漢國民政府「日事屠殺，造成恐怖」，〔註37〕黨錮大興，國民黨員也難逃〈反革命罪條例〉的審判與逮捕。

1927 年湖北全省總工會先後捕獲郭聘伯、〔註38〕張纛、袁子英、盧士英、劉伯勛、〔註39〕徐瑞和、劉秋生、張國春，八人皆爲國民黨工運幹部。〔註40〕4 月 13 日湖北人民審判委員會在漢口法院開審八名「反革命工賊」，由向忠發主持。向忠發指控郭聘伯的七項罪狀：「你在本黨改組時破壞本黨，〔註41〕陷害同志，此罪一；總理週年紀念時，你率保衛團到場捕人，此罪二；『二七』慘案時以募捐援助工人爲名，到上海捐款，塞之腰包，此罪三；辦眞報是接收軍閥的款子，此罪四；民國十三年七月在上海率領流氓搗中央黨部，邵力子同志曾被打傷，此罪五；偵探工人秘密機關到軍閥處去告發，此罪六；破壞南洋煙草公司工友罷工，此罪七。」，「你是黨員，依黨的紀律說來，你是叛黨；依革命的觀點來說，你是反革命。」八人因反革命、破壞工會、背叛黨紀、謀殺革命領袖等情，依照〈反革命罪條例〉，處死刑槍決。〔註42〕

結果在 4 月 10 日，亦即汪兆銘到達武漢當日，湖北總工會就已經先行決議執行槍決，並預定 13 日在漢口市法院合審；〔註43〕最後於 1927 年 4 月 14 日於漢濟生三馬路行刑，〔註44〕根據目前中國國民黨黨史館所藏之傳記資

〔註37〕 華史，〈論壇：武漢共產黨之暴政及其壽命預測〉，《前敵之前敵》（《民國日報》附刊），上海，1927 年 5 月 2 日，第 4 張第 1 版。
〔註38〕 亦有其他資料寫作「郭帛」、「郭聘帛」、「郭平伯」。
〔註39〕 亦有其他資料寫作「劉伯蕙」。
〔註40〕 李雲漢，《從容共到清黨》，頁 569。
〔註41〕 此指國民黨。
〔註42〕 「一件『人民審判』案」（1927 年 4 月 14 日），王健民，《中國共產黨史稿》，第 1 冊（香港：中文圖書供應社，1975 年），頁 406～411。
〔註43〕 蔣永敬，《鮑羅廷與武漢政權》，頁 219。
〔註44〕 「郭聘帛、袁子英、盧士英三烈士革命歷史與慘死事蹟」，〈先烈先進史料〉，《一般檔案》，黨史館藏，館藏號：230/1631；盧琰，〈繫獄七月的回憶（三）〉，《醒獅週報》，第 170 期，上海，1928 年 1 月 7 日，第 12 版。根據盧琰回憶，湖北全省總工會槍決九人，日期爲 1927 年 4 月 15 日，回憶有誤：該案原定在 15 日召集羣眾大會，後決定於 14 日晨四時，執行槍決，原另有一名嫌疑犯袁告臣判爲無期徒刑，實際槍決八人。

料，「臨刑時，郭聘伯對群眾猶高呼『三民主義萬歲』不置聽者皆爲淚下」。
〔註45〕在 1929 年 9 月，中央決定交湖北省政府公葬郭聘伯，袁子英、盧士
信附葬，〔註46〕三人合稱「鄂都三烈士」。〔註47〕但是否眞有此戲劇化的呼
喊，筆者就現存報刊資料中，未能查到相關資訊。

　　這八人都是工運界活躍人士：郭聘伯畢業自湖北鐵路學堂，罹難之時 38
歲，在民國初年曾在湖北響應討袁，是活躍的國民黨員，1925 年在漢創辦工
團聯合會機關報《眞報》，爲報社社長，提倡新潮，喚起農工，但該報在「二
七」京漢路工潮中與北洋當局發生衝突而被查封，亦因對農工運動與共產主
義的不同調，而在此時就與跨黨份子多有衝突。郭早年追隨孫中山，後加入
共產黨，〔註48〕中共組織湖北工團聯合會並發動京漢鐵路大罷工時，曾積極
參與，並在宣傳文中大力宣傳過馬克思主義和俄國革命經驗，但在 1923 年被
開除黨籍；〔註49〕1924 年他奉中央委員會漢口執行部委員覃振、張知本特派
而籌辦漢口特別市黨部，對於跨黨份子不遺餘力的打擊，遭到劉芬、譚平山
等百般刁難；〔註50〕1926 年他又與袁子英、蔡受之、婁伯棠、祝潤湘、龔村
榕等組辦《救國旬刊》，於攻擊「帝國主義」暨「軍閥」之外，並及「跨黨份
子」、「叛黨賣國」之罪，在 1926 年 9 月間，北伐軍到漢，郭聘伯偕同袁子英、
張率五、祝潤湘等至第八軍政治部爲籌備歡迎事有所接洽，「不料甫至門首即
爲一班共匪捕致送總政治部，各方營救無效」〔註51〕除了政治態度招致跨黨
份子所忌之外，他本人在湖北活躍的政治工作更使其與共產黨員多次發生衝

〔註45〕　「郭聘帛、袁子英、盧士英三烈士革命歷史與慘死事蹟」，〈先烈先進史料〉，
　　　　　《一般檔案》，黨史館藏，館藏號：230/1631。

〔註46〕　「公葬郭聘帛等一案交行政院轉知湖北省府」（1929 年 9 月 3 日），〈討逆有功
　　　　　人員褒卹案（一）〉，《國民政府檔案》，國史館藏，典藏號：001-036000-0002，
　　　　　入藏登錄號：001000003484A。

〔註47〕　「郭聘帛、袁子英、盧士英三烈士革命歷史與慘死事蹟」，〈先烈先進史料〉，
　　　　　《一般檔案》，黨史館藏，館藏號：230/1631。

〔註48〕　〈第一次中央執行委員會開會紀要（中國共產黨第三屆第一次中央執行委員
　　　　　會文件）〉（1923 年 11 月），《中國共產黨黨報》，上海，1923 年 11 月 30 日，
　　　　　《中共中央文件選集（1921～1925）》，第 1 冊，頁 1～2。

〔註49〕　楊奎松，《國民黨的「聯共」與「反共」》，頁 187。

〔註50〕　「郭聘帛、袁子英、盧士英三烈士革命歷史與慘死事蹟」，〈先烈先進史料〉，
　　　　　《一般檔案》，黨史館藏，館藏號：230/1631。

〔註51〕　「郭聘帛、袁子英、盧士英三烈士革命歷史與慘死事蹟」，〈先烈先進史料〉，
　　　　　《一般檔案》，黨史館藏，館藏號：230/1631。

突；〈反革命罪條例〉給了對其不滿的跨黨份子合法程序，得將政敵藉由「反革命罪」之名義懲處。

30 歲的死者袁子英則是湖北光化人，他是留日歸國青年，回國後曾在漢口京漢路南段鐵路扶輪學校擔任教授，與郭聘伯同在漢口同辦《眞報》，亦曾積極參與「二七」運動，在國民黨 1924 年改組後，袁曾多次論著闡述共產主義之非，「本三民主義之精神証明陳獨秀答戴季陶的一封信的狡辯一書，宣佈該黨種種罪惡，印刷數萬份散布社會」，〔註52〕1926 年參與《救國旬刊》創刊，並每期發表極犀利之文字攻擊共產黨，導致樹敵頗多，現存黨史資料以「跨黨份子恨之入骨」形容。〔註53〕

盧士英湖北漢陽人，卒年 31 歲，初在粵漢鐵路徐家棚機器廠工作，1921年粵漢路工會組織成立時他也是會中職員，「嘗根據三民主義嚴厲駁詰共產黨不適宜中國，粵漢路工在民十二以前無加入共產黨籍者，皆由烈士宣傳所致也。」〔註54〕1926 年 11 月初北伐軍進入湖北時，他曾希望會見全國總工會秘書長劉少奇，然劉並不接見，反將其交付糾察隊，〔註55〕根據中國國民黨黨史館所藏之傳記資料，表示其被戮乃因：北伐軍到漢後，共產黨勢大張，知其在工運方面極有號召力，卻不被共產主義所用，爲了控制工運，故與郭袁同時於漢口遭到槍決。〔註56〕

除上述國民黨員之外，其餘五名嫌疑犯罪狀如下：36 歲的張矗被控曾爲吳佩孚之旅長「爲軍閥做走狗，破壞工人罷工，屠殺工人」；〔註57〕35 歲的張國春則被控在吳佩孚退長沙時，曾將火車頭六架機關拆毀，藏之鐵路局長家之地板下，以妨害黨軍之進逼，並在「二七」時曾組織運動陷害工人；〔註58〕

〔註52〕「郭聘帛、袁子英、盧士英三烈士革命歷史與慘死事蹟」，〈先烈先進史料〉，《一般檔案》，黨史館藏，館藏號：230/1631。

〔註53〕「郭聘帛、袁子英、盧士英三烈士革命歷史與慘死事蹟」，〈先烈先進史料〉，《一般檔案》，黨史館藏，館藏號：230/1631。

〔註54〕「郭聘帛、袁子英、盧士英三烈士革命歷史與慘死事蹟」，〈先烈先進史料〉，《一般檔案》，黨史館藏，館藏號：230/1631。

〔註55〕王健民，《中國共產黨史稿》，第 1 冊，頁 411。

〔註56〕「郭聘帛、袁子英、盧士英三烈士革命歷史與慘死事蹟」，〈先烈先進史料〉，《一般檔案》，黨史館藏，館藏號：230/1631。

〔註57〕「郭聘帛、袁子英、盧士英三烈士革命歷史與慘死事蹟」，〈先烈先進史料〉，《一般檔案》，黨史館藏，館藏號：230/1631。

〔註58〕「郭聘帛、袁子英、盧士英三烈士革命歷史與慘死事蹟」，〈先烈先進史料〉，《一般檔案》，黨史館藏，館藏號：230/1631。

57 歲的徐瑞和「反革命」罪狀為「在五卅運動時，勾結奉天軍閥」、破壞工人運動並私吞工會財產、涉嫌向警廳告密；〔註59〕30 歲的受刑人劉秋生被湖北全省總工會起訴的主罪狀則是 1926 年協助軍閥趙恒惕逮捕包括其胞兄劉多生在內的黨人，並於該年 11 月密告趙恒惕在長沙文化書社拘捕中華全國總工會副委員長兼上海總工會主任劉少奇，於 1927 年 3 月為京漢路江岸工會工友在江西拿獲，送交湖北全省總工會轉送漢口市公安局寄押；〔註60〕而 47 歲的劉伯勛則被指控在「二七」行動中協助蕭耀南等，附逆有罪，〔註61〕被湖北全省總工會執行委員長向忠發參與其會隨帶之糾察隊拿獲扭送。〔註62〕

　　盧琰記述獄中聽聞的風聲：劉秋生、劉伯勛兩人遭槍決，源於個人糾紛，向忠發本人使用湖北總工會權力將「反革命罪」作為自己剷除憎恨對象的工具，好來公報私仇。獄中流傳消息：

> 四月十五號湖北全省總工會槍決的所謂工賊劉秋生，據說是因為他有一位美貌嬌妻，被全省總工會執行委員劉少奇霸佔而去。劉少奇恐秋生心中不甘，向他尋仇，所以不能不出這謀夫奪妻的慘惡手段。
> 〔註63〕

> 這次由湖北全省總工會逮捕，由委員長向忠發審訊。當審訊時，向指著鼻子向劉（劉伯薰）說「你認得我嗎？」……「前日你在漢陽撞見我，向我點了一個欲點不點的斜頭，今天又怎麼樣呢？」……談論此事的人，大家都公論說，劉致死的原因，是因為他活動能力大，才氣勝人。〔註64〕

劉秋生的公開判決書上，首句是與「反革命」罪狀無關之「妻跟人，子打死」

〔註59〕「郭聘帛、袁子英、盧士英三烈士革命歷史與慘死事蹟」，〈先烈先進史料〉，《一般檔案》，黨史館藏，館藏號：230/1631。

〔註60〕「湖北省總工會上中執會及中政會函」（1927 年 4 月 10 日），《漢口檔案》，黨史館藏，館藏號：漢 11444。

〔註61〕「郭聘帛、袁子英、盧士英三烈士革命歷史與慘死事蹟」，〈先烈先進史料〉，《一般檔案》，黨史館藏，館藏號：230/1631。

〔註62〕「湖北省總工會上中執會及中政會函」（1927 年 4 月 10 日），《漢口檔案》，黨史館藏，館藏號：漢 11444。

〔註63〕盧琰，〈繫獄七月的回憶（三）〉，《醒獅週報》，第 170 期，上海，1928 年 1 月 7 日，第 12 版。

〔註64〕盧琰，〈繫獄七月的回憶（三）〉，《醒獅週報》，第 170 期，上海，1928 年 1 月 7 日，第 12 版。

〔註 65〕此「奪妻」事如今難辨虛實，附會成分爲高，但或非空穴來風；而與
劉秋生同日槍決的劉伯勛，則據說能流利使用英、日外語，是軍閥蕭耀南駐
鄂時期在武漢三鎭主持工人運動的領袖，〔註 66〕傳言向忠發唯恐劉奪己地
位，乃藉故置其於死，以除後患。兩人都是重要的工人領袖，盧琰記述側面
反映出了推動國民革命過程中工會運動成員彼此相處確有不和，可能因此造
成有心人士藉機羅織罪名，挾怨報復。

在北洋政治範圍之下，「三民主義」信徒固有「赤化」嫌疑而必須正法，
然而在國民政府統治之下，縱然表明自身對於「三民主義」信仰，亦可能爲
了政治信仰獻上性命爲祭，成爲「烈士」。以郭聘伯等涉案人狀況觀之，涉案
人都是有反共傾向的國民黨員，並在黨務或群眾運動中擔任要職；若非被指
控在北伐過程中群眾運動裡協助反「國民革命」勢力進行政治活動，即是過
去與向忠發、劉少奇、李立三等工運領袖在過去的工人運動中曾互相掣肘或
因過去活動結下樑子。上述八位受刑人，以其反共言行涉「反革命」、工作皆
與工人有所接洽而被視之爲「工賊」，因此被視爲「反革命工賊」；罪狀幾乎
都是曾協助軍閥運動，而罪犯在個別的工會、組織中，都具有一定分量，而
非基層成員，〔註 67〕似乎正反映了「國民革命」軍進入武漢後，共產勢力試
圖發展自身組織之前曾大規模進行的整頓動作。

湖北省黨部與漢口市黨部事後總結此一事件時曾表示：當時組織人民審
判委員會處決郭聘伯等，僅爲「應付環境」，故辦事不免「太過草率」；故請
求中央設置「肅清反革命委員會」、「武漢保安委員會」與「統一審判反革命
委員會」。〔註68〕無論這類犯人實際罪行爲何、是否因結怨喪命，毫無疑問地，
在 1926 年 10 月全省總工會遷至湖北辦公以前，這些被控爲「反革命工賊」
的犯人，幾乎都是積極參與「革命」活動的積極分子，在政治上頗爲活躍，
也具有一定社會知名度；被同時槍決的八人，在「國民革命」軍進入長江流
域以前，多數皆在工會擔當要職，但在 1927 年武漢這波整頓「反革命」之風

〔註 65〕 「郭聘帛、袁子英、盧士英三烈士革命歷史與慘死事蹟」，〈先烈先進史料〉，
《一般檔案》，黨史館藏，館藏號：230/1631。

〔註 66〕 盧琰，〈繫獄七月的回憶（三）〉，《醒獅週報》，第 170 期，上海，1928 年 1
月 7 日，第 12 版。

〔註 67〕 「湖北總工會致中央黨部函」（1927 年 4 月），《漢口檔案》，黨史館藏，館藏
號：漢 11758。

〔註 68〕 「湖北省黨部、漢口特別市黨部過去九個月之工作報告」（1927 年 6 月 5 日），
《會議記錄》，黨史館藏，館藏號：會 2.4/44。

暴下，不分黨派信仰，全部成為「長反革命氣焰，危害革命進展」〔註69〕而被武漢四十萬工友共同唾棄的罪犯。在治罪過程之中，此案以「人民審判」方式進行，漢口開審時場中有國民政府代表、中央黨部代表、省政府代表、全省總工會代表、省農協代表、省黨部代表、婦女協會代表、全國學生總會代表、全省學生會代表、全省總工會代表、漢口特別市會代表、全省總工會代表、漢口特別市黨部代表等參與審訊，共產黨要人劉少奇、向忠發、丁覺羣、宛希儼亦直接或間接介入了此八人的處置。

　　北伐軍抵達武漢時，共產黨也隨著軍隊來到湖北，繼續在國民黨內部進行政治工作，組織工會是跨黨份子所欲達到的第一個目標，不過單拿到一個總工會是沒用的，必得下層有各種職業工會作基礎；〔註70〕然而各種職業工會內充斥著立場歧異的國民黨員，絕對不利其活動發展，就整體局勢而論，郭聘伯等人倡言反共，若不將之剷除，則會使共產活動受限。郭聘伯等人皆在「國民革命」軍克復漢口、漢陽後，由工會交總政治部處理。〔註71〕

　　時間點與陳嘉謨與劉玉春案相近，郭聘伯等八人1926年底就已被收押，卻不同於前案以輕判終審，在這次「反革命」案件審訊過程中，工會不時表態應該予以嚴懲。〔註72〕「國民革命」軍克復武漢後，湖北工會由跨黨份子主導，共產色彩濃厚，此與郭聘伯等人過去頻繁從事的工會運動路線差距頗大；郭聘伯等「反革命」案並不只是單純個別人犯的刑事處置，而是國民黨內「三民主義」與「共產主義」信徒黨爭的結果，政治鬥爭得到了法理支援，使得衝突自各地方組織、群眾運動、黨部進入國家司法層次。

第二節　「反革命罪」審理與判決

　　過往研究武漢國民政府的論者中，有些人將武漢國民政府視為「共產

〔註69〕　「湖北省總工會上中執會及中政會函」（1927年4月10日），《漢口檔案》，黨史館藏，館藏號：漢11444。

〔註70〕　陳公博，〈軍中璅記〉，《寒風集》，頁95。

〔註71〕　「湖北省黨部、漢口特別市黨部過去九個月之工作報告」（1927年6月5日），《漢口檔案》，黨史館藏，館藏號：會2.4/44。

〔註72〕　湖北全省總工會第一次代表大會函達中央執行委員會要求嚴懲一批「工賊」，此函名單中便包括當時拘押在漢口市公安局的徐瑞和、盧士英、郭聘伯、袁子英、袁告臣「中執會國府臨聯會致漢口公安局函」（1927年1月7日），《漢口檔案》，黨史館藏，館藏號：漢5581。

政府」，當時武漢以外的報刊宣傳與新聞，亦有如是之論，〔註73〕然而，類似報導與回憶文是個人意識形態的主觀產物，當中有些敘述並不符合事實，以個人身分投稿的報導所聲稱武漢國民政府「一切由共產黨包辦」或刻意強調、諷刺武漢爲「共產政府」的新聞描述，〔註74〕毋寧更貼近宣傳，與事實不盡相符，較符合歷史事實的狀況是：武漢當局確實共產色彩濃郁，成員多跨黨份子，〔註75〕政治工作與種種跡象顯示其與莫斯科的友好固屬實情，然而作爲政府主幹的始終都是「三民主義」爲標竿的國民黨本身，寧、滬已經結束聯俄容共政策，而武漢方面尚未清黨前，國、共在正常交往的狀態而維繫著聯合；雖然 1926 年以來國民黨中央執行委員會中約有其中三分之一屬於中共黨員，〔註76〕但是並不存在著僅有單獨一方領導單獨一方的狀況，「互相牽制」更符合此時武漢國民政府轄下的國共關係，而少數國民黨員在〈反革命罪條例〉制定過程中的影響，更遠遠超過於跨黨份子或共產國際指示之上。

　　司法部長徐謙（1871～1940）對司法的構想在〈反革命罪條例〉制定過程中極爲關鍵，他就任司法部長後，旋即開始對於司法舊制的清理與改革。〔註77〕1927 年 1 月 1 日，武漢開始改革既有司法制度，並著手改組司法機關，意圖以「革命的司法制度」〔註78〕取代北洋舊制。受「國民革命」風尚所染，這時期武漢充滿了革命的宣傳與呼聲，司法制度、人事與組織無疑也吹起一陣革命訴求，「司法革命者，即依照三民主義根本改造司法之意也」〔註79〕，

〔註73〕 陳公博，〈軍中璅記〉，《寒風集》，頁 95。
〔註74〕 〈武漢挽狂瀾於未倒　共產政府又形安固〉，《盛京時報》，瀋陽，1927 年 5 月 25 日，第 2 版。
〔註75〕 詳見本論文「附錄七」。
〔註76〕 費正清（John King Fairbank）著、劉尊棋譯，《偉大的中國革命（1800～1985 年）》（北京：世界知識出版社，2003 年），頁 259。
〔註77〕 中國近現代出現過兩次重要的司法改革，一是在沈家本等領導下進行的清末司法改革，二是在徐謙等人領導下的國民政府司法改革；前者引進了西方國家的司法獨立原則，後者界鑒俄國的司法制度推行司法黨化原則。除了推動「司法黨化」外，在 1927 年 4 月汪兆銘未到武漢以前，徐謙和共產黨的吳玉章是核心要人，居於中國國民黨中央執行委員暨國民政府委員臨時聯席會議主席的地位，聲勢要比吳玉章壯得多，並出任司法部長與革命軍事裁判所長。
〔註78〕 〈蘄然一新之革命化的司法制度〉，《漢口民國日報》，1927 年 1 月 7 日，第 3 張新聞第 3 頁。
〔註79〕 祝之傑，〈論壇：根本改造司法意見書〉，《國民之友》（《漢口民國日報》副刊），第 48 期，1927 年 1 月 8 日，第 3 張廣告第 8 頁。

對原有「黨員不黨」法案的廢除，使司法體系中的執法人員兼具有黨員的身份，如此一來更可便利黨對於司法的控制。然而，國民黨內部跨黨份子，利用了黨化司法制度，將砲口由對國民黨外部轉向內部，除製造黨內派系予以分化外，對基層黨員施以「反革命」罪的重刑，也大大折損了國民黨在武漢的反共力量。

　　將司法體制納入黨治之下是國民黨內原來存有的構想。多數黨員認為「以黨治國」理念之下，一黨政治的意義，本來就是「用本黨的主義治國」，並優先任用黨的人才，而國民黨的主義便是「三民主義」，所以貫徹黨意等同落實三民主義；〔註80〕上述心態使黨治機關皆以黨化之專業人才為求取標準。〔註81〕1926年8月，尚在廣州擔任司法行政委員會主席與大理院長的徐謙就曾向政治委員會提出改良司法「司法黨化」之意見，而獲得採納，〔註82〕《大公報》社論批評此舉不過使中國成為「司法化之俄國」而已：「蘇俄立國，根本精神，有異於眾，彼所標榜者為無產階級專制獨裁，概由數百年皇室貴族蹂躪民眾之結果，充其報仇修怨之心理，滿足階級鬥爭之意識，故司法取銷獨立，裁判一依黨議，從情感上說，原不必加以批評，從道理上論則絕對不適於中國」。〔註83〕

　　徐謙本人有留俄經驗，加以國民黨在改組後極力效法蘇俄式政黨組織，「司法黨化」構想與國民黨實行黨國體制的想法立刻一拍即合，其實國民黨內

〔註80〕　呂芳上，〈尋求新的革命策略——國民黨廣州時期的發展（1917～1927）〉，頁314。

〔註81〕　雖然孫中山曾解釋「以黨治國」的意義，「並不是要黨員都做官，然後中國才可以治。是要本黨的主義實行，全國人都遵守本黨的主義，中國然後才可以治。簡而言之，以黨治國，並不是用本黨的黨員治國，是用本黨的主義治國。」然而多數黨員的心態仍然認為身為黨員應在為革命奮鬥後得到官職為回饋。孫中山，「黨員不可存心做官」（1923年10月15日，廣州）〈演講〉，《國父全集》，第3冊（臺北：近代中國出版社，1989年），頁349。

〔註82〕　「大理院」是中華民國最高法院的前身，其規制沿自晚清的大理院。清光緒26年（1906年）清廷頒行〈大理院審判編製法〉、翌年正式定大理院官制；至1927年，國民政府將大理院改為最高法院；1928年南京國民政府公布〈國民政府最高法院組織法〉，定最高法院為全國終審審判機關，大理院才走入歷史。自清末官制變革以迄民初北洋政府時期（1912～1928），大理院為全國最高司法審判機關，有指揮、監督各級審判之權，院長有統一解釋法令並應處置之責，該院配置有總檢察廳。黃源盛，《民初大理院與裁判》（臺北：元照出版公司，2011年）。

〔註83〕　天馬，〈社評：徐謙之改良司法論〉，《大公報》，天津，1926年8月30日，第1版。

關於此政策的起議相當早，此改良倡議是於蘇俄制度獲得啓發，徐謙並非首倡者：1924 年 3 月在孫中山主持，廖仲愷、林森（1868～1943）、張秋白、李宗黃、彭素民等參與的中國國民黨第一屆中央執行委員會第十八次會議中，秘書處就曾提出解決「司法無黨」問題案，最終決議「吾黨以黨治國，黨政府下之官吏，除政府需要專門技術人才，可取用非黨員外，其餘概須入黨。」〔註84〕

　共產黨奪取「革命」正統的企圖日益明顯，配合徐謙野心勃勃準備大張旗鼓革新法治結構，把對「反革命」的懲治推向極致。國民黨內部「左」「右」黨爭與此時共產黨與國民黨左派勢力有意搞起的護汪反蔣運動下，除「國家主義派」或「軍閥敵探」之外，「西山會議派」、「孫文主義學會」成員與任何有親蔣嫌疑的人士成爲當局眼中除之而後快的「反革命」政治犯。北伐軍攻下武漢以後，在武昌設立中央軍事政治學校武漢分校，蔣中正並由廣東調來黃埔第五期政治隊駐在武漢，隨著倒蔣運動開始，共黨對部分學生施用非常壓迫手段：凡未加入 C.P.的學生，皆派有 C.P.學生終日跟隨，〔註85〕時刻窺探行蹤和論調。語言偶一不慎，隨即記錄簿上，報告軍校委員惲代英等，立即加以逮捕，解送衛戌司令部，旋由衛戌司令部移送軍事判裁所辦理。「被捕下獄的黃埔軍校第五期學生，前後一共不下百數十人」。〔註86〕當中恐怕有很多人就是遭到「反革命」的指控。

　北伐行進間，國民黨內部發生極大的分化，隨著「革命」勢力的發展，黨內摩擦、其中國共糾紛，也同時激盪的發展而尖銳化，〔註 87〕期間「反革命」的譴責由對軍閥與內戰戰犯漸次轉向針對黨內異己者的清理，分共以前，若有「國家主義」、「孫文主義學會」、「西山會議派」嫌疑之一者，都可能招來殺身之禍。盧琰因國家主義之嫌疑在獄時，所見由衛戌司令部移來的黃埔軍校學生都說在衛戌司令部方面，只要有人於「孫文主義學會」或「西山會議派」嫌疑之中，告有一項，經人上堂證明，便立時綁至刑場槍決。〔註 88〕

〔註84〕　當時大理院長趙士北因覆函稱：「司法無黨」，反而受到黨的責難。〈第十八次會議〉（1924 年 3 月 30 日），《中國國民黨第一屆中央執行委員會會議紀錄彙編》，頁 37。

〔註85〕　C.P.乃 Communist Party，亦即中國共產黨之簡稱。

〔註86〕　盧琰，〈繫獄七月的回憶（六）〉，《醒獅週報》，第 174 期，上海，1928 年 2 月 11 日，第 11 版。

〔註87〕　周佛海，〈盛衰閱盡話滄桑〉，《往矣集》，頁 59。

〔註88〕　盧琰，〈繫獄七月的回憶（六）〉，《醒獅週報》，第 174 期，上海，1928 年 2 月 11 日，第 12 版。

另外根據羅敦偉（1897～1964）的回憶，他被押在監獄之時，有幾位青年獄友，「他們的罪名是孫文主義學會會員」，[註89] 並且多半是中山大學的學生。[註90] 兩湖地區大量國民黨員被斥為「西山會議」或「孫文主義學會」而遭糾舉收押的消息，亦傳入蔣中正耳畔，在 1927 年 4 月 13 日，蔣擬〈告國民黨同志書〉，內文慨切陳詞寫道：「我革命將士，被殺戮者有之、被禁閉者有之、甚至被迫無路投江自盡者亦有之，武昌軍事分校及學兵團學生之不甘盲從而被拘囚者，竟至千人之多，暗無天日，有過於此者乎？」[註91] 身為校長，雖風聞中央陸軍軍官學校生被壓迫，他實際上卻愛莫能助。

　　「西山會議」名詞的由來，係 1925 年 11 月 22 日於北京西山孫中山靈前自辦「第一屆中央執行委員會第四次全體會議」，在廣州中央黨部之外自立，最初謹記有 18 人出席該次會議，然其反共堅決立場引發國民黨內響應，聲勢不可謂不大。[註92] 據鄒魯回憶，1926、1927 年間，「西山會議」之名「可說婦孺皆知，像煞神通廣大，萬惡不可作，罪惡彌天的……加上了『西山會議』派的頭銜，有被開除黨籍的，有被革除職務的，也有壯烈殉職的」。[註93] 1925 年 8、9 月間，這批主張反共的國民黨員就曾以「國民黨同志俱樂部」之名義公開通電，電文內容表示：汪兆銘、胡漢民（1879～1936）、廖仲愷、蔣中正等人士企圖勾結共產黨徒陳獨秀，破壞國民黨、違背「三民主義」，又聽任俄國指導，拱手讓權，「種種反革命行為」之非，使兩廣「盡成赤化」，[註94] 西山會議派與孫中山去世後國民黨的發展方針不同調，直至武漢清黨前，國民黨內其他派別都聲稱「西山會議派」為非法。

　　「孫文主義學會」亦與國民黨內的反共力量有關，該會成立於 1925 年 12 月 29 日，其目的在對抗共產黨之「青年軍人聯合會」；後者於 1924 年冬成立

〔註89〕羅敦偉，〈生活回憶：牢獄之災——記「馬日事變」對我的影響〉，《傳記文學》，第 2 卷第 3 期，總第 10 期（1963 年 3 月，臺北），頁 19～20。

〔註90〕此指「國立武昌中山大學」，又稱「國立第二中山大學」，是當時中國四大中央級國立中山大學之一。1926 年冬天，武漢國民政府將武昌大學和其他幾個學校合併，建立國立武昌中山大學，即今日國立武漢大學之前身。

〔註91〕王正華編輯，《蔣中正總統檔案：事略稿本》，（新店：國史館，2003 年），第 1 冊「民國十六年一月至八月」，頁 189～190。

〔註92〕「西山會議」名詞之由來，參鄒魯，〈西山會議〉，《回顧錄》（上海：上海書店，1990 年），頁 176。

〔註93〕鄒魯，〈西山會議〉，《回顧錄》，頁 176。

〔註94〕楊奎松，《國民黨的「聯共」與「反共」》，頁 92～93。

以後甚爲活躍，意圖協助共產黨爭奪「國民革命」之領導權。黃埔軍校學生中首先組織「中山主義研究會」與之抗衡，隨之擴大該研究組織爲「孫文主義學會」，在 1926 年 4 月 14 日蔣中正發表「忠告軍校同學書」解散兩會組織後，「青年軍人聯合會」於 4 月 16 日解散，而「孫文主義學會」解散於 4 月 19 日，然而黃埔軍校內部之衝突仍無法消弭。軍校內部黨員與跨黨黨員的衝突，儼然是爲國、共之間終將對立的惡兆。

　　1926 年 7 月爲聯絡學生並團結力量，蔣中正諭令武漢設立黃埔同學會分會，由黃埔一期之曾擴情（1894～1983）責成二期之陳紹平（1902-？）負責辦理。陳紹平在漢口成立「血花劇社」，與同學會分會和社辦事處於華商街，一方面以短劇演出的方式宣傳北伐，另一方面則進行黃埔同學間的聯絡，從事政治工作。陳紹平本人確實與蔣中正方面有直接的連結管道，〔註 95〕1927 年 4 月 12 日上海清黨，挑動了武漢方面跨黨人士的政治神經，當晚陳紹平即在華商同學會被漢口工人糾察隊偕同警察逮捕，其過訪之友人劉柏芳、黃仲翔、鮑餘生、鮑德榮諸人亦牽連被捕，惟仲翔趁隙逃逸，餘生次日保釋。此後數日他曾多次遭受審問，22 日在漢口華商總會舉行之中國國民黨中央執行委員會第二屆常務委員會第八次擴大會議中，針對提案之一：「中央軍校各期學生討蔣大會」請願將陳紹平與楊引之（1902～1927）〔註 96〕兩名「反革命派」當場槍決，並請中央委員出席明日之大會，討論結果，議決將送交「革命軍事裁判所」，中央同時並下通令「以後拿獲反革命派，均應送交該裁判所」；〔註 97〕他於 22 日被綑綁押往閱馬廠交付「民眾審判」，幸因譚延闓之言

〔註 95〕　「陳紹平等電蔣中正撥付黃埔同學會組織湖北支會經費五千元」（1926 年 9 月 22 日），〈一般資料——民國十五年（六）〉，《蔣中正總統文物》，國史館藏，典藏號：002-080200-00006-041，入藏登錄號：002000001395A。

〔註 96〕　楊引之在黃埔學生中以激烈的右傾行動著稱，常與工人群眾運動發生糾紛，與黃埔同學會成員亦多有嚴重衝突。在 1927 年初，李正韜曾電蔣中正表示「其右傾處實令人悲憫，經工人再次警告，尚無悔心。生念及引之，不勝爲黃埔同學而怒觀，又深痛自相焚殺，不知師座何以不檢查。」，而認爲將來可委重任於陳紹平等人。「李正韜電蔣中正」（1927 年 1 月 15 日），〈一般資料—民國十六年（一）〉，《蔣中正總統文物》，國史館藏，典藏號：002-080200-00015-049，入藏登錄號：002000001404A。

〔註 97〕　「中國國民黨中央執行委員會第二屆常務委員會第八次擴大會議」（1927 年 4 月 22 日），〈二屆武漢中央國府聯席會議及中常會紀錄〉，《會議記錄》，館藏號：會 2.4/5。（原陳果夫藏，「武漢中央國府擴大聯席會議中央常務擴大會議紀錄」本）

而未遇難，但被收押在武昌第一模範監獄，直至 1927 年 8 月 12 日蔣中正下野，武漢政府結束後，方在 16 日因譚延闓保釋而得到釋放。〔註98〕

陳紹平此時的身分是黃埔政治指導員，血花劇社被打毀之事在 1927 年 4 月 22 日上海《民國日報》以標題〈武漢反動又一幕〉被報導出來，文中並指出「武漢黨務，自被反動派包辦後，所有國民黨忠實黨員，概不能立足，武漢中央各學生被迫東下者不下數百人」，據報導指出在湖北有反動分子協同鄂省糾察隊沿街搜尋，「『旅社茶樓及各機關』凡言詞稍不適洽者，均押送公安局」，報導內也不諱言血花劇社正是「黃埔軍校宣傳黨義之一化妝宣傳機關」，在黨軍收回武漢後，該社即設一駐漢辦事處，以做廣大之宣傳。〔註99〕該劇社運用位在漢口市中心的「新市場」——一個可容納萬人的遊藝場所，以劇社名義改「新市場」之名爲「血花世界」，搬演以「軍閥禍國」、「革命之壯烈事蹟」爲題材的宣傳短劇。〔註100〕「血花世界」所在之處同時亦是許多政治活動的重要地點，1927 年 3 月 10 日，曾發生中央軍事政治學校武漢分校部分學生在新市場總理紀念堂開宣傳員大會之際闖入，大叫「打殺共產黨」，會中還有人手出手槍，威嚇宣傳員，經軍警糾察隊彈壓、始漸得無事。〔註101〕事件發生所在的「新市場」，應當正是「血花世界」所在處。對於血花劇社的活動，國民黨內共產派始終引以爲戒，其活動之頻繁、與南昌與蔣方的直接聯繫，使當時活躍於國民黨內的跨黨人士始終存有芒刺在背之感。

此案的審訊過程正好橫跨上海清黨至寧漢分裂、武漢分共之界，4 月 15 日陳紹平接受總政治部臨時組成之審判委員會第一次審問，羅列他所犯之罪是：「擁蔣」、「反共」、「反動」；4 月 17 日第二次被審問，當時既已寧漢分裂，凡在武漢對南京說好之人，難逃「反革命」譴責，在審訊中陳只說：「你們認爲我有罪，請挈法律的根據來看」此次審問亦無結果。此案 4 月 22 日交付群眾大會審判而未決，當日夜晚，他被移送武昌第一模範監獄，移交軍事裁判所處理，他認爲此舉乃「意在求得法律上之根據，置我於死。」在第

〔註98〕 陳紹平，〈反共再生記〉，中華民國史事紀要編輯委員會，《中華民國史事紀要（民國十六年一至六月份）》（臺北：正中書局，1977 年），頁 674。

〔註99〕 〈武漢反動又一幕　血花劇社被打毀〉，《民國日報》，上海，1927 年 4 月 22 日，第 1 張第 4 版。

〔註100〕 陳紹平，〈反共再生記〉，《中華民國史事紀要（民國十六年一至六月份）》，頁 677。

〔註101〕 〈各社電訊：民黨中央大會與武漢近狀〉，《申報》，上海，1927 年 3 月 15 日，第 5 版。

一次軍事審判中，他被指控組織黃埔同學分會與擁蔣棒喝團；第二次開軍事法庭，則直接宣告處死，「依照反革命治罪條例第一條第二款，理由還是擁蔣反共；蔣是反共產黨的，你擁蔣反共，是違反黨的政策，也就是反革命」。〔註102〕雖然陳紹平有幾次與死神擦身而過的經驗，1927年4月22日〔註103〕反蔣大會的場面他在多年後仍然鮮明記憶，當時台下民眾大呼槍斃楊引之、陳紹平，此後繼續提出議案，並當眾通過，繼而唱反蔣歌、呼口號、遊行，活動至當天下午四點半，彷彿楊、陳二人的罪惡是一種展示與儀式，〔註104〕武昌閱馬場舉行的反蔣大會上，除了發動中央軍政學校全體學生與群眾，由中央黨部代表高語罕（1888～1948）、國民政府代表彭澤民（1877～1956）與總政治部代表李鶴林、第八軍兵士代表潘漢清、第四軍兵士代表張治華、第十一軍代表閱振武演說，在黨政要人演講後當眾宣布其罪狀，據目擊者的轉述：

> ……其次就是表決槍斃兩名反革命！一位威風凜凜，殺氣騰騰的人，不知是否共產黨員，大踏步走到主席台上高聲說道「今天是我們討蔣的開始，我們不能不槍斃蔣逆的走狗以表示我們的決心！今天我提議馬上槍斃楊陳兩名反革命，將他們的血，塗我們討蔣的大旗！贊成的請舉手」……這一聲像是命令罷！你看站在這廣場中的群眾們，無論男女老少，武裝便衣，不約而同地一齊舉起手來了！立刻這廣場中呈現出一座竹林──咳！不是的，一座刀山！會開完了！由群眾公決槍斃的兩名反革命，被簇擁到漢口街市上遊行，示眾！〔註105〕

〔註102〕 陳紹平，〈反共再生記〉，《中華民國史事紀要（民國十六年一至六月份)》，頁681。

〔註103〕 根據陳紹平〈反共再生記〉回憶，反蔣大會的日期為4月22日，然而根據當時報刊的記載，《漢口民國日報》報導此為4月23日的活動。〈國內新聞：中央軍政學校各期學生昨日舉行討蔣大會〉，《漢口民國日報》，1927年4月24日，第2張新聞第2頁。

〔註104〕 〈國內新聞：中央軍政學校各期學生昨日舉行討蔣大會〉，《漢口民國日報》，1927年4月24日，第2張新聞第2頁。

〔註105〕 此處根據盧琰記載其獄友所述。以盧本人非國民黨員的身分而轉述此事，配合當時對此事件報導與同世代其他回憶所述，盧琰雖未親見，僅是將所聞寫下，並發表於政治傾向鮮明的國家主義派刊物上，但此場景應為可信。盧琰，〈繫獄七月的回憶（五)〉，《醒獅週報》，第172、173期，上海，1928年1月21日，第20版。

原二嫌要被當場槍決，但「不知何故，後來又發生了搜集證據，暫緩執行的問題」〔註106〕兩名「反革命」事後被移送到軍事裁判所，寄押武昌第一模範監獄，因為案情重大，兩人分別拘押，陳紹平押東監，楊引之押西監。楊引之於 6 月 1 日遭槍決、〔註107〕陳紹平繼續押於武昌第一模範監獄之東監，此時所拘留者，都是軍事犯和政治犯，亦即都是所謂的「反革命」，〔註108〕陳紹平此時與羅敦偉、彭漢章、袁英居於同監房內，〔註109〕歷經數次提訊，均因沒有確證能證實陳之犯行，使該案持續延宕數月未決。

　　武漢以外，其他地區也有對「反革命」的審理。時任江西教育廳廳長的程天放（1899～1967）回憶中提及自己被押往民眾審判的經驗，1927 年 4 月 1 日他在教育廳被捕「下午我從省黨部出來，在街上遇著共黨學生，就將我抓住。先送到衛戍司令部拘押，衛戍司令部不肯接收，又送到總工會。幾個共黨學生把我縛在椅上，其中一個學生拿出手槍來說：『打死你這個反革命』，就準備扳動槍機。另一個學生就阻止他說：『對反革命分子不能這樣隨便打死他，應該由民眾法庭審判後正式槍斃』，那人才將手槍收起來」〔註110〕第二天，共黨分子舉行民眾大會，將拘押之國民黨員提上主席臺示眾，約二小時的會上，省黨部職員被提陸續上台，演說之共黨成員批其為協助蔣中正屠殺農工之爪牙，當場程天放欲為己辯護，傅惠忠只道：「你是反革命分子，有什麼資格向民眾講話？」〔註111〕這麼一拘押，直到 5 月初，才有民眾法庭審判。擔任審判員的共黨份子訊問他為什麼奉蔣的命令大殺農工，他回「你所講大殺農工的證據在哪裡？」審判回：「民眾法庭是不講證據的，也不需要口供，就可以判罪」，「既然如此，你們儘管判決好了，何必要我答覆呢？」訊後法警

〔註106〕　盧琰，〈繫獄七月的回憶（五）〉，《醒獅週報》，第 172、173 期，上海，1928
　　　　　年 1 月 21 日，第 20 版。

〔註107〕　盧琰，〈繫獄七月的回憶（五）〉，《醒獅週報》，第 172、173 期，上海，1928
　　　　　年 1 月 21 日，第 20 版。

〔註108〕　盧琰，〈繫獄七月的回憶（五）〉，《醒獅週報》，第 172、173 期，上海，1928
　　　　　年 1 月 21 日，第 20 版。

〔註109〕　羅敦偉，〈生活回憶：牢獄之災——記「馬日事變」對我的影響〉，頁 19～20。
　　　　　羅敦偉在武昌公安局拘留所約有兩個多月，後轉押武昌模範監獄，參羅敦偉，
　　　　　《五十年回憶錄》（臺北：中國文化供應社，1952 年），頁 47。

〔註110〕　程天放，〈我所親歷的四二事變〉，《今日大陸》，第 146 期（1961 年 10 月 10
　　　　　日，臺北），收錄於《程天放早年回憶錄》（臺北：傳記文學出版社，1968 年），
　　　　　頁 74。

〔註111〕　程天放，〈我所親歷的四二事變〉，《程天放早年回憶錄》，頁 75。

還押，「果然不出三天，所謂民眾法庭，就判決了我們死刑，而且訂在第二天先遊行後再槍斃。」〔註112〕同日審訊之程天放、羅時實（1903～1975）、曾華英、許鴻死刑既判，然當日傍晚衛戌司令王均（1891～1936）突然來看他們，說：「朱主席決不准他們亂來的，你們請放心。」〔註113〕事後才知乃因消息傳至上海，蔣中正立刻致電時任南昌公安局長的朱培德（1888～1937）告知此事敏感，朱在九江風聞此事，立刻專車趕返南昌，在民眾法庭判決書上批示「時局嚴重，暫緩執行」並要王均前去獄中慰問相關人士。

　　比起在同時期楊引之等國民黨忠實黨員之遭遇，程天放等人的境遇已經幸運很多。早在這批黨員被捕之際，朱培德就曾因上海方面蔣中正對此事之關切而介入，下令將這批黨員由總工會移押南昌衛戌司令部；當時恰巧遇國民黨派系爭奪江西黨政職位之時，政治焦點瞬間轉移，這批「反革命份子」的處置就暫時擱置；順延至 5 月提訊審判時，南京又已成立國民政府且實施清黨，而朱培德本人雖屬於溫和的反共派，立場上並不願與南京決裂，也不便於直接反對武漢控制，程天放認為：

> 朱培德一方面救了我們的生命，一方面又不院得罪共黨，所以並沒有釋放我們。他感覺將我們長期拘禁在衛戌司令部裏面，不是辦法，所以到五月中旬，就將我們送到南昌地方法院的看守所裏面交正式法院審判。但是正式法院對於我們找不出絲毫犯罪事實，也無從起訴，這個案子自然就擱下來。共黨分子當然不肯罷休，於是乎另外想出置我們於死地的辦法。那時，五卅慘案紀念日快到了，共黨分子準備在那天羣眾大會上，嗾使若干黨徒，做反帝國主義和反新軍閥激昂慷慨的演說。等到羣眾情緒達到高潮以後，只要一個人講：「新軍閥的走狗程某等，現在還關在看守所裏，讓我們提出來打死他們，」一呼百應，立刻就可以鼓動若干暴徒，衝進看守所。看守所一共只幾個法警，有什麼力量可以抵禦暴徒，自然他們可以將我們押到會場，在羣眾面前活活打死。〔註114〕

　　馬日事件以後，朱培德表示反共態度，而南昌形勢為之一變，程天放在 5 月 30 日便走出監獄。由此可見民眾法庭的審訊並無司法意義，只是必

〔註112〕程天放，〈我所親歷的四二事變〉，《程天放早年回憶錄》，頁 77。
〔註113〕程天放，〈我所親歷的四二事變〉，《程天放早年回憶錄》，頁 77。
〔註114〕程天放，〈我所親歷的四二事變〉，《程天放早年回憶錄》，頁 77～78。

經之程序；所謂證據與罪狀，在審判過程中也並不是重點。「反革命」與否的政治認定，比起證據、口供來得重要，是以判決結果可依政治情勢而全盤扭轉。

　　政治情勢之惡，使每日湖北開往他省的船上人滿爲患，根據 5 月上海《民國日報》報導，逃至上海的人描述：「武漢每日槍斃之人數最少在十數以上，而自由逮捕，僞政府幾無機關收容，〔註 115〕 故獄所眞有人滿之患」、「湖北省各縣已殺之人，不可數計，即就黃岡一縣而言，最近已殺善良七八十人。手續爲用開會式，由一人提出欲殺之人名於群眾之前，再由群眾鼓掌，即判定爲贊成執行槍決。理由爲被殺之人係反革命者。根據汪兆銘之名言『對反革命者仁恕即對革命者殘忍。』故不得不殺」。〔註 116〕

　　黨內動輒將異己斥爲「反革命」的作法，在武漢分共以後曾被汪斥責，然而主導了武漢分共的汪本人，在 1927 年 5 月 23 日確實曾發言表示：「我們處制〔置〕眞正的反革命，一点〔點〕也不要姑惜，但非刑拷打，也應當禁止。」〔註 117〕爲了避開政治惡鬥下風聲鶴唳的現場，多數湖北民眾選擇轉進上海、天津等城市，〈集中現金條例〉在 4 月 17 日頒布，〔註 118〕此前一星期內，武漢商人早把現金轉匯至天津或其他外國銀行，〔註 119〕失去舞台的國民黨人也沿著同一路線逃離武漢，如中央軍事政治學校武漢分校秘書長兼政治部主任周佛海（1897～1948），〔註 120〕1927 年 5 月 18 日逃離武漢時，其逃亡路線便是以水路過九江前往上海。〔註 121〕

〔註 115〕　此「僞政府」指武漢國民政府。

〔註 116〕　〈專載：武漢逃難者之言〉，《民國日報》，上海，1927 年 5 月 19 日，第 4 張第 3 版。

〔註 117〕　「中國國民黨中央執行委員會政治委員會第二十三次會議速紀錄」（1927 年 5 月 23 日），〈武漢時期中央政治委員會會議記錄 21～41 次〉，《會議記錄》，黨史館藏，館藏號：00.2/6.2。

〔註 118〕　馮筱才，〈自殺抑他殺：1927 年武漢國民政府集中現金條例的頒布與實施〉，《近代史研究》，2003 年第 4 期（2003 年，北京），頁 140～175。

〔註 119〕　胡禮賢，〈兩湖一瞥〉，《中央半月刊》，第 3 期（1927 年 7 月 15 日，南京），蔣永敬，《北伐時期的政治史料——一九二七年的中國》，頁 312。

〔註 120〕　左筆，〈記周佛海先生〉，《往矣集》，「附錄（一）」，頁 113。

〔註 121〕　周佛海，〈逃出了赤都武漢〉（原 1927 年廣西省黨部印「清黨叢書」），蔣永敬，《北伐時期的政治史料——一九二七年的中國》（臺北：正中書局，1981 年），頁 275。

圖六　國民革命軍東陸軍前敵總指揮部之宣傳啟事

圖片說明：「反革命」不是武漢國民政府方面才有的論述，與武漢方面「反共
　　　　　產主義即反革命」的立場相對，在此時由白崇禧領導的上海東陸軍
　　　　　前敵總指揮部政治部，亦使用「反三民主義即反革命」與之互別苗
　　　　　頭，寧、漢、滬三方，不僅是政治抗衡，在機關報版面亦打起宣傳
　　　　　戰。

資料來源：《民國日報》，上海，1927 年 4 月 8 日，第 1 張第 2 版。

圖七　傾巢而出

圖片說明：1927 年 7 月上海《民國日報》的一張宣傳漫畫中，兩湖蜂擁，傾巢而
出盡是針對江西人民的毒針，幾隻碩大的蜜蜂腹部分別有「汪」、「徐」、
「鄧」等字，即象徵掌有武漢國民政府大權的汪兆銘、徐謙、鄧演達
等人，汪、徐、鄧雖然在當時都被視為有左傾色彩的黨員，卻均非共
產黨跨黨份子。

資料來源：《民國日報》，上海，1927 年 7 月 30 日，第 2 張第 2 版。

　　審判「反革命」罪犯與「土豪劣紳」，由「特別法庭」負責，按其所屬，
為在控訴院外之刑事審判法庭，然而，嫌疑犯一旦拘押，卻久久不見提訊與
審判。1927 年 3、4 月間，漢口公安局拘留所獄中已有許多人，〔註122〕最早
是軍人、緊接著是學生，地方轉送之「土豪劣紳」與「工賊」、「反革命派」，
對「土豪劣紳」與「反革命」大量逮捕與居留，使得公安局內已經相當擁擠，
根據收押於漢口公安局的盧琰所述：「我在拘留所共押二月有餘，適逢黨獄繁
興的時期。其時人民團體及黨員個人，皆有隨意逮捕人民的權力。武漢三鎮

〔註122〕盧琰，〈繫獄七月的回憶（一）〉，《醒獅週報》，第 168 期，上海，1927 年 12
月 24 日，第 14 版。

最熱鬧的時期，無論什麼可以拘留人的地方，都是關得滿擠的，據說拘留人犯達一萬以上」。〔註123〕時至辛亥後十餘年，司法與制度或有所革新，然而，監獄中空間仍相當不理想，〔註124〕「當我初進牢時，住人不到二十名。不久肅清所謂一切反革命派的聲浪漸高，黨獄隨之繁興，而拘留所的人數也漸次增多了！……晚上收封之後，室無隙地。新到的人，只有坐位子。雖其時正值惠風和暢的陽春三月，然而牢中却充滿了悶熱氣味，汗臭襲人！」；〔註125〕同年應在初春至仲春間被押入武昌公安局的羅敦偉，〔註126〕則論述看守所：「眞是烏七八糟，裡面忘八兔子逃兵散勇都有。而且人滿爲患，要五元錢才能買到半個床位。不然，要睡在潮濕的地下。」，〔註127〕羅敦偉所見的武昌公安局拘留所「木柵門以內，擠滿了人。一股股的臭氣，眞是逼人太甚，幾乎可以令人昏倒。潮濕的甬道，兩旁是一間一間木欄的房間，內中都擠滿了」，〔註128〕武昌公安局拘留所之鋪位在 1927 年春天已經滿人並且到處都有蝨子；〔註129〕到了這年夏天，公安局拘押人犯更多，衛生狀況更堪慮，5月25日，中國國民黨中央執行委員會政治委員會第二十四次會議中，武漢公安局

〔註123〕盧琰，〈繫獄七月的回憶（二）〉，《醒獅週報》，第 169 期，上海，1927 年 12 月 31 日，第 13 版。

〔註124〕在北伐前後，在司法方面關於監獄衛生與囚犯問題頗受關注，民間或官方一體認爲新式監獄的廣設應當推行的，監所骯髒、超量收容，確實導致常聽聞各地所押人犯致病或死亡。謝冰瑩回憶 1929 年左右被當作綁匪冤枉入監時，上海監獄關重犯的牢房兩天兩夜沒有飯吃，也沒有水喝，「大小便都撒在地上，臭得令人簡直活不下去！成羣的蒼蠅，在這裡做了遊戲場，一到黃昏，馬蜂似的蚊子，成羣結隊地襲來，叮的我整夜不能合眼。」在獄中令她印象深刻的牢飯是「我居然吃起孩子的大便來了」「那飯團剛剛落在孩子的大便上，女人拾起來連忙分了三分之一給我。『太髒了！』下意識告訴我是絕對不能吃的；可是飢餓之手，已經從喉管裡伸出來了……」謝冰瑩，《女兵自傳》（臺北：東大圖書有限公司，1980 年），頁 197～198。

〔註125〕盧琰，〈繫獄七月的回憶（二）〉，《醒獅週報》，第 169 期，上海，1927 年 12 月 31 日，第 13 版。

〔註126〕羅本人回憶自己入獄的時間有兩種不同紀錄，於《五十回憶錄》中記載自己初春被捕入武昌公安局，然於〈生活回憶：牢獄之災──記「馬日事變」對我的影響〉文中，表示被收押時正值仲春；根據對當時氣候的直觀記述，當與國家主義派盧琰入獄時間相近，即約在 1927 年 2、3 月間。羅敦偉，《五十年回憶錄》，頁 44；羅敦偉，〈生活回憶：牢獄之災──記「馬日事變」對我的影響〉，頁 19～20。

〔註127〕羅敦偉，〈生活回憶：牢獄之災──記「馬日事變」對我的影響〉，頁 19～20。

〔註128〕羅敦偉，《五十年回憶錄》，頁 45。

〔註129〕羅敦偉，《五十年回憶錄》，頁 46。

局長江董琴（1888～1933）報告該局拘押人犯過多，恐生疾病，於是決議催「審判土豪劣紳委員會」及「革命軍事裁判所」從訴審判了結。〔註130〕

　　江董琴的報告在書面上雖只輕描淡寫說「恐生疾病」，在 1927 年 5 月武漢兩公安局其實已爆發了瘟疫疫情，爲減少犯人、免除更大規模群聚傳染，中國國民黨湖北執行委員函武漢公安局提集犯人、案卷以備依法審理，並特別定於 6 月 1 日開庭審判，《漢口民國日報》在 6 月即以廣告刊登消息，表示：「寄押武漢兩公安局之土豪劣紳爲數甚多，爲日甚久，迭據公安局等函報現已發生瘟疫亟待解決」故對於案件將會從速審理。「凡在武漢公安局寄押之土豪劣紳，由各團體或個人舉發者，現即日將被告人犯罪事實，提出書面報告，以憑審判，但由個人舉發者，本會認爲有質訊之必要時，一經傳喚，即須到庭對質，如各團體或個人近不列舉犯罪事實提出書面報告或不聽傳喚，本會爲審判敏捷起見，衹得根據已有事實審理」。〔註131〕

　　除了羈押人犯過多導致疫情產生，此時另一項政治事件可能也對這時的審判及訴訟案有所影響：兩湖軍隊中下級軍官多出身中小地主家庭，眷屬多在地方遭共產黨組織之工會、農會壓迫，而於這年夏天爆發 5 月 21 日長沙駐軍旅長許克祥（1889～1964）興兵逮捕共產黨員的軍事行動，〔註132〕由於本日電報碼代號「馬」，日後稱爲「馬日事變」，馬日幾乎掀起了兩湖全體軍隊響應，爲避免引發軍人反抗政府，武漢國民政府基於穩定軍心考量，各種政治工作中都相應產生政策變化，開始檢討過去的「過激」與「幼稚」之非。此年仲春寧漢分裂後被捕、此時人在獄中的記者羅敦偉，日後回憶自己之所以能由「革命軍事裁判所」獲釋原因，認爲：沒有「馬日事變」，也許還犯了殺頭之危險，「這完全是受『馬日事變』之賜。『馬日事變』與我無關，可是我受益不淺。所以我對『馬日事變』轟轟烈烈的英雄許克祥先生終身不忘。」〔註133〕羅敦偉本來只是記者身分，並無黨派立場，掌握了馬日後武漢格局的變化，羅透過與擔任唐生智總部軍法官的友人夏殖民聯絡，委託草擬陳情書，

〔註130〕「中國國民黨中央執行委員會政治委員會第二十四次會議決議錄」（1927 年 5 月 25 日），黨史館藏，〈武漢時期中央政治委員會會議速紀錄及決議錄〉，《會議記錄》，館藏號：002/5.2。

〔註131〕〈湖北省審判土豪劣紳委員會緊急啓事〉，《漢口民國日報》，漢口，1927 年 6 月 6 日，第 2 張廣告第 4 頁。

〔註132〕李宗仁口述、唐德剛撰寫，《李宗仁回憶錄》，上冊，頁 430。

〔註133〕羅敦偉，〈生活回憶：牢獄之災——記「馬日事變」對我的影響〉，頁 19～20。

保釋文一到革命軍事裁判所，就立刻被提訊審理，庭長李致東亦爲羅敦偉舊識，告訴羅當速找他在北京大學時的老同學、漢口市黨部常務委員李國暄保釋，〔註134〕在熟人保釋下，羅敦偉三個月牢獄經歷終於結束。

類似羅敦偉這類的政治犯處置多有延宕，馬日以後，案件的審理速度似乎突然加快。據官方說法，延至 6 月 1 日才開庭乃「因事務繁重，在省被壓待審之人甚多，開審後羈押調卷，搜檢證據種種，均須事先籌備」〔註135〕對於「土豪劣紳」與「反革命派」審訊的過程，往往相當粗糙，審判權分散且審判機構龐雜，以武漢中央所在省分湖北爲例，光對「反革命份子」的專門審判單位就計有「審判土豪劣紳委員會」、「湖北省總工會」、「人民審判委員會」、「軍事裁判委員會」、「審判反革命委員會」、「軍事委員會革命軍事裁判所」、「武漢保安委員會」等，每縣都有總工會、商民協會、女界聯合會、勞動童子團與學生會等組織，〔註136〕地方黨部與人民團體得成立委員會審判罪犯，享有對於「反革命犯」審判與執行的權利，各種審判委員會與各省黨部仍須聽從黨中央指令，然而中央與地方判決結果時有衝突。前述周文軒一案，1 月收押後，直到 5 月才進行審判，最終於 5 月 30 日由徐謙提出司法部調查結果，中央執行委員會議定判決結果並訓令釋放之，但漢陽縣黨部一度抗命不從；〔註137〕而盧琰一案則在 7 月 16 日才由軍事裁判所提訊，在詢問嫌犯資料、被捕情形並詰問其被控罪狀後，仍舊還押；〔註138〕陳紹平案，則因譚延闓介入而免被人民審判槍決，並因其保釋而得以在武漢分共後無罪釋放。〔註139〕比起司法制度，政治力量在「反革命」案件當中的影響更大。

瘟疫與政情是影響審判進度的兩大原因，此外，官方特定人士力量的介入，也有關鍵影響，如「張月清反革命案」中，武漢美孚煤油公司武昌經理

〔註134〕羅敦偉，《五十年回憶錄》，頁 49。

〔註135〕〈湖北審判土豪劣紳委員會定六月一日開庭〉，《漢口民國日報》，漢口，1927年 5 月 30 日，第 2 張新聞第 3 頁。

〔註136〕王健民，《中國共產黨史稿》，第 1 冊，頁 445。

〔註137〕李雲漢，《從容共到清黨》（臺北：及人書局，1987 年），頁 686～687；蔣永敬，《鮑羅廷與武漢政權》，頁 246～253。

〔註138〕盧琰，〈繫獄七月的回憶（五）〉，《醒獅週報》，第 172、173 期，上海，1928年 1 月 21 日，第 21 版。

〔註139〕陳紹平，〈反共再生記〉，《中華民國史事紀要（民國十六年一至六月份）》，頁674。

店員張月清被煤油工會及店員捕去笞禁，該事件由外交部長陳友仁呈，在中國國民黨中央執行委員會政治委員會第二十二次會議決議中提案討論，決議交武漢市政委會迅速調查此案，調查其他工會等私捕之人詳具報告，凡不應逮捕者，即將被捕人提釋，並依中央新布命令懲罰。〔註140〕司法並不存在獨立行使職權的威勢，行政層面的影響往往凌駕於法律條文規範之上，武漢國民政府窮於面對政治局勢種種紛歧，而法制方面仍在摸索，既不想延續舊制，又要擬出一套稍有條理的辦法，已經欲振乏力。在此亂世中，陳紹平之所以能免於死劫並獲得釋放，則係得譚延闓的有力介入與保護所致，而非仰賴司法判決。

　　分共以前，黨政下若有「國家主義」、「孫文主義學會」、「西山會議派」嫌疑之一者，都可能招來殺身之禍，然而，在武漢分共以後，又有新的成員加入了「反革命」行伍之中。待分共之際，「政局變了，監獄中每天都有人開釋」，〔註141〕青年黨員盧琰繼續在獄中觀察著武漢國、共鬥爭局勢變化，不無嘲諷地回憶：「我這位被共黨認為反革命派的，與自認很革命的共黨住在一起。因為此刻的共黨，也成了反革命派了！他們在獄中常常說：『豈有此理！豈有此理！……』」〔註142〕然而，即便武漢也實行分共，國家主義派仍緊繫在牢獄之中，〔註143〕僅是增添了一些為共產黨發傳單的政治犯以及共產黨員。因鼓吹國家主義在 1927 年失去四川教職而前去上海的李璜也表示：「1927 年秋冬之間，國民黨雖已清黨，將共產黨或殺了或驅出黨外，但胡漢民等仍高唱共產黨式口號『黨外無黨，黨內無派』也如故；既將提倡反共之國民黨西

〔註140〕「中國國民黨中央執行委員會政治委員會第二十二次會議決議錄」（1927 年 5 月 18 日），《會議記錄》，〈武漢時期中央政治委員會會議速紀錄及決議錄〉，黨史館藏，館藏號：會 002/5.2。

〔註141〕盧琰，〈繫獄七月的回憶（六）〉，《醒獅週報》，第 174 期，上海，1928 年 2 月 11 日，第 10 版。

〔註142〕盧琰，〈繫獄七月的回憶（六）〉，《醒獅週報》，第 174 期，上海，1928 年 2 月 11 日，第 10 版。

〔註143〕「大致是八月十號罷！與我同一公函送來的黃埔軍校學生萬某提堂開釋。他第二天來監接見，聲稱法官當堂告訴他說：『與你一封公函送來的盧琰，你知道麼？告他的人很多，說他是國家主義派中堅份子，至少他是國家主義派，毫無疑義。』萬某說：『他是東南大學學生，東南大學是國家主義的學校，凡是該校的學生，都有這種嫌疑，……』」可見武漢分共以後，國家主義派份子的自由仍繫在獄中。盧琰，〈繫獄七月的回憶（六）〉，《醒獅週報》，第 174 期，上海，1928 年 2 月 11 日，第 10 版。

山會議派排之以去，而又認爲青年黨爲『宣傳與三民主義不能相容』的政黨，一律照〈反革命條例〉待遇」〔註144〕「國家主義派」與其他違反國民黨一黨專政原則之人犯仍押在監。

軍系與黨政人脈等裙帶關係深刻地影響了相關判決。「國民革命」軍北伐行進間，新收編的成員中有許多前北洋系統軍人，大批軍事要員過去屬於北洋體系，其政治立場與態度仍然直接影響了軍事走向。1926 年底陳劉兩犯已收押在監，直到徐謙到了漢後，才組織審判委員會審判，〔註145〕1927 年此案開審前，蔣中正、唐生智、陳銘樞等人曾致電徐謙表示陳、劉審判在即，但是許多收編軍正在前線努力「革命」工作，希望此案司法部能暫緩 2、3 個月後再執行，〔註146〕徐謙回蔣中正的電文中則表示：審判陳劉「反革命」案須定期續訊，當前尚未判決，應當緩執行，〔註147〕北方輿論界也頗關心陳、劉兩人的處置問題，在「國民革命」軍攻克武漢後，《現代評論》就報導了前北洋軍人在武漢狀況，指出兩人「安居黨政府的優待獄中」，〔註148〕此案在審訊後久不見判決，根據 2 月底《盛京時報》報訊，判決結果：劉玉春死刑、陳嘉謨處罰金 150 萬元，〔註149〕曾一度被指責爲「禍國殃民罪大惡極」、「請予宣判極刑，以伸公憤而快人心事」行爲無一不反革命、「罄竹難書」、「理宜早正典刑，梟首示眾」的「陳逆嘉謨」、「劉逆玉春」，〔註150〕最後因有多方軍事將領陳情、〔註151〕加以北方輿論界關注，〔註152〕經過兩

〔註144〕 李璜，〈張君勱先生逝世紀念特輯：敬悼張君勱先生〉，《傳記文學》，第 83 號（1969 年 4 月，臺北），頁 74。

〔註145〕 陳公博，〈軍中璅記〉，《寒風集》，頁 100。

〔註146〕 「蔣中正電徐謙據唐生智等電懇請司法部劉玉春一案暫緩二三月執行」（1927 年 2 月 9 日），〈一般資料——民國十六年（四）〉，《蔣中正總統文物》，國史館藏，典藏號：002-080200-00018-013，入藏登錄號：002000001407A。

〔註147〕 「徐謙電蔣中正湖北人民判委員會開始審訊陳嘉謨劉玉春反革命一案」（1927 年 2 月 13 日），〈掃除軍閥主持奉安大典（七）〉，《蔣中正總統文物》，國史館藏，典藏號：002-090101-00007-079，入藏登錄號：002000002066A。

〔註148〕 〈時事短評：武漢消息〉，《現代評論》，第 5 卷第 107 期（1926 年 12 月 25 日），頁 1。

〔註149〕 〈劉玉春判死刑、陳嘉謨罰金〉，《盛京時報》，瀋陽，1927 年 2 月 26 日，第 2 版。

〔註150〕 〈本省新聞：湖北人民審判委員會昨日審訊陳劉詳記〉，《漢口民國日報》，漢口，1927 年 2 月 11 日，第 3 張新聞第 1 頁。

〔註151〕 靳雲鶚於 1927 年 2 月 27 日，曾聯名眾軍、師長發電，論述請釋陳、劉之因，原文如下：「中央執行委員會諸公、國民政府行政主席各部長諸公、蔣總司令、

三次審問，〔註153〕最後從輕發落。

　　隨著武漢國民政府走向尾聲，第一場「反革命」審判現場也彷若只是時過境遷的展演，最早以〈反革命罪條例〉列罪的戰犯劉玉春於 7 月獲釋，〔註154〕9 月時請求國民革命軍收編，〔註155〕隨後於 10 月重歸軍旅，充任第四集團軍司令部總參議，同在 10 月亦有消息表示尙羈押西園的陳嘉謨可獲釋；〔註156〕劉玉春獲釋後曾致電唐生智，請釋放陳嘉謨，〔註157〕最終 12

　　唐總指揮、陳衛戌司令鑒：據本軍第一軍軍長王爲蔚、第三軍軍長龐炳勳、副軍長吳俊卿、第四軍軍長徐壽椿、第五軍軍長梁壽、第六軍軍長王維城、第七軍軍長田維勤、第八軍軍長魏益三、第十軍軍長任應岐、第十一軍軍長李鎭亞、第十二軍軍長閻日仁、第十五軍軍長賀國光、第十六軍軍長張治公、第十七軍軍長高具梢、第一師師長劉培緒、第二師師長嚴際明、第三師師長王迺文、第四師師長李鴻（者羽）、第五師師長馬得鳳、第九師師長何柯噢聯名電。穆前武昌守將陳嘉謨劉玉春苦守月餘，開城被拘，情殊可憫。惟查戰爭幸例於戰事終了放還，國際戰爭皆能遵行，況我今日純爲國內主義戰爭，非復連年苦戰爲權利地盤者，可比去年信陽守將蔣世具等，亦苦守月餘，人民受害之慘不亞浙。武昌即開城後，甚蒙優禮，以革命軍主義之廣大，豈尚不及吳蓬萊之寬仁？現革命成功始達長江，無敵無友，均望於共和國家主義上共同生存，納之軌物。陳嘉謨、劉玉春苦戰守城，受命有自，國民政府建設新旬夷翆，對奉令效死能盡職守之軍人加以愛惜，以示寬大，使天下有所觀感，皆願哮歸，現陳劉舊部隨同作戰，士卒急念故主將領，懷想同袍人道，所關尤應衿恤，請據情電懇國民政府各將領宣示民衆早日肖釋等情前來：查前據陳劉舊部電請增派代表代輻衿恤，茲據前情，特電請賜核釋，以勵忠勇而資激勸是爲至盼。河南保衛軍總司令靳雲鶚叩。感。」「河南保衛軍總司令靳雲鶚上中執會電」（1927 年 3 月 8 日），《漢口檔案》，黨史館藏，館藏號：漢 15888。

〔註152〕北方輿論界並非沒有期待嚴懲的呼求，王奇生認爲：對懲治陳嘉謨、劉玉春的態度與立場，是隨著地緣觀念而來，旅居北方鄂籍商民擔心激怒北方人而影響他們在北方生意和生計；相比之下，上海的鄂人可能因爲沒有這方面的顧慮而極力要求嚴懲，如湖北旅滬同鄉會即認爲陳、劉挾人民以自衛，置城內二十萬生靈於不顧，乃不恤民命，理當嚴厲制裁。王奇生，〈「北伐」「南征」與「反革命罪」的緣起〉，《革命與反革命──社會文化視野下的民國政治》，頁 126。

〔註153〕陳公博，〈軍中璅記〉，《寒風集》，頁 100。

〔註154〕「被黨政府拘禁中之前湖北督理陳嘉謨，邇來已久無聲息。茲據國聞社漢口二十四日上午十一時電，西園陳嘉謨，在押病危。」《世界日報》，北京，1927 年 9 月 30 日，第 2 版。

〔註155〕「李正韜電蔣中正」（1927 年 9 月 8 日），〈一般資料—民國十六年（十三）〉，《蔣中正總統文物》，國史館藏，典藏號：002-080200-00027-035，入藏登錄號：002000001416A。

〔註156〕〈武漢情況：政治〉，《大公報》，天津，1927 年 10 月 2 日，第 6 版。

〔註157〕〈世界要聞：劉玉春請釋放陳嘉謨電原文　或許其移院就醫〉，《世界日報》，北京，1927 年 11 月 7 日，第 3 版。

月，兩名「神人所共憤，天地所不容」、〔註158〕中國「反革命罪」史上的第一批罪人，都重獲自由之軀。然而武漢〈反革命罪條例〉下的判決卻只是翻開中國刑事法規中「反革命」罪與罰歷史的第一頁而已；並非每個犯人都能在苦牢後重獲自由，1927 年為開端，迎來了中國一段懲治「反革命」的黑暗時代。雖有反革命政治犯與案件的記載，然而並非每一個案件都有詳實記錄，許多不知名而不能勝數的生靈，沒能留下任何一點紀錄，卻因觸犯刑律上的「反革命罪」而在獄中走向生命盡頭。

第三節　「反革命罪」安置與懲處

自從蔣中正在南京建設政府與武漢對峙以來，共產黨員在鄂都展開活躍的政治活動，〔註159〕所有機關不是由共產黨派人把持，就是原有人員投機而加入共黨，農會時有械鬥發生，趁機以「土豪劣紳」或「反革命」指控以報私仇的案件層出不窮；而在工會方面，則由工人團體掌控，動用私行的狀況相當普遍。事實上，早於寧漢對立格局真正因南京國府成立而形成之前，雙方運用「反革命」的變化動向中，便可察覺此間大有政治玄機：中央政治委員會有議決於 1927 年 4 月 1 日通電公布，電文主要指示：總司令及各軍事長官須尊重全體會議決議之〈總司令條例〉及財政外交統一各案，「違者以反革命論」；黨憲兵無組織以前，上海糾察隊組織，為必要而且合法，「希圖解散上海糾察隊者，亦以反革命論」。〔註160〕當時身居總司令職、不服從武漢方面會議議決而又有解散上海糾察隊武裝意圖的，正是「國民革命」中一度被國民黨各派共同視為「革命領袖」的蔣中正。

〔註158〕　〈本省新聞：湖北人民審判委員會昨日審訊陳劉詳記〉，《漢口民國日報》，漢口，1927 年 2 月 11 日，第 3 張新聞第 1 頁。

〔註159〕　〈汪蔣未晤前之漢電　反革命之新罪名　總司令部移南京〉，《民國日報》，上海，1927 年 4 月 15 日，第 1 張新聞第 1 頁；〈汪蔣未晤前之漢電〉，《大公報》，天津，1927 年 4 月 5 日，第 3 版；〈中央黨部申明紀律〉，《漢口民國日報》，漢口，1927 年 4 月 2 日，第 1 張新聞第 1 頁。

〔註160〕　「中國國民黨中央執行委員會政治委員會第八次會議決議錄」（1927 年 4 月 1 日），〈武漢時期中央政治委員會會議紀錄 1～20 次〉，《會議記錄》，黨史館藏，館藏號：00.2/6。〈汪蔣未晤前之漢電　反革命之新罪名　總司令部移南京〉，《民國日報》，上海，1927 年 4 月 15 日，第 1 張新聞第 1 頁；〈汪蔣未晤前之漢電〉，《大公報》，天津，1927 年 4 月 5 日，第 3 版；〈中央黨部申明紀律〉，《漢口民國日報》，漢口，1927 年 4 月 2 日，第 1 張新聞第 1 頁。

　　1927 年 1 月，在迎蔣大會上，漢口特別市黨部常務委員詹大悲演講表示：
「現在反革命派假革命派不革命派，見革命軍已得勝利，人人自危，便用種
種造謠方法來離間挑撥，想來破壞革命聯合戰線。希望我們的蔣總司令，革
命領袖，永遠引導著指揮著我們，建設鞏固的革命中心，打倒軍閥帝國主義
和一切反革命派。」〔註 161〕然而，「永遠」的期限僅維持了一季，2 月 9 日，
鄧演達、徐謙、吳玉章、孫科、顧孟餘等人在武漢組成五人行動委員會，提
倡「提高黨權運動」、「反對蔣介石獨裁」，〔註 162〕3、4 月之間，武漢方面共
產黨，則製造出一種「打倒新軍閥蔣介石」口號，於是蔣總司令變成了「反
革命」同路人。

　　2 月 17 日，漢口聯席會議提倡黨權集中。會上定案〈反革命罪條例〉並
有各種宣傳，其中稱蔣中正施行「獨裁制」，根據當日《事略稿本》中記載蔣
本人當日獲知的反應是「公聞而嘆曰：提倡黨權集中，防制獨裁甚贊成，其
如跨黨份子投機者把持黨務，真正黨員不能信仰何，余既為革命成敗計，不
能即時擺脫，惟有以忍辱負重、不恔不求二語，益加奮勉耳。」〔註 163〕根據
史丹福胡佛研究所藏之蔣日記中，得知武漢方面消息的他於 1927 年 2 月 17
日當日記著：

> 漢口聯席會定反革命罪各則，以及各種宣傳，對余與靜江兄攻擊，
> 幾無完膚，名余為獨裁制，名靜為昏庸，除 C.P.以外，無一非反革
> 命，必欲使我黨黨員各個擊破殆盡。所恨者，本黨黨員諂奉、卑污、
> 趨炎附勢、執迷不悟之徒，其罪惡比敵尤甚也。〔註 164〕

對武漢方面的譴責，他迅速做出回應，2 月 19 日在南昌總部特別黨部成立大
會演講中，蔣中正便表示：「我只知道我是革命的，倘使有人要妨礙我的革命，
那我就革他的命」。〔註 165〕

〔註 161〕〈漢口市民歡迎蔣總司令之盛況〉，《漢口民國日報》，漢口，1927 年 1 月 15
　　　　日，第 1 張新聞第 1 頁。
〔註 162〕吳玉章，《吳玉章回憶錄》（北京：中國青年出版社，1978 年），頁 141。
〔註 163〕王正華編輯，《蔣中正總統檔案：事略稿本》，第 1 冊「民國十六年一月至八
　　　　月」，頁 49〜50。
〔註 164〕《蔣中正日記》（1927 年 2 月 17 日），史丹福胡佛研究所藏。轉引自王奇生，
　　　　〈「北伐」「南征」與「反革命罪」的緣起〉，《革命與反革命──社會文化視
　　　　野下的民國政治》，頁 139。
〔註 165〕王奇生，〈「北伐」「南征」與「反革命罪」的緣起〉，《革命與反革命──社會
　　　　文化視野下的民國政治》，頁 140。

我乃是「革命」，反對我即是「反革命」的說法，雖然成功表明了其立場與不惜一戰的決心，但同時也被部分報刊評論引為笑柄，〔註166〕尤其是在武漢國民黨方面的機關報《漢口民國日報》上端，更出現數篇抨擊演講內容的報導，徐謙更以該演講內容之黨權問題批判：「蔣同志以為救黨就是攻擊他個人，所以他很怒我。他在二月二十五日南昌革命軍日報上發表了一篇『第十四次紀念週演講』，忽然將這問題加在我身上說『只有徐謙事實有獨裁制的』，未免用轉移視線的手段來加人之罪。……若還遮掩說『黨權無所謂提高，黨權也無所謂集中，本來是集中的。』（原文）未免太文過飾非了。……難道設立黨章所不許有第二人之主席，就算是黨的最高權嗎？一個人做固定的常務會議主席而且是政治會議主席，就算是黨權集中嗎？……任憑蔣同志怎樣遷怒到個人或是用何恐嚇手段，也不能阻止這救黨運動，總司令雖然有權，只是有軍事指揮權，不能運用到黨上面去。」〔註167〕

一場實實在在的政治戰爭已經開始，國、共兩派正在拉鋸。對於1927年的蔣中正而言，2月份所受的攻擊還不是最大重辱。這年4月16日，汪兆銘發表著名「銑電」，即抨擊12日上海清黨之舉為非、蔣中正等與若干監察委員在滬會議乃反抗中央「西山會議式之會議」、提出反共產口號「以博帝國主義、軍閥及一般反革命者之同情；並藉以圍剿上海總工會工人糾察隊槍械，為獻媚之資。」〔註168〕這下，黨爭情勢至此，武漢的聲明已經正式將寧漢視為陌路人；相隔數日，同月18日，武漢國民政府針對正在整備南京國民政府的國民黨黨員下達命令：「蔣中正屠殺民眾，摧殘黨部，甘心反動，罪惡昭彰，已經中央執行委員會議決開除黨籍，免去本兼各職。著全體將士及革命民眾團體，拿解中央，按〈反革命罪條例〉懲治」。〔註169〕徐謙與鄧演達等在23日中央執行委員擴大會議之上，更以蔣中正之種種舉動係由張靜江指使為由，武漢單方面撤其黨籍，決議：「張逆靜江背叛黨國，逆跡昭著，綜其反革命行為，實與蔣中正同科，應即削除黨籍，交前方各將士及各

〔註166〕〈社評：反革命〉，《大公報》，天津，1927年5月5日，第1版。

〔註167〕季龍（徐謙），〈怎樣叫做個人獨裁制〉，《漢口民國日報》，漢口，1927年3月9日，第1張新聞第1頁。

〔註168〕中華民國史事紀要編輯委員會，《中華民國史事紀要（民國十六年七至十二月份）》（新店：中華民國史料研究中心，1978年），頁1045。

〔註169〕中華民國史事紀要編輯委員會，《中華民國史事紀要（民國十六年七至十二月份）》，頁1046。

部籍黨執行拿辦」並須以法懲治相涉人員。〔註170〕

　　雖然蔣本人終未自南京「中央」被拿解至武漢「中央」，沒有身陷囹圄、嘗盡鐵窗風情的親身體會，然而寧漢對立之況，卻造成在漢許多國民黨員必須被迫代蔣「以身試『法』」，躲不過黨意志肅殺的命運糾纏。

　　黨員理當對國家效忠，然而一黨之內各方對國民政府建設的主張歧出，更遑論這時代黨組織有三個「中央」，鼎立於寧、漢、滬，而「國民政府」又別為武漢與南京；黨雖同而方針不同、國民政府不同，國民黨此時可說是「天各一方」。同樣的信仰、同樣的服從，在不同陣營之下可能會有不同待遇：秉持三民主義信仰，親蔣與主張清黨、自認「很革命」的忠誠黨員，在寧滬一方可橫眉冷對千夫指，力排眾議，繼續將清黨工作進行到底，無論輿論如何，仍有黨部的奧援；但另一方，在漢，除了反對三民主義者是國民革命路上礙眼而必須剷除的絆腳石外，反共產勢力者也是被討伐的對象，不願屈於共產主義的國民黨人在武漢國民政府轄下被推入〈反革命罪條例〉懲治之列。

　　「反革命」誕生於上層結構鬥爭，但「什麼是反革命？許多人都是懷疑著的！」〔註171〕民眾實際上對於政治宣傳「反革命」或相關法律不見得有清楚認識，然而「反革命」實際上深仍入了平民百姓的日常生活，1927年春天，武漢三鎮街頭巷口貼滿標語，〔註172〕在萬耀煌記憶中：「街頭巷尾都充滿了革命的狂熱，最活躍的是工人糾察隊。幾乎武漢每個人都在忙，忙著開會，貼標語，喊口號」；〔註173〕再國民政府治下，「工會的糾察隊、兒童隊、婦女隊等，鬥爭屠殺，無所不為」的狀況，以及地方懲治土豪劣紳與反革命種種動作，不僅外界觀感不佳，連國民黨軍隊內的成員都感到深惡痛絕；〔註174〕相關口號不只普遍，甚至可以說是幾近氾濫，已經出現了類似「纏足就是反革命」之類的口號。〔註175〕日常生活深受政治宣傳影響，「打倒張靜江」、「打倒

〔註170〕〈時事要聞：武漢派拿辦張靜江〉，《盛京時報》，瀋陽，1927年5月12日，第2版。

〔註171〕英競，〈針一：什麼是反革命〉，《國民之友》（《漢口民國日報》副刊），第62期，漢口，1927年1月24日，第3張新聞第4頁。

〔註172〕冷觀，〈南行視察記（一）：武漢社會狀況〉，《大公報》，天津，1927年3月6日，第2版。

〔註173〕沈雲龍訪問，賈廷詩、夏沛然、周道瞻、陳存恭紀錄，《萬耀煌先生訪問紀錄》，頁172。

〔註174〕許克祥，《馬日劇共回憶錄》（臺北：中央文物供應社，1956年），頁10～11。

〔註175〕黃詠台，〈鄂事專載：從武漢逃出的一個同志的報告（續）〉，《前敵之前敵》（《民國日報》附刊），上海，1927年5月22日，第4張第1版。

獨裁軍閥」、「反對軍閥妥協帝國主義」等口號象徵著國民黨右派與共產派之間對立的日益擴大，〔註176〕而在此打壓異己的激烈政治宣傳下，也影響著武漢地區對政治犯的拘捕動態。

1927 年 3 月 30 日，武昌、漢口、漢陽三鎮公安局政治工作人員，在武昌市公安局政治部開第二次聯席會議，到會者有唐午園、劉百川、何炳勳、趙同志、劉鶴羣、唐建猴、周學輝、徐佩雲等，共推唐午園主席，通過了〈肅清反革命派條例〉，內容如下：

▲ 運動方面：

一、由總政治部召集武漢各級黨部各師政治部爲民眾團體代表大會，組織武漢肅清反革命委員會，

二、武漢肅清反革命委員會爲常設機關，

三、由武漢肅清反革命委員會召集武漢市民肅清反革命運動大會，時間或一日或一週，

四、組織宣傳隊，向民眾解釋嚴拿反革命派之意義與必要，

五、印刷肅清反革命派之標語傳單，及各項宣傳文字粘貼市民各門戶，

六、印刷反革命派已經查出者之姓名相片曉布街衢，

七、將已拿獲之反革命遊街示眾或正法，

八、將陳劉二逆判決正法，

九、未拿獲者通知政府通緝及各民眾團體注意偵緝，

十、規定舉報緝拿及隱藏之賞罰條例，

十一、各機關各團體各學校分別自動舉行清查，按實呈報，

十二、各團體應組織肅清反革命委員分會，繼續進行宣傳及探訪，

▲ 工作方面：

一、組織檢查交通機關，

二、檢查旅館、酒店、妓院、茶館及偵察煙館、賭窟等，

三、探訪隊隨時隨地調查，

四、檢查郵電，

〔註176〕〈國民黨左右派大反目　鄧演達免職引動風潮　左派擁汪擬倒蔣介石〉，《晨報》，北京，1927 年 3 月 2 日，第 2 版。

　　五、清查戶口，

　　六、領導各團體作清查運動，

　　七、調查反革命派姓名、來路及隱藏處所，

　　八、收受民眾團體或個人之報告設法查緝，〔註177〕

工人與糾察隊在城市用銳利的鷹眼巡察著民眾生活，其反覆巡邏的步伐已經成為武漢三鎮日常街景之一，每日都有人因反革命嫌疑在街上被逮捕拘押，在湖北內部造成了一種肅殺氣氛，多數外界的觀感中，統治著武漢的是「赤色恐怖」之共產政權政府，而非實行三民主義的黨治政權。〔註178〕

　　人犯從逮捕、拘押、提訊到審判、槍決或釋放，當中的過程十分紊亂，地方與中央司法權不清，且地方民眾團體與組織時常有未經呈報與指令即擅自逮捕與槍斃嫌疑犯之情事。所謂「農民協會」都組織了「農民自衛軍」，「總工會」也組織了「工人糾察隊」，工會成員擁有中央配給的槍枝，〔註179〕時常有工人糾察隊在路上舉發「反革命」現行犯。在這方面，雖然判例存留不多，然而盧琰回憶中的三則事例，似乎有助於我們瞭解當時對「反革命」嫌疑的拘捕已經到達了某種程度失控：其一、一位粗識文字的醉漢，因趁著酒興，漫遊街上，自言自話地說道：「奇怪了！奇怪了！為什麼前幾天才歡迎的蔣總司令。現在又變成新軍閥要打倒了呢？」不想這話被一位黨員聽見了！於是解押公安局。〔註180〕其二、一位老人手中拿著油餃，一面走，一面喫。吃完

〔註177〕〈大規模肅清反革命運動〉，《漢口民國日報》，漢口，1927年4月2日，第2張新聞第2頁；又參〈三鎮公安局第二次政治工作會議決請總政治召集各團體組織肅清反革命委員會並議決其他要案二十五條〉，《漢口民國日報》，漢口，1927年4月1日，第3張新聞第1頁。4月2日刊登條文與1日稍有差異，在此轉引2日報紙所刊之條文。

〔註178〕根據1927年之北京《晨報》、天津《大公報》、《益世報》、瀋陽《盛京時報》、天津、上海《醒獅週報》、《民國日報》、《申報》等報刊雜誌中，許多相關的報導以武漢係共產政府或以「赤色恐怖」等相關詞彙形容武漢近況者甚多，在此不贅引。

〔註179〕如當時湖北全省總工會要求比照湖南總工會有快發槍500枝、子彈15萬發，為工人糾察隊訓練班使用，又有駁殼槍20枝、子彈4000發作為「該會平時戒備之用」。工會所組織的糾察隊並不只是一個組織，甚至可視為武裝單位。「中國國民黨中央執行委員會第二屆常務委員會第六次擴大會議決議錄」（1927年4月8日），〈二屆武漢中央國府聯席會議及中常會紀錄〉，《會議記錄》，館藏號：會2.4/5。（原陳果夫藏，「武漢中央國府擴大聯席會議中央常務擴大會議紀錄」本）

〔註180〕盧琰，〈繫獄七月的回憶（二）〉，《醒獅週報》，第169期，上海，1927年12月31日，第14～15版。

以後，順手將牆壁上標語撕下一腳揩擦手上油污。一工會糾察隊員看見，當場指為反動份子。其三、一位中年婦人在街上對著另一婦人嘆「現在不成世道了！」。不想這話又被一位童子團員聽見，當場高呼「反革命！反革命！」於是婦人與撕標語的老人被拘留在公安局。〔註181〕

　　濫抓的狀況連國民政府高層都感到不解。1927年5月9日徐謙請辭革命軍事裁判所長一職，由跨黨份子江浩接任，〔註182〕與任職命令同日公布之國民政府命令，規定關於鎮壓「反革命」之審判權，由「軍事委員會革命軍事審判所」統一行使，裁撤「武漢保安委員會」、廢止〈武漢保安委員會條例〉。〔註183〕江浩接任處理各種「反革命」案件，16日即表示當中有許多嫌疑犯是誤抓，「有的明明知道是反革命，但找不出證據；有的並不是反革命，是受了冤枉」；〔註184〕5月18日汪兆銘本人在中央政治委員會政治會議上提出：「公安局所拘押的人作了一個報告。有一些人犯案的理由，是因為迷路，簡直是喪心病狂！」。〔註185〕

　　嫌疑犯本身是否「反革命」值得商榷，而未經確證即可拘捕人犯的任意性，使得「反革命」本身似乎成了恐怖統治的專權工具。而「反革命行為」的追溯還可以上追至〈反革命罪條例〉制定以前的事件，如江西方面柏文蔚等人曾請求釋放之嫌犯賀德霖，然被武漢當局警告「慎重發言」。〔註186〕該犯賀德霖曾任職段祺瑞政府，一度擔任眾議院議員與財政總長，因北洋政府時

〔註181〕 盧琰，〈繫獄七月的回憶（三）〉，《醒獅週報》，第170期，上海，1928年1月7日，第11版。

〔註182〕 「中國國民黨中央執行委員會政治委員會第十九次會議決議錄」（1927年5月9日），《會議記錄》，〈武漢時期中央政治委員會會議速紀錄及決議錄〉，黨史館藏，館藏號：會002/5.2。

〔註183〕 〈緊要新聞：國民政府命令〉，《漢口民國日報》，1927年5月10日，第1張新聞第1頁。

〔註184〕 「中國國民黨中央執行委員會政治委員會第二十次會議速記錄」（1927年5月16日），，黨史館藏，《會議記錄》，〈武漢時期中央政治委員會會議速紀錄及決議錄〉，轉引李雲漢，《從容共到清黨》，頁569。

〔註185〕 「中國國民黨中央執行委員會政治委員會第二十二次會議速紀錄」（1927年5月18日），〈武漢時期中央政治委員會會議紀錄21～41次〉，《會議記錄》，黨史館藏，館藏號：00.2/6.2。

〔註186〕 「中國國民黨中央執行委員會第二屆常務委員會第一次擴大會議議事錄」（1927年3月19日），〈二屆武漢中央國府聯席會議及中常會紀錄〉，《會議記錄》，館藏號：會2.4/5。（原陳果夫藏，「武漢中央國府擴大聯席會議中央常務擴大會議紀錄」本）

期參與「三一八」，有迫害學生之嫌，提案被起訴，3月22日中國國民黨中央執行委員會第二屆常務委員會第二次會議議決由司法部轉「人民審判委員會」辦理，〔註187〕最終被判槍決，經呈訴未果，於3月27日畏刑服藥自盡，然被救未死，〔註188〕不過對賀德霖的處置，雖大眾輿論亦多以為應該槍決，以平民怨，〔註189〕但最終徐謙允許其出20萬元釋放結案。至4月8日，中國國民黨中央執行委員會第二屆常務委員會第六次擴大會議上再次討論，而決定先取消賀德霖黨籍處分。〔註190〕

　　囚犯的命運與其說是取決於司法，倒不如說是交付在群眾激情中，處置「反革命」其中一種辦法是交付「人民審判」：亦即利用民眾大會殺人示威。其程序由各團體組織的「審判反革命委員會」審判之後，即將所謂「反革命」者沿街遊行，同時散發傳單，傳單上印有所謂「反革命者」像，並註明「反革命」的事實和姓名，在遊行或演講後徵詢群眾意見槍決，事實上，場上已安排許多共黨成員，伺機以口號激動群眾表態與動作。如1927年4月22日，在武昌閱馬廠開「討蔣大會」，大會主席為跨黨人士之蔣先雲，會上及宣佈楊引之「組織孫文主義學會，誘人加入，圖謀反動」、陳紹平「組織黃埔同學分會擁蔣，又組織擁蔣棒喝團」，宣布罪狀後，要民眾公決，其預先布置在會場四周的人，高呼：「槍斃！槍斃！」引起十餘萬人同聲狂喊，此即審判之決議案。當日陳之所以未被槍斃，乃因譚延闓在主席臺上說：「羣眾大會不能殺人。」共黨之人不敢公然與譚決裂。若非譚延闓的表態，兩人就被解上紀念會台上，會上群眾一致公決，在眾目睽睽之下遭槍決；類似的事後官方報導，往往稱觀者「莫不鼓掌稱快」，〔註191〕然而，與其視為民意所致或嫌犯罪惡昭著死有

〔註187〕「中國國民黨中央執行委員會第二屆常務委員會第二次會議議事錄」（1927年3月22日），〈二屆武漢中央國府聯席會議及中常會紀錄〉，《會議記錄》，館藏號：會2.4/5。（原陳果夫藏，「武漢中央國府擴大聯席會議中央常務擴大會議紀錄」本）

〔註188〕〈賀得霖謀自殺　吞煙被救〉，《晨報》，北京，1927年3月31日，第2版。

〔註189〕〈武漢民眾請槍決三一八慘案兇手〉，《湖南民報》，長沙，1927年3月28日，第7版。

〔註190〕「中國國民黨中央執行委員會第二屆常務委員會第六次擴大會議會議錄」（1927年4月8日），〈二屆武漢中央國府聯席會議及中常會紀錄〉，《會議記錄》，館藏號：會2.4/5。（原陳果夫藏，「武漢中央國府擴大聯席會議中央常務擴大會議紀錄」本）

〔註191〕〈黨務消息：光明與黑暗之鬥爭〉，《漢口民國日報》，漢口，1927年5月7日，第3張新聞第6頁。

餘辜，事實上，這類審判不僅充斥諸多非理性的成分，行政程序上也大有問題，民眾的激情更多時候並非是正義怒吼，而是受到混在群眾中政治工作者幾句口號搧動而興奮，化成一種群體暴力的判決現場，抑或此類報導是一種遮蔽事實的政治宣傳而已。

對於「反革命」勢力的壓制並不只限於對對地方「土豪劣紳」或「反革命」異議份子控訴，〔註192〕而是深入了民眾生活，到達無事不「反」，令人神經緊繃的程度：除視覺上「不革命即反革命」等宣傳琳瑯滿目貼滿大街小巷之外，〔註193〕又如漢口市教育局頒布之〈新設私塾註冊章程〉，規定私塾需有合格證明方得授業，然塾師若有「反革命」行為，得撤銷其合格證書。〔註194〕一般大眾或許不便直接表示反感，然而事事訴諸「革命」，而專門將事物貼上「反革命」標號的作法，仍引起百姓某種程度上的不滿，在寧漢分裂之際，武漢方面民眾或許不敢直接表明立場，〔註195〕除司法以外，當時社會受到這波撻伐聲勢擺盪，教育措施亦大受影響，據中國國民黨兩湖特別委員會常務委員方本仁、宋鶴庚、何成濬、周震麟於1927年7月1日呈南京中央黨部、國民政府與國民革命軍總司令蔣中正，請求嚴懲在湘、鄂的共產黨份子的呈文，其內文指出湖北當局因共產黨勢力擴張而導致的惡果之一，是最近教育設施以不讀書為原則：「謂讀書即不革命，不革命即反革命，故男女學生除日遊行做共產宣傳外，類皆廢業以嬉。」；〔註196〕民眾亦表示武昌中山大學開學許久，「但是從沒有上過課」，若學生中有人請求一邊讀書、一邊「革命」，便會遭到斥責「這話是發源於鄒魯在革命最高學府中所說，非西山會議派的走

〔註192〕「……遍設機關，曰糾察隊，曰特派員，皆其殺人之機械也。曰有土皆豪，無紳不劣，曰不革命即反革命，信口羅織，於是乎人類無一幸免矣」王芬等94人，「湖北反共請願團呈請進勦湖北共黨」〈國民政府任免令8道〉，《國民政府公報》，南京，1927年7月11日，寧字第8號，頁10。

〔註193〕「近來所傳各種口號中，有所謂打倒一切反革命者，反革命當指反對革命之行動言，或曰，非也，不革命即是反革命」〈社評：反革命〉，《大公報》，天津，1927年5月5日，第1版。

〔註194〕〈漢口市教育局頒布新設私塾註冊章程〉，《漢口民國日報》，漢口，1927年1月7日，第3張新聞第6頁。

〔註195〕「武漢有黨（C.P.）而無輿論」侍國忠，〈兩湖現狀記（再續）〉，《醒獅週報》，第144、145期合刊，上海，1927年8月20日，第8版。

〔註196〕中華民國史事紀要編輯委員會，《中華民國史事紀要（民國十六年七至十二月份）》，頁2。〈批兩湖特別委員會方本仁等呈稱共黨為禍湘鄂請速拯救一件〉（1927年6月），《國民政府公報》，南京，1927年7月11日，寧字第8號，頁69～73。

狗，決不得拿來再說的。」；〔註197〕陳公博回憶江西的教育狀況，則省黨部雖
然在國民黨的手裡，但學校當局大受共產黨影響；〔註198〕湖南方面，打倒智
識階級的口號，甚至使長沙不少學校停辦，其餘慘澹經營的學校「不停地也
因爲不要學生讀書，不發執教員月薪，事實上與停了的相差不遠」。〔註199〕
相關負面消息，在武漢以外的報刊多有揭露，報導量尤其以上海、南京等地
國民黨右派報刊消息最多。

　　雖然各種狀況顯示武漢的文藝與教育政策在政爭之下受到負面影響而相
當不堪，但在武漢本地報刊中，卻很少看到負面評價，原因是國民革命軍進
入武漢之時，即對輿論採取控管政策，〔註200〕而當時的最大報乃國民黨方面
由黨內左翼成員組成的《漢口民國日報》。《漢口民國日報》1927 年 4 月，因
原總編輯調任由高語罕調任政治宣傳部主任，改由沈雁冰主辦，報社陣容幾
乎清一色爲國民黨內跨黨份子，不然則爲左派黨員，報社社長爲董必武，在
漢口老闆的報社成員中，有高一涵、馬哲民、石信嘉等人；必須當武漢有分
共決心之時，〔註201〕才陸續有評論者直接對當局的處置提出質疑。政治局勢
變化導致報刊輿論轉向，「7 月 15 日以後，編輯部沈雁冰帶進來的人通通都出
來了，沈自己也跑了。大部分是中共黨員」，在此前沒有右派，此後皆由右派
掌管。〔註202〕《漢口民國日報》於 1927 年 7 月 17 日爲國民黨中傳部接收，
原爲郭沫若等跨黨人士主導，以宣揚政治理念的《漢口民國日報》之副刊上，
出現了讀者對政治口號的批評：「無聊的共產黨徒，因爲一班青年喜歡看文藝

〔註197〕胡禮賢，〈兩湖一瞥〉，《中央半月刊》，第 3 期（1927 年 7 月 15 日，南京），
　　　　蔣永敬，《北伐時期的政治史料──一九二七年的中國》，頁 308。
〔註198〕陳公博，〈軍中璅記〉，《寒風集》，頁 138。
〔註199〕伯興，〈在共產黨試驗下之湖南人民〉，《中央半月刊》，第 1 期（1927 年 6 月
　　　　15 日，南京），蔣永敬，《北伐時期的政治史料──一九二七年的中國》，頁
　　　　345。
〔註200〕如原漢口由私人企業辦報之《中央日報》（Central post），編輯 Smith 因宣傳
　　　　國民政府是國民黨、國民革命軍是紅軍，而遭到時任武漢軍事委員會總政治
　　　　部主任陳公博要求該報將之辭退。陳公博，〈軍中璅記〉，《寒風集》，頁 95。
〔註201〕1927 年 8 月 8 日汪兆銘提議清黨，開除譚平山、林祖韓、吳玉章、惲代英、
　　　　高語罕等跨黨份子黨籍。朱文原、周美華、葉惠芬、高素蘭、陳曼華、歐素
　　　　瑛，《中華民國建國百年大事記（上）》（臺北：國史館，2012 年），頁 208。
〔註202〕張福康口述，李婉霞紀錄，《湖北文史資料》，1987 年第 4 集，總第 21 集（1987
　　　　年 11 月），中國人民政治協商會議湖北省委員會文史資料研究委員會編，《武
　　　　漢國民政府時期史料專輯》。網址：http://www.china001.com/show_hdr.php?
　　　　xname=PPDDMV0&dname=9UOSA41&xpos=81（2013/11/13 點閱）。

的作品，而不喜歡看共產主義的 ABC，嚮導，他們便說鬼話：『研究文藝的是反革命呢！』」。〔註 203〕在此之前，宣言「共產主義」的激越言論常在副刊上出現，但到了 7、8 月，傾向「共產主義」之呼聲已從副刊上銷聲匿跡。

1927 年 4 月 29 日武漢當局召開會議，議決以後各地處決反動派須經中央核准，不能自由處決，將通令各省黨部令各下級黨部查辦。〔註 204〕然而，在此之後，仍不能有效控制地方的審判動作。審判機關的重出，以及省黨部與武漢中央政令的矛盾，還有地方黨部與農、工會等民眾團體權力高漲，能各以組織進行司法審判，使得地方上頗多「反革命」皆由工農會與黨部草率審訊，妄加栽贓或施以私行成為常態，武漢方面無法有效控制地方的司法與行政。大量反革命處置的疑難雜症：包括不能如時逮捕人犯、審判機制過多而權力分配紊亂混淆等問題已經開始出現。

湖北省漢口市黨部為統一審判「反革命」機關召開特別會議，於 1927 年 5 月 8 日下午一時，中央黨部徐謙，湖北省黨部暨省政府鄧希禹，漢口市特別黨部李午雲、李國暄，總工會許白昊（1899～1928），省學聯趙彥碩，省婦協褚松雪，〔註 205〕漢商協劉一華，漢總商賀衡夫（1888～1968），總政治部王人貽，市政府楊一如（1895～1988），武漢公安局江董琴、張蔭遠（1879～1930）等與會，由李國暄主席，召開武漢各團體討論會，會中針對審判反革命機關的不統一與各處極為龐大的「反革命」犯總數與審理狀況進行討論。討論略謂：各處逮捕「反革命」派甚多，同時成立審判反革命機關亦多，而逮捕之反革命派猶未繩之以法，反映出當時的狀況：人犯拘捕後僅拘押在各公安局或省黨部、工會，然卻未審判，此種現象，是因審判機關甚多，權力不能集中所致。徐謙、鄧希禹、楊一如、許白昊等均以為審判機關有必要統一。討論結果：除「革命軍事審判所」，「湖北省審判土豪劣紳委員會」及「總工會革命裁判所」存留外，其餘均應以「武漢保安委員會」為最高審判及執行機關。〔註 206〕

〔註 203〕黃其起，〈一個讀者的意見〉，《漢口民國日報副刊》，第 76 號，漢口，1927年 8 月 9 日，第 3 頁。

〔註 204〕〈處決犯人須經中央核准　通令各級黨部查照〉，《漢口民國日報》，漢口，1927年 4 月 30 日，第 1 張新聞第 1 頁。

〔註 205〕此處疑為張競生之妻「褚」松雪（1907～？）。

〔註 206〕〈本市新聞：統一反革命機關〉，《漢口民國日報》，漢口，1927 年 5 月 7 日，第 1 張新聞第 1 頁。

　　審判的爭議問題，則在 5 月 16 日中央執行委員會政治委員會第二十一次會議決議上繼論，汪兆銘又提議「反革命裁判事宜本會應否定出原則交革命軍事裁判所遵行案」，決議推定徐謙起草原則提出下次會議討論，〔註207〕於是 5 月 18 日中央執行委員會政治委員會第二十二次會議中，徐謙報告指出懲治「反革命」罪原則應有法律與政治兩方面：法律問題方面，中央已制訂〈反革命條例〉：政治問題可分兩點：其一、何等「反革命罪」可處死刑，其二、如何使審判委員能下適當之判決？〔註208〕要求反革命軍事裁判所照中央所提出的原則審判罪犯。

　　中政會第十七次會議上，汪兆銘對於縣黨部同農民協會可以自由逮捕人犯、執行死刑之現象表示疑慮。司法部長徐謙亦表示：

> 國民革命的方式，是要在中央的指揮同命令之下，進行革命的鬥爭，如果沒有統一的指揮，就算不淂是國民革命，只是一種暴動而已。不過在國民革命的過程中，其地方的民眾突起暴動，也是不可避免的事實，但總要遵守中央的指揮同政府的法令，免得把革命的弱點表現出來了。現在各縣黨部，工會，農民協會等，常常自行槍決工賊同土豪劣紳；究竟工賊土豪劣紳等在法律上不能不有定義，也不可不分輕重。所以處刑要依法律的規定，執行死刑，尤須待政府的命令。關於這一類的法律，政府已經公布了反革命罪條例，審判土豪紳豪〔劣紳〕條例，及武漢保安條例；關於這一類的審判機關，已有革命軍事裁判所，審判土豪劣紳委員會，武漢保安委員會。不過這些機關，都只有審判權，而無執行死刑權，要執行死刑的案件，必須呈報政府核准，然後革命的威權才能集中，所以本席擬了一個禁止民眾團体及民眾自由執行死刑的提案，請大家公決。〔註209〕

針對地方上擅處死刑槍決的狀況，〈禁止民眾團體及民眾自由執行死刑條例〉在 5 月 9 日中國國民黨召開之中央執行委員會政治委員會第十九次會議上提

〔註207〕　「中國國民黨中央執行委員會政治委員會第二十一次會議決議錄」（1927 年 5 月 16 日），黨史館藏，〈武漢時期中央政治委員會會議速紀錄及決議錄〉，《會議記錄》，館藏號：會 002/5.2。

〔註208〕　「中國國民黨中央執行委員會政治委員會第二十二次會議決議錄」（1927 年 5 月 18 日），〈武漢時期中央政治委員會會議速紀錄及決議錄〉，《會議記錄》，黨史館藏，館藏號：會 002/5.2。

〔註209〕　「中國國民黨中央執行委員會政治委員會第十七次會議速紀錄」（1927 年 5 月 2 日），〈武漢時期中央政治委員會會議紀錄 1～20 次〉，《會議記錄》，黨史館藏，館藏號：會 00.2/6.1。

出討論，決議由中央訓令各級黨部國民政府通令各機關各團體，並由總司部在河南各地公表。該會除了修正原有條例之外，會中徐謙又針對修正〈武漢保安委員會條例〉案報告。決議：「關於鎮壓反革命之審判權應由軍事委員會革命軍事裁判所統一行使，武漢保安委員會應即裁撤，武漢保安委員會條例著即廢止」。〔註210〕

雖然政府對於過度激烈的不當審判以及標語口號早已有相當努力與決心企圖改善，但5月21日馬日事件後，卻使武漢國民政府的宣傳策略與政治措施瞬間發生體質上的變化：一切變化來得倉促，最明顯的是街景改變了，來自武漢國聞社報導消息指出武漢地區原有的各種標語，在當局忽以「有妨觀瞻」由公安局於5月25日一律撕去；而過去各地農民協會等任意處分人民財產，引發湘籍軍人反叛，現則「令湘鄂官兵，著該協會等清查發還已經抄沒之軍人家屬財產土地，謀挽回軍心」而對其它取締條令，也力取寬大，以緩和人心。〔註211〕

即便武漢國民黨頗有力挽狂瀾之舉，而有種種補救措施以圖控制上述問題，但是，民眾已經對政權失去了信心，在武漢已經造成一種「赤色恐怖」的民聽，〔註212〕1927年6月份南京方面的報導稱：「共產黨現在湖北鬧得天翻地覆，民怨沸騰。他知道危機四伏，險象環生。所以他最近改變政策，換了一副假慈悲面具，想和緩人心。武漢街市上貼滿保護資產階級，禁止工會非法拘押人民。但是這已經遲了，因為人民都知道他是假裝慈悲，外面雖然笑臉，但殺人未曾乾血的刀子還藏在背後」。〔註213〕根據時任馮玉祥西北軍政治工作委員簡又文的憶述，6月7日至12日武漢黨政要員邀西北軍同開聯席會議，就連武漢政府中的徐謙、顧孟餘、劉興、何鍵（1887～1956）也對兩湖處境發表沉痛發言。〔註214〕

〔註210〕「中國國民黨中央執行委員會政治委員會第十九次會議決議錄」（1927年5月9日），《會議記錄》，〈武漢時期中央政治委員會會議速紀錄及決議錄〉，黨史館藏，館藏號：會002/5.2。

〔註211〕〈武漢共黨罪惡欲蓋彌彰　三鎮標語一律撕去　發還抄沒人民財產〉，《民國日報》，上海，1927年5月27日，第1張第3版。

〔註212〕曹慎修，〈紀載：赤色恐怖下之兩湖最近現狀紀述〉，《民國日報》，上海，1927年7月30日，第1版。

〔註213〕碧梧，〈共產黨宰割下的湖北現狀及其主義政策之失敗〉（1927年6月19日），《中央半月刊》，第4期，1927年8月1日。

〔註214〕簡又文，《西北從軍記》（臺北：傳記文學出版社，1982年），頁64。

在北方輿論界觀察中，南方根本是寧、漢兩派互相殘殺而挾私尋隙的現場，「右」勝則殺「左」、「左」勝則殺「右」，「苟持異議，則爲思想落伍，爲反革命」〔註215〕，武漢的現象造成一種恐慌，而寧滬方親國民黨報刊則利用負面消息造成武漢方面的壓力，上海《民國日報》更刻意營造出武漢國民政府下的恐怖空氣，「五千糾察隊，如虎如狼，終日在市上打人殺人。平均計算，死於糾察隊大刀利斧之下的，日以百計。最近又成立三千童子軍，專做殺人生活」〔註216〕湘鄂贛寧漢滬之殺共，造成的根本結果卻是「所謂黨以內，無能免矣。而凡挾私殺人者，使其附於右，則將日吾殺左派也，殺共產黨也；而附於左，則曰吾殺右派也，殺反動派殺土豪劣紳殺右派也。黨以外，無噍類也。」〔註217〕在國民黨數年工作的成果中，網羅了大批青年入黨，黨內青年非國即共、非「左」即「右」，曾共同推進了南方「國民革命」向北傳輸的新氣象，但在國共鬥爭、寧漢分裂的格局之下，懷抱理想與抱負的青年卻變成雙方爭奪黨權下的受難者。

〈反革命罪條例〉宛如一把「快刀斬亂麻」的「刀刃」，在刃之端，「土豪劣紳」、「工賊」、「國家主義派」、「敵探」與「反革命」的認定準則，其實並非此刑律的重點所在，所謂「反革命」指控，實際上是政治運籌下的副產品，依黨的紀律說來，是「叛黨」；依「革命」的觀點來說，是「反革命」。亦即違反國民黨意志的一切行爲、活動與思想，皆屬於此範疇。分析當時以〈反革命罪條例〉所判決的案件，首先，實則在當時所謂「司法革命」與「黨化」色彩之下，司法體制雖有更替，對罪犯的拘捕與判決無異於北洋軍閥控制範圍內對政治異己者的懲辦流程，並在國共黨爭中，合理化了對異議份子的清理動作。其次，1927年對於「反革命」對象的認定，隨政局變遷與中共方針的轉變，而有所轉向，政治影響下，司法體制的權威性未能彰顯，黨政與中央要人的決策，主導一切的司法走向。又，在「國民革命」時期審判流程往往跳脫了法理，雖然司法對於審判有所規定，然而，實際執行並非依循法治。

〔註215〕〈社評：黨禍〉，《大公報》，天津，1927年4月29日，第1版。
〔註216〕悲天，〈武漢農民的慘狀〉，《星期評論》（上海《民國日報》副刊），第4期，上海，1927年6月6日，頁9。
〔註217〕〈社評：黨禍〉，《大公報》，天津，1927年4月29日，第1版。「噍」，嚼。「噍類」就是生存的人口。陸師成主編，《辭彙》（臺北：文化圖書公司，1994年），頁138。

在執法設計中，對「反革命」的審判與裁決，當以中央指示為原則，然而，實際上地方卻往往抗命，逕行逮捕、審判與槍決人犯，淪為黨內跨黨人士在地方試行土地革命與農民暴動的工具，武漢的國民黨手中握有一把「革命」之劍，然而，這把清理異議份子的「反革命」實為一把雙面刃，不僅對外指向「帝國主義」、「軍閥」與「國家主義派」，又造成國民黨內的紛亂與恐怖。整體來看，司法設置並非審判的依歸，「革命」與「反革命」識別，實則仰賴政治判斷。

圖八　落井下石

圖片說明：1927 年春、夏季以後，外界對於武漢國民政府觀感多以為共產勢力
　　　　　主導當局走向，而在這張題為「落井下石」的宣傳漫畫中，兩湖人
　　　　　民正遭受政府以共產力量壓迫。

資料來源：《民國日報》，上海，1927 年 7 月 2 日，第 2 張第 4 版。

圖九　西北軍今日之責任

圖片說明：1927 年 7 月的武漢政權，在民心、軍心盡失的狀況之下，又失去拉
　　　　　攏地方實力派的籌碼，在此宣傳中，馮玉祥「西北軍」被擬人化，正
　　　　　要將「肅清」之鎚捶向「武漢偽政府」，而在實際政治運籌帷幄上，
　　　　　武漢方面也爭取不到奧援，馮玉祥、閻錫山等已定意支持南京國民政
　　　　　府。

資料來源：《民國日報》，上海，1927 年 7 月 22 日，第 2 張第 1 版。

圖十　懺悔矣！不可再貫第二次之同樣過失

圖片說明:在上海《民國日報》展示下,將武漢清黨視爲武漢方面的「懺悔」。

資料來源:《民國日報》,上海,1927 年 8 月 28 日,第 2 張第 1 版。

第三章　重鑄刑典：〈暫行反革命治罪法〉的頒布與修訂

　　北伐時「國民革命」軍掀起政治高潮，使民氣漸習於「革命」的澎湃洶湧；但口號與宣傳會過季，在北伐完成後，如何使統一後的中國具備完整國家體制，才是主政者要面對的真實考驗，而社會大眾也未必能立刻適應戰後新格局。1927 年 2 月 9 日武漢國民政府公布之〈反革命罪條例〉終隨著寧漢合流而廢止，然而，南京國民政府仍面對異議份子與「軍閥」暨外來勢力對政權之危殆；國民黨以軍政統一全國以後，開始著手建立訓政體制，法治與政制勢必有所革新，然而，在尚未有一套完整的刑法以前，對既有制度只能先沿襲留存，酌量修訂，於 1928 年 3 月 9 日公布的〈暫行反革命治罪法〉，便是此過渡階段中頒布的刑事法規。

　　法律是維持社會秩序保障，在「訓政」初期國民政府的建制之中，過去軍政時期所適用的革命意涵需有所調適，在此情境之下，「反革命」範疇勢必須與武漢國民政府的界定有所差異，不能因陋就簡再用戰時規範立法。在黨治構想下，國家大典之刑法在此時仍徒具初步雛形，而刑事案件實際上沿用了各種北伐時的法規與條例，南京國民政府成立以來對於黨外勢力以「反革命」相關罰則懲治，便是以另訂條例的方式執行審判。

　　1928 年底，結束北伐以後內外局勢紛擾未曾稍歇，南京國民政府僅能在形式上完成中國統一；地方實力派軍人與南京中央互信基礎薄弱，使得中央與地方對立的失序繼續延續，中央命令無法確切下達於地方；〔註1〕共產黨仍

〔註 1〕陳進金，〈南北統一的乍現〉，《機變巧詐：兩湖事變前後軍系互動》（新莊：輔仁大學出版社，2009 年），頁 17～73。

－109－

試圖發動階級鬥爭、尚有青年黨挾其「國家主義」對「三民主義」與黨化政策的責難，以上種種皆對國民政府的黨政造成威脅。在北伐完成以後，共產黨成為政府所亟欲剷除的最大勁敵，造成1927下半年以來「反革命」政治犯以共產黨員為眾，此法儼然成為專門剷除共產黨的法規依據。〔註2〕

第一節　武漢時期法規的延續與修訂

「刑法所以防民，亦將以宜民。宜民者何，適於時用之謂也。」〔註3〕法律是維持社會秩序的保障，1927年4月18日國民政府定都南京後，開始著手制訂新「刑法典」的工作，〈中華民國刑法〉於1928年3月公布、9月施行。〔註4〕1928年的刑法是此前十多年民國刑事立法實踐演變過程的持續，但它也只是一個階段性成果，其實施不久，國民政府就開始了又一次刑法修訂工作。究其原因，主要是由於：刑法條文繁複，施行以後應各地請求，最高司法機關做出了許多司法解釋；由於時勢變化，刑事政策也隨之變更，在刑法之外不斷頒布各種刑事特別法，這雖然能彌補「刑法典」之不足，但也造成刑事立法和司法制度的混亂；隨著〈中華民國刑法〉於1931年的全面實施，刑法

〔註2〕在以往針對1920年代國共關係之學術研究中，「反革命」往往是與共產黨在地方進行農民運動的歷史連結，因此有部分研究者認為「反革命」不過是一種專屬於共產黨的鬥爭語言。王超然曾指出：「對國民政府而言，革命是主流，但『反革命』並不是鎖定敵人與打擊異己的論述與罪證，它是屬於中共的慣性論述。對國民黨而言，『共產黨』一般是與『亂匪』連在一起的，國民政府鎮壓共產黨，並非以『反革命』為由，而是以『剿匪』為號召，共產黨是『叛亂匪類』，並非『反革命分子』」然而「反革命」在1927年北伐中至1931年間，確實是官方對於共產黨或共產主義者的指稱，直至1931年蔣中正才將共產黨統一稱為「赤匪」，「共匪」之稱則稍晚於此，無論如何，1931年開始才是「匪」之稱與「共產黨」開始連結之時，在此之前國民政府鎮壓共產黨，確實經歷過一段以「反革命」為由打擊的階段。王超然，〈書評：王奇生，《革命與反革命：社會文化視野下的民國政治》〉，《中央研究院近代史研究所集刊》，第73期（2011年9月，臺北），頁188。又見蔣中正，〈國民政府剿滅赤匪報告〉（1931年5月12日，南京），朱匯森主編，《中華民國史事紀要（民國二十年一至六月）》（新店：國史館，1986年），頁712～719。

〔註3〕王寵惠，〈刑法草案序言〉（1927年12月7日），《中華民國刑法》（北京：中國方正出版社，2006年），頁3。

〔註4〕李秀清，〈點校導引：近代中國刑法法典化及1928年《中華民國刑法》〉，收錄於王寵惠，《中華民國刑法》，頁16。

中若干內容更暴露出了缺陷。〔註5〕在此之前法規由「中央執行委員會政治會議」決議，直到1927年「中央法制委員會」出現之後，刑事法規制訂才有了專門的權責部門。

〈暫行反革命治罪法〉與其稍早前產生的〈反革命罪條例〉是中華民國刑法出現前的特別法，皆屬於刑事法規範疇；「暫行法」、「條例」本身，其實性質相同。國民政府立法程序經過數次更易，最初幾年大概由國民政府稱爲「法律」或「條例」而公布者，即爲法律，這種法律都需經過政治會議（由政治委員會組成）的通過或審核，但亦不無例外。1927年4月27日，南京政治會議議決設立中央法制委員會後，法律案本應經過法制委員會的審議，但實務面，國民政府所公布的法律及條例亦仍有未經此手續者就問世。直到1928年3月1日立法程序公布後，立法程序才較爲確定，按照此法，法律由政治會議議決、國民政府公布；在議決前，除政治會議認爲有緊急情形者外，須經法制局審查；各部會及各省市政府的條例，須經國民政府複核，在這核准的過程中，依例國民政府還要把草案交法制局審查。1928年12月立法院成立後，法制局取消，立法職權歸立法院負擔。1932年6月23日中央執行委員會常務會議通過立法程序綱領，於是立法程序有更細密的規定。〔註6〕

一般而言，現代國家的「法律」與「命令」在形式上不同：「法」近似前者，「條例」則貼近後者。凡經過立法程序而制定者爲「法律」，未經立法程序而生者爲「命令」，但在國民政府初期的設置中，兩者分別並不顯著。按照1929年5月14日法規制定標準：「凡法律案由立法院三讀會之程序通過，經國民政府公布者定名爲法」，而下列事項則爲法律案，應經過立法院三讀會程序通過，不得以條例、章程、規則等來規定：一、關於現行法律的變更或廢止者；二、現行法律有明文規定，應以法律規定者；三、其他事項涉及國家各機關的組織，或人民的權利義務關係，經立法院認爲有以法律規定的必要者。〔註7〕按理則凡經過政治委員會的決議及立法院三讀會通過程序者，皆爲「法律」，其餘則是「命令」，「條例」亦僅是「命令」而已，但實務上這種規則並沒有獲得嚴格遵守。〔註8〕

〔註5〕李秀清，〈點校導引：近代中國刑法法典化及1928年《中華民國刑法》〉，收錄於王寵惠，《中華民國刑法》，頁22。
〔註6〕王世杰、錢端升，《比較憲法》（北京：中國政法大學出版社，1997年），頁452。
〔註7〕王世杰、錢端升，《比較憲法》，頁452。
〔註8〕王世杰、錢端升，《比較憲法》，頁453。

國民政府體制之下，法案提議權屬於一、政治委員會，二、國民政府，三、立法院以外的四院，四、立法委員（需五人以上連署）；此外，直屬國民政府的各機關，隸屬四院的各部會，及行政院的各省市政府亦得提案，但須得國民政府或四院的核准，且需以核准機關的名義提出，政治委員會於討論交議之案有種種便利。〔註9〕法律案的決議權則分別操之於政治委員會及立法院，依常例，政治委員會決定原則，而立法院議決條文；但政治委員會如對於議案的條文先有所決定，則立法院自無權變更；政治委員會如先令立法院審議原則，立法院亦自可討論原則問題。除此之外，廣州中央在北伐前已經確立戰時工作準則，爲了適應軍事活動需要，賦予各部隊政治部極高的法律權威，國民革命行進間，軍事對司法的影響亦甚鉅大。〔註10〕

國民政府立法機關，在黨治之下屬於「中央執行委員會」所附設的「政治會議」，〔註11〕立法權在廣東與武漢時均由「中央執行委員會」所任命之政務委員行使，建議法律之權，亦操之於政治會議及其委員。「政治會議」在軍政與訓政兩時期中，可視爲黨治下最高立法機關，但「中央政治會議」僅爲議決法律之權力機關，而法律條文之起草，不得不另由專門機關負責，故最初設有「法制委員會」；1927 年定都南京後，設有「中央法制委員會」，於 5 月 1 日任命胡漢民等九人爲該會委員。〔註12〕會內胡漢民與王寵惠對於「反革命罪」的態度，主導了此時相關刑事法規研議與修正。

南京時期，司法組織首先由「中央法制委員會」統御，繼而在 1928 年至又有「司法部」爲專門機構，但是司法權實際歸黨權而治，在國民政府的黨國體制之下，「中央執行委員會」之「政治委員會」不僅是黨中樞，亦是政府核心，實乃集立法、司法、行政於一的最高組織。當時關於諸多反革命案件的審理，最終交付「政治委員會」裁定，再交由司法機關公布終審結果；相關法制亦由「政治委員會」開會議定後，才交付立法機關公布。

〔註 9〕 王世杰、錢端升，《比較憲法》，頁 453。

〔註 10〕 陳佑慎，《持駁殼槍的傳教者：鄧演達與國民革命軍政工制度》（臺北：時英出版社，2009 年），頁 134。

〔註 11〕 劉維開，〈訓政前期的黨政關係（1928～1937）——以中央政治會議爲中心的探討〉，《國立政治大學歷史學報》，第 24 期（2005 年 11 月，臺北），頁 104。

〔註 12〕 楊幼炯，《近代中國立法史》（臺北：臺灣商務印書館，1966 年），頁 344～345。除胡漢民以外，其他八名委員乃：丁惟汾（1874～1954）、伍朝樞（1887～1934）、戴傳賢（1891～1949）、鈕永建（1870～1965）、陳肇桑、吳倚滄（1886～1927）、羅家倫（1897～1969）、戴修駿（1894～？）。

　　在 1932 年以前，立法程序仍缺乏一套完整流程；而司法機關方由北洋政府轉變為國民政府體制，正處青黃不接的尷尬階段；加以在「黨治」政策領導下，導致中央委員會政治會議成為武漢國民政府一切政令從出所在。正因北伐時期武漢國民政府有以上的組織，使其中委員們所抱持之立場直接牽動刑律制定過程、主導對「反革命」認定標準、並在實際上能有絕對影響力，可左右任一「反革命」案件之審判結果。

　　以軍政統一全國以後，國民黨開始著手打造「訓政」體制，力求法治與政制革新，然而建設無法躐進。王寵惠任司法部長期間，「訓政」體制之下繼續落實以黨治國，推展全國司法黨化改革，〔註 13〕即便新政宣傳如何風風雨雨，新制說穿了實底：還是在北洋和武漢時期舊法根基上來微調。於 1928 年 3 月 9 日所公布的〈暫行反革命治罪法〉實際與前任司法部長徐謙早先於 1927 年 2 月 9 日頒布的〈反革命罪條例〉在法律條文上並無太大差別，〔註 14〕但是「反革命」的定義，已有微妙轉型——由危害「國民政府」、「國民革命」轉向顛覆「中國國民黨」及「國民政府」；而實際審理與判決案中，「反革命罪」認定標準有了與前期頗大的差異。〔註 15〕

　　1927 年 7 月前後，在武漢方面以〈反革命罪條例〉繼續懲辦政治犯之際，南京國民政府方面也開始著手「反革命罪」懲治條款，最初以〈反革命治罪條例〉命名的法規，成為日後 1928 年至 1931 年〈暫行反革命治罪法〉的藍本。〔註 16〕是年 8 月 1 日，「中央法制委員會」委員致「中央執行委員會政治

〔註 13〕　南京國民政府於 1928 年 11 月 16 日成立司法部後，繼續了武漢國民政府時期也致力的司法改革政策，要求「司法官黨化」，比 1927 年徐謙廢除「法官不黨」政策的舉措更勝一籌：雖不能強求法官皆為國民黨員，但中央通令全國法院須依律研究「黨義」，盡受黨的陶鑄，以收黨化連效。司法改革其實是晚清以來民眾與社會集體的期待，然而各方主張各異，根據 1930 年 2 月 8 日國民政府司法行政部秘書向哲濬在中央廣播電台報告司法改良問題的報告中表示：「現在以黨治國，國民黨黨綱黨義，與法律有同等效力」即是訓政時期國民黨主持國民政府對司法改革的構想，即落實「司法黨化」。〈司法改良　向哲濬在廣播電台報告〉，《大公報》，天津，1930 年 2 月 9 日，第 4 張第 14 版。

〔註 14〕　國民政府司法部長原為徐謙，在定都南京後即予免職，而由王寵惠在 1927 年 7 月 14 日就職。中華民國史事紀要編輯委員會，《中華民國史事紀要（民國十六年七至十二月份）》，頁 95。〈為規定軍政各機關人員無論是否黨員如營私舞弊均照「黨員背誓條例」判罪令各機關〉，《國民政府公報》，南京，1927 年 7 月 21 日，寧字第 9 號，頁 46～47。

〔註 15〕　詳見本論文「附錄一～三」。

〔註 16〕　詳見本論文「附錄二」。

會議」呈稱：「國民革命尚未成功，而一切反動分子陰謀破壞，從事搗亂者所在皆是，苟無治之法，不特不足以除暴安良而完成革命，即若輩一經逮捕，而懲治亦無所依據」〔註17〕因此擬〈反革命治罪條例〉草案，經「中央執行委員會政治會議」第一二〇次會議議決，交「中央法制委員會」委員伍朝樞、鄧澤如、司法部長王寵惠（1881～1958）審查後再行核議；〔註18〕中央法制委員會所擬的〈反革命治罪條例草案〉經中央政治會議第一三〇次會議修正後改爲〈暫行反革命治罪法〉，〔註19〕1928年2月29日司法部所擬之內容，經「中央執行委員會政治會議」通過後，〔註20〕於3月9日公布施行，〔註21〕至1931年廢止，改以〈危害民國緊急治罪法〉（1931年2月3日）處置。不過，在〈危害民國緊急治罪法〉頒布之後，援用〈暫行反革命治罪法〉的狀況仍然存在，〔註22〕論治「反革命」的標準仍存在於新出規範「危害民國」之形式條款內，「反革命罪」之司法概念並未就此消失。

　　〈暫行反革命治罪法〉爲〈刑法〉內亂罪一章之特別法，〔註23〕但其頒

〔註17〕 「法制委員會呈擬反革命治罪條例草案」（1927年7月31日），《政治檔案》，黨史館藏，館藏號：政11/57.10。

〔註18〕 「法制委員會呈擬反革命治罪條例草案」（1927年7月31日），《政治檔案》，黨史館藏，館藏號：政11/57.10。

〔註19〕 「〔上海一日國聞社電〕內農工三部，組織法政會。昨交審查，並通過反革命治罪法」〈寧三部組織法政會　通過反革命治罪法〉，《晨報》，北京，1928年3月2日，第3版。

〔註20〕 李雲漢主編，《中國國民黨一百周年大事年表》，第1冊，頁239。

〔註21〕 〈暫行反革命治罪法〉3月9日公布，但在3月7日就已有報刊將條文刊出。

〔註22〕 「在〈反革命治罪法〉施行時，犯該法第一條至第七條之罪，並有殺人放火之情形，如在〈危害民國緊急治罪法〉施行時審判，受理該案之高等法院復因比較刑之輕重而應適用〈反革命治罪法〉時，關於殺人放火諸罪，高等法院雖應併合論科，但係因〈反革命治罪法〉第八條之規定而併合者，與一般併合論科之情形不同，此種案件高等法院得併予審判。」「最高法院26年度決議（三）」（1937年2月2日），司法院，《最高法院民刑事庭會議決議彙編》，下冊，頁161、641。《最高法院民刑事庭會議決議暨全文彙編》，下冊（90年9月版），頁808。《最高法院民刑事庭會議決議暨全文彙編》，下冊（92年9月版），頁83。收錄於「司法院法學資料檢索系統」：http://jirs.judicial.gov.tw/Index.htm（2013/9/23點閱）。

〔註23〕 「19年非字第74號」（1930年1月1日）最高法院判例要旨下冊（民國16～77年刑事部分）第159頁《最高法院判例要旨》，下冊（民國16～92年刑事部分），頁153。《最高法院判例要旨》（民國16～94年刑事部分），頁129，收錄於「司法院法學資料檢索系統」：http://jirs.judicial.gov.tw/Index.htm（2013/10/19點閱）。

布在刑法以前。在〈中華民國刑法〉頒布之初與其頒布以前的司法狀態，實在缺乏一套標準，政治機關又多不能與司法官署協力合作；〔註 24〕法典本身刑律不備者咎猶有之，〔註 25〕刑事律令實行已久，竟然卻久無一個規範整體的刑法典，就連王寵惠正在著手的法典編修，也遭受外界疑慮。〔註 26〕顯見除立法方面正在研擬方針外，南京國民政府的司法層級也還待確立標準，體制並不完善。

辛亥以後，國家長年動亂致使司法、立法單位時常變動、加以法制重出，無論是將過去律法全盤推翻，抑或完全依循，都無法在短時間之內健全制度；法治應該洞察社會潮流，然而，各式流變於短時間奔湧而來，使得國民政府疲於應對。司法與立法俱頻繁更迭，亦反映於「反革命罪」及其系列法規的制定與實行層面裡；各機關之間，黨中央、黨部、黨員、知識分子，在整個國家架構下，對「反革命罪」又有不同觀點，彼此時常針鋒相對，甚至造成地方黨部激烈衝突、個人間興訟於市、或報刊上交鋒論戰。黨治下的國民黨內部雖然亦有個別主張對「反革命」懲治應鬆綁而非嚴懲者，但在 1928 至 1931 年間國民黨方面主要立場仍認為要對危害其黨權之政治活動與思想理論採取鐵腕政策而非妥協，值得注意的是，法制委員胡漢民、王寵惠等，並非沒有尋思一套改良相關刑事法規與訴訟法的企圖，會中有委員很可能在此時亦企圖在某種程度上的回應民間輿論，而將部分意見納入法規修訂議案中研擬。

〔註 24〕　〈社評：改良司法與增加經費〉，《大公報》，天津，1930 年 2 月 8 日，第 1 張第 2 版。

〔註 25〕　〈社評：修訂刑律與編纂法典問題〉，《大公報》，天津，1928 年 2 月 15 日，第 1 版。

〔註 26〕　《大公報》曾對此議題進行探討，認為王之法典是以個人意志為本，「一個學者之私言，決不能遽為國民共同生活之典範」；評判王氏草案是由一人提出，則未必能有全面性考量，「王氏草案之根本思想，實徘徊出入於新舊之間，大有研究商榷之餘地；數年以來，南方政府對於審級制度，實有變更，尤以徐謙在漢口任司法部長時，所謂黨化司法之種種辦法為甚，其餘訴訟當事人之不便，已大足墮毀國民政府之信用」〈社評：修訂刑律與編纂法典問題〉，《大公報》，天津，1928 年 2 月 15 日，第 1 版。

圖十一　京是總理指定的首都

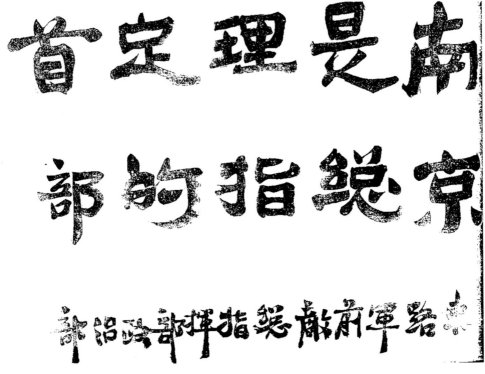

圖片說明：1927 年 4 月 12 日國民革命軍東路軍前敵總指揮白崇禧奉令解除共黨
　　　　　份子組織之上海總工會工人糾察隊武裝，即今日所謂 1927 年上海「清
　　　　　黨」之舉，翌日於《上海民國日報》，其政治部所刊宣傳透過強調總理
　　　　　指示，企圖彰顯國民政府定都南京之正統性。

資料來源：《上海民國日報》，上海，1927 年 4 月 13 日，第 1 張第 2 版。

　　最終考量到前法的不適用性，國民政府於 1931 年結束了〈暫行反革命治
罪法〉，其審訊原則與犯行認定標準則仍為後續出現的〈危害民國緊急治罪法〉
所沿用；後者雖在司法原則方面接替了「反革命罪」嫌者的審理，「危害民國」
認定中，仍以黨本思想為據理，不允許任何組織、集會、宣傳、行動上的「反
三民主義」，然而 1931 年 3 月推陳的新法基本精神已經改變，所捍衛者不再
是「國民革命」，而是「國家」。〔註 27〕在研議法規的過程中，這則延續〈反

〔註 27〕　吳淑鳳，〈訓政時期國民政府對異議份子的態度——以處置鄧演達及「七君子」
　　　　　為例的討論〉，吳淑鳳、薛月順、張世瑛編，《近代國家的型塑——中華民國
　　　　　建國一百年國際學術討論會論文集》，上冊（臺北：國史館，2013 年），頁 525
　　　　　～527。

　　革命罪條例〉的法律有許多不同名稱，前後有〈暫行反革命治罪條例〉、〈反革命治罪條例〉、〈反革命治罪法〉等稱呼，在實行期間，報紙新聞消息與法院解釋等正式公文中或作別稱，然而其正式名稱是〈暫行反革命治罪法〉，自其制定後於 1928 年 3 月 9 日公布至 1931 年初廢止間，法律名稱並未更動。

　　〈暫行反革命治罪法〉為特別刑法，〔註28〕它既不隸屬於舊〈刑律〉，而又在〈中華民國刑法〉以前，是屬於有特別規定的刑事法規。〈暫行反革命治罪法〉於 1928 年 3 月 9 日公布，同日廢止 1927 年 2 月 9 日所公布的〈反革命罪條例〉舊制，在過渡階段，根據 1927 年 8 月 11 日國民政府令：「凡從前一切法令不相抵觸者，均可暫行援用，並無指定何種範圍」〔註29〕使〈反革命罪條例〉按理適用於 1927 年 2 月 9 日至同年 8 月 11 日；而根據《最高法院公報》：「反革命案例由從前聯席會議頒佈後，既未明令廢止，按之黨綱主義及現行法令亦無抵觸，在新法未頒佈以前，自無不可暫資援用」，換而言之，在 1928 年 3 月 9 日〈暫行反革命治罪法〉公布前的「反革命案」是依據〈反革命罪條例〉審理。〔註30〕

　　就條文內容看，武漢國民政府在 1927 年 2 月頒佈的〈反革命罪條例〉與 1928 年 3 月南京國民政府頒佈之〈暫行反革命治罪法〉，兩者內容大同小異，但是在實際執法中，犯行認定標準卻隨著國民黨界定主要敵人的態度轉變而改變其定義，1927 年武漢分共是當中的轉捩點，因著政治態勢轉變，而使緝捕「反革命」嫌疑犯的標準有所轉變，不能單以條文雷同就認為兩者只是單一條文延續。透過當時的案件以及報導中對「反革命」的理解，就不難察覺南京國民政府與武漢國民政府在處置這類政治嫌疑犯最大的不同，就在於對共產黨的態度，及在嫌疑犯中共產黨員的比例。

　　1927 年 4 月 18 日，國民政府奠都南京，中央黨部向胡漢民授國民政府之印。典禮以後，胡漢民喊出：「一致擁護蔣總司令，以鞏固革命陣營，打倒反

革命勢力。」〔註31〕以上宣言蘊含一種政治轉向，原本在黨內合作的共產黨，成爲繼一切「軍閥」與「帝國主義」者後，國民政府的大敵。〔註32〕

　　國民黨和共產黨，本來是性質不同的兩黨；兩黨主義懸殊，實務層面使雙方絕對沒有互相結合的可能性。國民黨雖然在容共過程中被分化成「左」、「右」兩派，但國民黨「左」「右」派只是在同樣主義、同樣黨綱的政黨裡面，行動上有激進與緩進的不同，兩者最終目的是相同的；共產黨卻是截然不同，在主義不同的狀態之下，雙方或有共識，但卻是在政策上的共識、方法上的契合，其核心思想、奉行主義，打從一開始就沒共識；雖然孫中山曾謂：「民生主義，就是共產主義」，但這套說法具有時代性，是爲了尋求俄援的政治話語，若因此認爲國共並沒有什麼不同，其實這是一種錯誤的觀察。〔註33〕1923年開始的聯俄容共政策在1927年武漢分共時正式破局，短短不到五年試驗，證實了雙方勢如水火難容，孫中山以爲能吸收共產黨的樂觀想望沒有實現，這是國共兩黨兩種主義下政黨無法相容的必然結果，兩個政黨固然曾同服膺於一個黨、一種主義、一位領袖而彼此合作，但這終究只是政治策略性暫時盟約，而非恆誓。武漢與南京兩方在合作清除共產黨勢力的共識中，讓寧漢分裂格局走向終點，武漢分共之舉使原在國民黨內以跨黨身分活躍的共產黨

〔註31〕 轉引自李敖，〈革命・革命・反革命〉，載李敖等，《革命・革命・反革命》，頁166。李敖認爲國共兩黨在1927年翻了臉之後，國民黨奠都南京「這是一個有趣的轉變，革命以外又來了反革命。而這一反革命所指，顯然又不止北洋軍閥了，而是國民黨的親密戰友了」在「反革命罪」於北伐前後的針對性上，王奇生論著與之持同樣觀點，王著根據審判北洋戰犯陳嘉謨與劉玉春的案件，認爲「反革命罪」的直接針對性是軍閥戰犯，但此說與1927年至1931年間的審判實際案例不合，其一、在1927年8月以前的武漢國民政府治下，多數「反革命犯」不具有共產黨資格，而是屬於西山會議派或國家主義派者，大批黃埔軍校系統出身的青年與學生在此中被捕，與「北洋軍閥」被指爲反革命之論點不合；其二、「反革命」罪犯的屬性，並非審判軍事戰犯，而是政治犯，自1927至1931年被控以〈反革命罪條例〉或〈暫行反革命治罪法〉的嫌疑人中，軍閥並非大宗，更多案例的涉案人是一般民眾或學生，而非「北洋軍閥」，事實上，無論是以口號打擊或被法律起訴控以「反革命」的軍閥，在北伐完成後，其刑責甚少被追究，「反革命罪」在各地的施行與影響大過於在軍事上對戰敗軍將領的審理本身。

〔註32〕 「解字第64號」（1928年4月17日），司法院，《司法院解釋彙編》，第5冊，頁 3498。收錄於「司法院法學資料檢索系統」：http://jirs.judicial.gov.tw/Index.htm（2013/9/23點閱）。

〔註33〕 熊保豐，〈通信：共國之爭〉（1927年5月10日，綏遠），《現代評論》，第5卷第128期（1927年5月21日，北京），頁20。

員無法再以合法政治身分表明黨派立場，政治上大受打擊，然而共產黨迅速在調整後捲土重來，轉入地下運動，1927 年下半年在兩湖與兩廣發生無數起暴動，證實打壓「反革命勢力」的政治收效畢竟有限。

　　「反革命」入罪化後審理諸多變化，反映出政治局勢有了巧妙轉變，在武漢國民政府制定〈反革命罪條例〉前至期初定時，時任武漢國民政府司法部長的徐謙曾扮演重要角色；但在寧漢分裂以後，汪兆銘態度才真正主導了界定「反革命」的準則，時光本身充滿奧妙的色彩，實不知屬必然或偶然，使這位在 1910 年 4 月曾因謀炸清廷攝政王被捕而以「引刀成一快，不負少年頭」為審訊口占著名的前輩政治犯，〔註 34〕在將近二十年後，竟成為新一輩政治犯的審訊者；而所屬的同盟會系統發展成為的政黨，則成為認定政治犯的主導權威。如果當年黨人起身對抗舊王朝的奮鬥是為推翻腐敗政府，不惜「引刀成一快」這般赴死，態度決然；北伐中以及訓政前期中國國民黨對於異己者，固然也有枕戈待旦的警醒，這次黨員卻是政府捍衛者：為維護訓政時期政府之穩定，黨人的立場大半都是要求立刻剷除、滅盡實行黨治的一切禍害——尤其是在寧漢合流後，針對處置共產黨之疑難，黨員幾乎都抱持著應對共產黨員嚴格處置的態度，同樣對政治的態度，或許也可稱作「引刀成一快」——只是，在十七、十八年前的辛亥前，乃成就己志之快，如今再起革命，同樣「引刀」，卻成了求其速滅敵黨他派之「快」。這一次，運動發起者再也不是零星組織或個人的暗殺行動，而進入了黨國一體、法律即國家公權力的展現，汪本人再也不是非法暗殺團體成員了，是得以在民國政壇上縱橫捭闔的政治家。

　　汪本人初時並不希望以武力面對共產黨，傾向「和平分共」，但至 8 月 1 日發生「南昌暴動」，致使武漢方面尋思更果斷的處理；於 5 日中國國民黨中央執行委員會第二屆常務委員會第二十三次擴大會議中，已直指「共產黨徒」在南昌舉兵叛亂中央，「為肅清內部起見，對於中央黨部職員中之 C.P.分子，應迅予處置」，並決定將相關調查業務交秘書處辦理，〔註 35〕「共產主義」者

〔註 34〕　許育銘，《汪兆銘與國民政府：1931 至 1936 年對日問題下的政治變動》（新店：國史館，1999 年），頁 2。

〔註 35〕　「中國國民黨中央執行委員會第二屆常務委員會第二十三次擴大會議議錄」（1927 年 8 月 5 日），〈二屆武漢中央國府聯席會議及中常會紀錄〉，《會議記錄》，館藏號：會 2.4/5。（原陳果夫藏，「武漢中央國府擴大聯席會議中央常務擴大會議紀錄」本）

儼然已不再是國民黨的忠誠同志與革命道路上並肩的伙伴、不再是同黨成員，而是「三民主義」的化外之民——信仰敵對政治主義的異黨之人；在 8 月 8 日武漢的中央政治會議第四十四次會議上，汪兆銘本人親自提出清黨，終於議決「清黨辦法」三條，辦法中第二條第四款「如有 C.P.份子，潛伏各級黨部各行政機關，既不退出又不聲明脫離共黨者，以反革命論」；〔註36〕又同時決定「清查共產黨員辦法」四項，其第二項「著名之 C.P.份子，應由地方軍警嚴重監視，如有反革命行為，應即拿辦」、第四項「如有 C.P.份子，潛伏各級黨部、各行政機關，既不退出，又不聲明脫離共產黨者以反革命論」〔註37〕在此扭轉了原先對於「反革命」的定義。

　　共產黨勢力重整旗鼓，〔註38〕著名的〈關於左派國民黨及蘇維埃口號問題決議案〉在 1927 年 9 月 19 日中共「中央政治局」開會通過以前，另立山頭的局勢尚未造成，發生於 8 月初的南昌暴動與 9 月的兩湖秋收暴動中，共產組織仍然打著國民黨的旗幟來反抗國民黨的政權；即便在上階段武漢政府下的宣傳鬥爭中，共產黨並未能順利取代國民黨地位，但代陳獨秀而起的新領導頭子瞿秋白仍認為要利用宣傳與組織爭取群眾以進行總鬥爭，〔註39〕1927 年 9 月 8 日，以毛澤東等領導為主發動了「湖南秋收暴動」，根據這次行動中的〈中共兩湖暴動計畫決議案〉，暴動前要鼓舞士兵殺戮「反革命的軍官」、暴動口號是「暴動打倒武漢政府，暴動殺盡土豪劣紳、反革命的地主及一切反動派，暴動為死難民眾復仇……」。〔註40〕共產黨另闢奪權的新戰場，正運動地方將「反革命」口號喊得驚天動地之時，這廂的國民黨也忙著處理審判「反革命罪」的認定標準，這時，在法律層面觀之，「反革命」三字幾乎已經成為等同於「共產黨」渾號了！〔註41〕

〔註36〕 李雲漢，《從容共到清黨》，頁 748～749。

〔註37〕 蔣永敬，《鮑羅廷與武漢政權》，頁 425～426。

〔註38〕 自中共中央舉行「八七會議」，以「反右傾機會主義」的姿態，開除了陳獨秀黨書記職後，瞿秋白、李維漢、向忠發三個常務委員，實行集體領導，但實際上是以瞿秋白負責全責。陳亦平，《篡竊》（臺北：中央文物供應社，1962 年），頁 147～149。

〔註39〕 瞿秋白，〈如何去爭領導〉，《中國革命中之爭論問題》（名古屋：采華書林，1976 年），頁 111。該書最初出版於 1927 年。

〔註40〕 王健民，《中國共產黨史稿》，第 1 冊，頁 553～555。

〔註41〕 1928 年 1 月 19 日的司法院解釋：「關於共產黨案件自應依反革命論罪」。「解字第 16 號」（1928 年 1 月 19 日），司法院，《司法院解釋彙編》，第 5 冊，頁 3487。收錄於「司法院法學資料檢索系統」：http://jirs.judicial.gov.tw/Index.htm （2013/9/23 點閱）。

第二節　南京國民政府對「反革命」的認知

　　1927 年中國政治重要的里程之一，便是寧、漢兩國民政府結束對立後，南京國民政府的立基。雖然乍看之下短短數月間情勢變化相當劇烈，但長遠考察，許多歷史事件都是漸變發生，脈絡並未割裂，部分武漢時期的習慣仍為南京國民黨所遵行。以宣傳來說，武漢與南京頻繁出現的「反革命」三字在政治運用上並沒有太大差異，用以攻訐敵人都是類似宣傳大綱的重點。〔註42〕以 1927 年一整年的討奉宣傳為例——1927 年宣傳討奉，年初由總政治部頒布的〈討奉宣傳大綱〉，將北洋各軍與勾結帝國主義者、聯合土豪劣紳、官僚政客等「反革命份子」都視為應當清理的對象；〔註43〕而年底海軍政治訓練處討唐宣言與上海市黨部的反奉大綱中，前者聲稱「唐生智的個人不能不打倒」，因「唐生智是一個假革命份子、完全不革命、併〔並〕且反革命；唐生智不打倒，國民革命將永無成功之日，三民主義更沒有實現的可能」，後者則宣告奉系軍閥勢力是「萬惡軍閥的總代表封建勢力的中心」、勾結「日本帝國主義者」，是「傳統的帝制和封建思想」、是「要根本肅清反時代反革命的腐化勢力的大本營，要根本撲滅帝國主義走狗的總代表」。〔註44〕由於北伐尚未完成，運用「反革命」貶抑軍閥的宣傳，歧異性不大。

　　「反革命」這組詞彙所認定的敵人，在北伐中主要指涉對象為北洋軍閥，如 1927 年 8 月 24 日楊澍松（1893～1956）寫信給汪兆銘，表示：「在此打倒北方軍閥及撲滅反革命之期，又值共產份子驅出之際，人才實是缺乏，黨員必須加倍努力」〔註45〕在楊澍松這封信中，「打倒北方軍閥」及「撲滅反革命」、「驅逐共產份子」是不同的概念；約莫一個月後，9 月 23 日湖北省農民協會

〔註42〕 這時政治部是國民黨對外主要的宣傳管道，總政治部有權制定全國性的宣傳大綱，並指揮跨省區範圍的宣傳；又能充當新聞發言機關，代總司令部回答輿論界質詢。陳佑慎，《持駁殼槍的傳教者：鄧演達與國民革命軍政工制度》，頁 142～143。

〔註43〕 國民革命軍總司令部政治部，「討奉宣傳大綱」（1927 年 1 月 30 日），《一般檔案》，黨史館藏，館藏號：一般 465/35.1。

〔註44〕 〈本埠新聞：討唐討奉文件彙誌〉，《申報》，上海，1927 年 11 月 4 日，第 13、14 版。

〔註45〕 「楊澍松函汪精衛」（1927 年 8 月 24 日），〈民國 16 年各軍事首長與汪精衛之函電〉，《汪兆銘史料》，國史館藏，典藏號：118-010100-0004-035，入藏登錄號：118000000004A。

發給汪兆銘的電文亦表達「務望以黨國爲重，繼續領導全體同志及革命民眾，掃除一切反革命強勢力，建設三民主義的國家」。〔註46〕這組詞彙已經有了更爲廣泛的解釋空間，在 1927 這年發生的南京事件中，外交部初步調查後對事件宣言，在尚未全盤釐清以前就將整起事件定調爲「反動派及反革命派之所爲」；〔註47〕而 2 月 5 日駐在漢口的國民革命軍第九軍軍長彭漢章（1890～1927）因事赴前敵總指揮部會見唐生智，因彭已多次往訪，加以彭本人當日久未歸營，因有謠傳謂其有兵變之心，第九軍參謀長程澤潤（1894～1945）爲此呈文辯護，表示彭「毫無反革命行爲」，〔註48〕蔣中正 2 月 9 日曾電請唐生智商議查辦彭案「可由政府明令懲處，不必交付人民審判」，〔註49〕並表示宣布罪狀等應再商榷，避免引起軍事糾紛，〔註50〕然而最終彭仍於 1927 年 8 月 12 日被以軍法處決。

在外交部宣言內或是程澤潤呈文中所指涉的「反革命」究竟內容如何，目前難有清楚界定，但是，再透過同樣發生在 1927 年 3 月 18 日「三一八紀念會」上的報告或許可以窺知一、二：時任政治部主任的李正韜（1899～1971）給蔣中正電文報告，文中指出「三一八紀念會」上有一自稱省農民派充贛南民協辦事處主任的講員黃兌，在演講時說「南昌省黨部委員是國家主義派及西山會議派，並云現在中央組織部長亦是國家主義派及西山會議派，且云與南昌省黨部是聯合的」，風聞演講內容的李正韜表示，其部長之職已被中央黨部取消，因爲斯人「言語荒謬，極似反革命派」，李正韜隨將黃暫扣留，請中央查有無以上事實、並請示中央是否有懲治「反革命

〔註46〕 「湖北省農民協會電汪兆銘」（1927 年 9 月 23 日），〈抗戰前汪精衛與國軍首要往返函電〉，《汪兆銘史料》，國史館藏，典藏號：118-010100-0041-018，入藏登錄號：118000000033A。

〔註47〕 「陳友仁電蔣中正」（1927 年 3 月 31 日），〈革命文獻—收回漢潯租借與關稅自主、南京事件〉，《蔣中正總統文物》，國史館藏，典藏號：002-020100-00028-036，入藏登錄號：002000000320A。

〔註48〕 「程澤潤呈蔣中正」（1927 年 2 月 6 日），〈一般資料—民國十六年（三）〉，《蔣中正總統文物》，國史館藏，典藏號：002-080200-00017-053，入藏登錄號：002000001406A。

〔註49〕 「蔣中正電唐生智」（1927 年 2 月 9 日），〈交擬稿件—民國十六年二月至民國十八年十二月〉，《蔣中正總統文物》，國史館藏，典藏號：002-070200-00001-031，入藏登錄號：002000000909A。

〔註50〕 「事略稿本」（1927 年 2 月 9 日），王正華編輯，《蔣中正總統檔案：事略稿本》，第 1 冊，頁 12。

派」之明確辦法;〔註51〕在此,李正韜所指的「反革命」,實指對國民革命與國民黨進行反宣傳者。將「反對國民黨勢力」或「反國民革命軍北伐」者一概喚作「反革命」的作法,持續全國統一以前,1928 年夏季,簡又文(1896～1978)呈中國國民黨中央執行監察委員會與國民政府電文中,表達張作霖(1875～1928)、張宗昌(1881～1932)未除,使用當時常見的政治慣用語,大呼口號「肅清反革命勢力,取消不平等條約,實行三民主義」〔註52〕簡又文電文中明確將尚未除去的「軍閥」、「國民革命軍欲打倒的目標」繼續視為「反革命份子」;1928 年 8 月,上海特別市黨務指導委員會派委員潘公展、王廷松晉謁,請求解散北方收編的「反革命軍隊」,此類「反革命軍隊」所指「反革命」,仍是北伐之際的討伐對象、亦即北洋軍閥系統內的軍士部員。〔註53〕

　　除使用「反革命」於上述國民革命軍尚未攻克之軍閥或敵派軍隊的負面形象宣傳,國民黨內部也依然繼續運用相關字彙抨擊政敵。1927 年 8 月 19 日武漢國民政府正式宣言「遷都南京」後,政局變化立即反映在標語擬定層面,曾經一度聲稱繳械上海糾察隊之舉「簡直是反革命的行動」、〔註54〕討伐「南京偽政府」、「蔣逆介石」與「反共產即反革命」之類的口號消失,取而代之的是重新包裝的「反革命」文字運用:「共產黨是反革命的」、「共產黨是殺人放火的匪類」等。〔註55〕然而,在黨爭之中成功奪回革命詮釋權的國民政府,已經不像上半年一樣熱衷於政治宣傳戰。1927 年 7 月下旬,與共產黨終於分道揚鑣的武漢,由於失去了過去大批左派與善於宣傳的跨黨份子奧援,一切政治工作陷入沉寂,幾近停擺,並未重新振作起;〔註56〕在軍事與政治都處

〔註51〕 「李正韜電蔣中正」(1927 年 3 月 19 日),〈一般資料——民國十六年(三)〉,《蔣中正總統文物》,國史館藏,典藏號:002-080200-00017-053,入藏登錄號:002000001406A。

〔註52〕 「簡又文等電第四次執監會議中央黨部等」(1928 年 5 月 19 日),〈掃除軍閥主持奉安大典 (八)〉,《蔣中正總統文物》,國史館藏,典藏號:002-090101-00008-008,入藏登錄號:002000002067A。

〔註53〕 「上海特別市黨務指導委員會呈蔣中正」(1928 年 8 月 14 日),〈一般資料—民國十七年(八)〉,《蔣中正總統文物》,國史館藏,典藏號:002-080200-00036-017,入藏登錄號:002000001425A。

〔註54〕 「武漢中央政治委員會議速記錄」(1927 年 4 月 1 日),李雲漢,《從容共到清黨》,頁 500。

〔註55〕 陳佑慎,《持駁殼槍的傳教者:鄧演達與國民革命軍政工制度》,頁 286～287。

〔註56〕 「武漢時期中央政治會第四十一次會議紀錄」(1927 年 7 月 27 日),〈中執會政委會第 6～47 次會議速記錄〉,《會議記錄》,黨史館藏,館藏號:00.2/3;陳佑慎,《持駁殼槍的傳教者:鄧演達與國民革命軍政工制度》,頁 285。

於勝方的南京，似乎可掌握機會重起爐灶，繼續推動政治工作，但是南京方面的政治工作其實已經走入低潮，1927 年左右黨禍之下，對以青年男女為主所組織的國民黨政治工作帶來毀滅性的衝擊。〔註 57〕南京清黨，使寧、滬國民黨互認法統，武漢清黨，隨後寧、漢、滬互認法統，〔註 58〕形式上黨內派系已達共識，重新合作，分共後上海和南京雖然仍充滿了宣傳「三民主義」的口號、報刊連載長文，一樣有遊行、示威、演說，但是，「革命的」大人物和先生們卻不討論這些，〔註 59〕北伐時期政治工作的熱潮，已經走入了尾聲；然而，以「反革命罪」審訊政治犯的司法經驗，才剛準備由武漢走向全國。

　　1927 年 4 月 18 日，南京國民政府在南京丁家橋前江蘇省議會舉行成立典禮，發表宣言揭示定都南京之意義與方略，當中表示「蓋惟三民主義為救中國之唯一途徑，亦惟三民主義為造成新世界之唯一工具，本政府所行政策，惟求三民主義之貫徹。凡反對三民主義者，即反革命；反對國民革命而為階級獨裁者，即反革命。」〔註 60〕自南京國民政府成立以來，「反革命」的威脅繼續存在，各地不斷產生跨黨份子過度激烈的運動與暴亂，武漢國民政府漸漸失去民心，5、6 月間，各地反共事件，如夏斗寅之班師、許克祥之馬日事變、朱培德之歡送共產黨、馮玉祥之請走鮑羅廷以及何鍵主張剷除共產黨等，〔註 61〕第三國際執行委員會對此情形有所覺察，是年 6 月 1 日緊急訓令致武漢代表鮑羅廷與魯易，其中曾指示：「成立革命法庭，嚴屬審判右派及反革命份子。革命法庭之主席以國民黨左派領袖任之，而置於中共的領導之下」〔註 62〕

〔註 57〕 陳佑慎，《持駁殼槍的傳教者：鄧演達與國民革命軍政工制度》，頁 284～294。
〔註 58〕 鄒魯，〈中央特別委員會〉，《回顧錄》，頁 205。
〔註 59〕 蔣廷黻口述，謝鍾璉譯，《蔣廷黻回憶錄》（臺北：傳記文學出版社，1979 年），頁 284～294。
〔註 60〕 〈國民政府宣言〉（1927 年 4 月 18 日），《國民政府公報》，南京，1927 年 5 月 1 日，第 8 期，頁 1～2。
〔註 61〕 何鍵，〈何鍵對官兵發表反共宣言〉（1927 年 6 月 29 日），《國聞週報》，第 4 卷第 29 期（1927 年 7 月 31 日），收入王健民，《中國共產黨史稿》，第 1 冊，頁 459。
〔註 62〕 指示內容有以下六項：「（一）改組武漢政府，增加中共的領導力量；（二）改組國民黨中央黨部，選拔中共的積極分子參加國民黨之中央；（三）武裝二萬中共黨員；（四）選出五萬工農積極分子，參加國民黨軍隊工作，澈底改造國民黨軍隊，排除其反動將領，代以中共黨員或最徹底的國民黨左派；（五）成立革命法庭，嚴屬審判右派及反革命份子。革命法庭之主席以國民黨左派領袖任之，而置於中共的領導之下；（六）施行土地革命，沒收地主豪富財產。」中華民國史事紀要編輯委員會，《中華民國史事紀要（民國十六年七至十二月份）》，頁 5。

然而此訓令並未落實，至於 7 月 1 日，中共在漢口舉行「中央擴大會議」，通過「國共關係決議案」，準備對國民黨左派勢力讓步。〔註63〕7 月 13 日，中國共產黨以發表「對時局宣言」，申明退出武漢國民政府但仍不退出國民黨，責罵汪兆銘「公開贊助反革命軍官」〔註64〕但是 15 日事態就有極大的轉變，一度與共產黨跨黨份子友好的汪兆銘決定分共，7 月 15 日武漢召開中央第二屆常務委員會第二十次擴大會議，會中商榷「分共」問題時，汪直接指出：「組織特別法庭處分反革命派，不要 C.P.同志參加，由老黨員組織。這就是說：讓國民黨來做劊仔手！」，〔註65〕在〈容共政策之最近經過〉一文中，則謂西山會議派的馮自由與南京國民政府方面的蔣中正固然仍是「藉反共產之名，行反革命之實」〔註66〕的不肖黨員，但是，汪話鋒一轉，又指出容共政策已走向了終點「以知名的國民黨員做領袖（不是共產黨員）組織革命法庭，處罰反動的軍官」這種法規是危害本黨的決議案，不能予以通過。〔註67〕1927 年 8 月中旬的漢口，已經轉變了其對「反革命」認定的方向，「自共產黨蓄謀擾亂、而軍警機關之取締、始加嚴重、無非列名黨籍、概予株連、苟能斂跡銷聲、即可安居樂務、惟對於參加政治或軍事工作者、則有特殊之限制、先之以脫離黨籍、繼之以文字反共、始能安於其位、否則以反革命論」。〔註68〕誰是「革命」？誰屬「反革命」？黨中不斷激烈變化的概念，不僅使一般百姓不明所以，即便是黨員，也很難洞悉當中差異，7 月 15 日武漢召開中央第二屆常務委員會第二十次擴大會議時，潘超雲就發言表示：「中央的意思，外間一點也不明瞭，忠實的黨員，不敢說什麼，說得不好，就要被人罵反動派，反革命，不配當國民黨的黨員！」，

〔註63〕中華民國史事紀要編輯委員會，《中華民國史事紀要（民國十六年七至十二月份）》，頁 5。

〔註64〕中華民國史事紀要編輯委員會，《中華民國史事紀要（民國十六年七至十二月份）》，頁 93。

〔註65〕「中央常務委員會第二次擴大會議速紀錄」（1927 年 7 月 15 日）蔣永敬，《北伐時期的政治史料——一九二七年的中國》，頁 436。

〔註66〕汪兆銘，〈容共政策之最近經過〉，《國聞週報》，天津，第 4 卷第 29 期，1927 年 7 月 31 日，收入蔣永敬，《北伐時期的政治史料——一九二七年的中國》，頁 431。

〔註67〕汪兆銘，〈容共政策之最近經過〉，《國聞週報》，天津，第 4 卷第 29 期，1927 年 7 月 31 日，收入蔣永敬，《北伐時期的政治史料——一九二七年的中國》，頁 433。

〔註68〕〈國內要聞二：共黨失勢後之湘鄂黨政　共黨在湘來去之因果〉，《申報》，上海，第 1927 年 8 月 15 日，第 9～10 版。

必須加強對外宣傳,言明國民黨方面的眞正立場。〔註69〕

「反革命」的稱號不僅是對於國民黨外軍系或政要貶稱的一種,單在黃埔系統往內看,「革命」與「反革命」宣傳也已經喊得聲嘶力竭。同學與同學間,因著黨政紛爭,各式各樣行爲或被貼上「反革命」稱謂。自軍校畢業後的學生入就業市場,然而職位與缺額爭議,使個人宗教信仰亦成爲「革命」與否之判准,1927年在清黨之前共產黨和左派國民黨曾掀起「非教運動」,「非教運動」雖然最後流產,卻仍有後續效應;〔註70〕1928年7月21日,黃埔同學會鍾煥脩等人電蔣中正,表示「勵志社朱懋澄引用反革命奴隸性足以亡國滅種之基督教徒充當要職,月薪二、三百元,而同學則屏薪逐諸社外」,文中進言,長此以往,將不利「同學勵志前途」,最終結果蔣中正決議交由朱懋澄全權辦理,認爲不應排擠基督教徒。〔註71〕此案例顯示「反革命」不僅已經跳脫了廣州時期對於「妨害國民革命」的認知,甚至也超乎於「三民主義」或「共產主義」、甚至「三民主義」信仰內的路線之爭,而成爲一種延展性極高的非議代名詞,甚至是一種嚴厲控訴。在南京國民政府統治之下,「反革命罪」的審理進程依舊在黨治政權下推動,然而,不同的是,這次涵蓋範圍已非1927年前只控有中國南方部分省分的廣州國民政府或1927年以長江中下游爲根據的武漢國民政府;與過去國民政府政治影響力有極爲懸殊的差距,北伐後南京政府已是涵蓋了全國的政權,隨著戰爭帶來整體國家政治氣氛改變,而國民黨繼續在南京推動黨化政治,其初衷雖然是貫徹「三民主義」領導、使全國悉歸國民黨,在黨治下逐步引導國家進步、落實憲政,〔註72〕但在一切政治動作同時,卻使黨內鬥爭中所創造出的「反革命罪」與其司法影響進入了全國人民的生活之中。

南京國民政府所拘捕的「反革命」罪犯以共產黨員爲大宗。共產黨案件依照反革命案件論罪,適用〈暫行反革命治罪法〉第二條「意圖顛覆中國國

〔註69〕 「中央常務委員會第二次擴大會議速紀錄」(1927年7月15日),蔣永敬,《北伐時期的政治史料——一九二七年的中國》,頁445。

〔註70〕 簡又文,《西北從軍記》,頁68～69。

〔註71〕 「黃埔同學會電蔣中正」(1928年7月21日),〈一般資料——民國十七年(七)〉,《蔣中正總統文物》,國史館藏,典藏號:002-080200-00035-055,入藏登錄號:002000001424A。

〔註72〕 劉維開,〈訓政時期「國民政府組織法」制訂與修正之探討〉,吳淑鳳、薛月順、張世瑛編,《近代國家的型塑——中華民國建國一百年國際學術討論會論文集》,上冊,頁491～494。

民黨籍國民政府或破壞三民主義而起暴動者」、第六條「宣傳與三民主義不相容之主義及不利於國民革命之主張」〔註73〕運用法治對於共產黨員運動的鎮壓與拘捕在北伐以前就已經展開，一般認爲最早的共產黨犯人，是1921年中國共產黨成立後不久被短暫押在法租界巡捕房的陳獨秀（1879～1942）；〔註74〕1923年2月7日二七大罷工事件後，直系軍人吳佩孚命令軍隊驅散鐵路工人的集會，其中60餘人被殺，許多共產黨成員被關押或者槍斃，此事件之後，對學生運動或工人運動的鎮壓成爲中國政治領域的常見特徵，而持有不同政見者常被槍殺或監禁；人犯的統計數字在國民黨北伐中的1927年開始爆起、南京十年統治之後仍逐步上升。〔註75〕在1927年清黨至1929年左右，約兩年之內有1270人被政府當局以「反革命罪」判刑，而當中有126人被宣布無罪。〔註76〕1928年8月上海方面曾進行「反革命」訴訟案件的清理，中央特種刑事法庭成立之後，南京國民政府才有了「反革命」案件的合法上訴機關，〔註77〕清理1927年夏季至1928年5月，將近一年間，上海一地共有80餘件「反革命」上訴案，其中宣布無罪者6人，50餘名嫌疑犯予以保釋。〔註78〕

〔註73〕　〈解釋：解釋共產黨如何科處及反革命罪條例可否援用函〉（1928年1月19日），《最高法院公報》，1928年創刊號，頁265。

〔註74〕　陳獨秀在1921年被捕，罪狀正是散播共產主義。1921年對於共產主義在中國的發展是相當重要的一年，那時《新青年》成爲更激進的共產主義刊物，是年的上半年，區聲白三次致信陳獨秀辯論、陳獨秀三次回信批駁，這六封信以〈討論無政府主義〉的總標題，刊登在《新青年》第9卷第4號上，1921年8月1日，就在《新青年》刊登這次論戰的同一天，在嘉興南湖的那只畫舫上，陳獨秀被推選爲中國共產黨中央局書記。無論是被北洋以「赤化」、國民黨治下「反革命」標籤貼上，都足以旁證得見共產主義對主政者而言是多麼巨大的威脅。嘉興畫舫上召開共黨會議之事，參張國燾，《我的回憶》（香港：明報月刊出版社，1974年），頁37～40。

〔註75〕　馮客（Frank Dikötter）著，徐有威等譯，《近代中國的犯罪、懲罰與監獄》（*Punishment and the Prison in Modern China*）（南京：江蘇人民出版社，2008年），頁267。

〔註76〕　司法行政部編，《司法統計》，1929年度（南京：司法行政部，1931年），頁180～181、292～312。轉引自馮客（Frank Dikötter）著，徐有威等譯，《近代中國的犯罪、懲罰與監獄》，頁226。

〔註77〕　反革命案屬於特種刑事案件。1928年成立的中央特種刑事法庭位於南京，中央法庭爲特種刑事案件上訴最高機關，受理反革命案件的調查審訊，在審理案件上採取5名審判員之合議制。〈上海反革命上訴案清理結束〉，《中央日報》，南京，1928年8月8日，第3張第2面。

〔註78〕　〈本埠新聞：滬反革命上訴案清理結束〉，《申報》，上海，1928年8月8日，第16版。

　　以安徽一地爲例,在 1928 年 1 月成立「特種刑事臨時法庭」,短短一個月間內便收押觸犯〈反革命條例〉〔註79〕與不由普通法院審理的共產黨犯 31 名。〔註80〕除了持續武力抗衡外,共產黨方面也以文字回應國民黨方面執「反革命」指控的這波攻勢:1929 年底,陳獨秀批評國民黨運用「反革命」詞彙對他所做的文字攻擊,「這就是現代中國人新發明的攻擊異己的武器。例如國民黨大罵我們共產黨是反革命以掩飾他自己的罪惡,蔣介石掛著革命的假招牌欺騙民眾,妄以他自己爲革命之化身,凡反對他的就是反革命就是反動分子。」〔註81〕然而同一個陳獨秀,本人卻也在中國最早喊出「反革命」口號的活躍政治領袖之列,1923 年寫作〈革命與反革命〉時他曾洋洋灑灑批判段祺瑞、康有爲與梁啓超、趙恆惕、陳炯明「反革命」,〔註82〕陳獨秀曾表示:「在一些進化階段短促變化複雜的社會裡,一個黨派的理想,一個人的行爲,同時能建革命同時也能造反革命的罪惡。」〔註83〕在〈革命與反革命〉寫作後六年重新省視 1923 年陳獨秀自己的論述,竟是頗爲諷刺的今昔對比:在聯俄容共之際,國民黨內左右黨爭的對立曾以「革命」與「反革命」作爲政治工具而互相攻擊,但隨著清黨、分共之後,國民黨將「反革命」的指責扣上了共產黨人頭上。聯俄容共時與國民黨齊心協力給敵人掛上「反革命」招牌的跨黨份子,恐怕料想不到在國共合作破局後竟得扛上自己打造的政治罪名。

　　對於當時的審判情形,目前僅能仰賴報紙資訊,如《申報》、《大公報》等,略列嫌疑犯、犯行、罪狀、審判結果等,即便難以藉由報刊資料釐清所有個別案件的發展脈絡,但若足夠細心,仍可對嫌疑犯的身份獲得一定程度的理解,大致而言:犯刑者以工人佔其中多數,其次是學生、失業青年;以青壯年爲主要構成的嫌犯群,往往是因散發不合於「三民主義」的思想、組

〔註79〕　原文作〈反革命條例〉,然此事在 1928 年 3 月〈暫行反革命治罪條例〉公佈前,故此時所援用之刑事罰則全稱應爲〈反革命罪條例〉。

〔註80〕　〈安徽最近兩共黨案,正在特種刑事法庭審訊中〉,《中央日報》,南京,1928 年 2 月 17 日,第 2 張第 2 面。

〔註81〕　陳獨秀,〈告全黨同志書〉(1929 年 12 月 10 日),收錄於「馬克思主義文庫」: http://www.marxists.org/chinese/chenduxiu/marxist.org-chinese-chen-19291210.htm (2013/5/27 點閱)。

〔註82〕　獨秀(陳獨秀),〈革命與反革命〉,《嚮導週報》,第 16 期(1923 年 1 月 18 日,上海),頁 129。

〔註83〕　獨秀(陳獨秀),〈革命與反革命〉,《嚮導週報》,第 16 期(1923 年 1 月 18 日,上海),頁 129。

織非法會議、危害黨國等事項而遭到高等法院起訴。〔註84〕1929 年中東路事件中,哈爾濱領事館搜出共黨文件,館內被捕的俄國人即以〈暫行反革命治罪法〉起訴,〔註85〕然而除此特殊涉外刑案外,其餘案件多爲針對國內共產黨而來;在 1929 年下半年,〈暫行反革命治罪法〉適用於辦理的非首要共產黨案件,〔註86〕而首要案件則以更嚴屬的軍法審辦。此時國民政府的主要目標,是逮捕共產黨員,限制赤色勢力在中國發展,然而在黨外活動的「國家主義派」、「第三黨」,也在國民政府所緝捕的「反革命」之列中,理由即在於其政黨派系運動有「反三民主義」或反對國民黨黨治的傾向。〔註87〕

「反革命罪」被塑造成不道德政治屬性,共產黨本身也仍持續運用相關字彙攻擊國民黨,而國民黨最新的行動中,不僅是把被清出黨外的共產黨被視爲「反革命份子」,國民黨又送了一批黨內人士與過去「國民革命」時期的同志作伙。在 1929 年〈克復武漢宣傳大綱〉中,黨中央與桂系有所齟齬,導致宣傳大綱中直指「一、武漢曾被反革命派佔爲背叛黨國的根據地。(一)反革命軍人割據武漢。(二)反革命政客叢集武漢。……三、武漢民眾是國民革命過程中受創最深的民眾……四、這次克復武漢,不但要使武漢永不再被反革命派割據,並且要使全中國,不再發現各具的局面……六、黨務方面,提高黨的威權,消滅包庇土列及勾結貪污的反革命行爲……」,〔註88〕這次的對象不是共產黨,而是在北伐過程中被視爲黨國精銳的軍人。

1927 年魯迅曾就寫過一篇雜文,文中這樣寫道:「倘在廣州而又是清黨之前,則可以暗暗地宣傳他是無政府主義者。那麼,共產青年自然會說他反革

〔註84〕 此乃以 1927～1931 年間《申報》、《大公報》載反革命刑事案例略爲分析,所得到的結果,詳見本論文「附錄五」。

〔註85〕 〈要聞:哈埠俄領館案之起訴文〉,《申報》,上海,1929 年 9 月 25 日,第 8 版;〈要聞:哈埠—俄領館案檢察官上訴　議原判罪刑過輕〉,《申報》,上海,1929 年 11 月 15 日,第 9 版。

〔註86〕 〈暫行反革命治罪法〉適用於非首要共產黨案件,首要案件則以軍法處理。「陳濟棠呈修正廣東懲辦盜匪暫行條例及補充條例」(1930 年 12 月 8 日),〈懲治盜匪條例(七)〉,《國民政府檔案》,國史館藏,典藏號:001-012032-0014,入藏登錄號:001000000445A。

〔註87〕 根據〈暫行反革命治罪法〉的定義,所謂「反革命」係指「意圖傾覆中國國民黨及國民政府或破壞三民主義而起暴動者」(第二、三條)、「宣傳與國民革命不相容之主義及不利於國民革命之主張者」(第八條)。詳見本論文「附錄三」。

〔註88〕 〈本館要電二:克復武漢宣傳大綱〉,《申報》,上海,1929 年 4 月 7 日,第 6 版。

命，有罪。若在清黨之後呢，要說他是 C.P.或 C.Y.，〔註89〕沒有證據，則可以指爲『親共派』，那麼，清黨委員會自然會說他反革命，有罪。」魯迅的結論是：「我先前總以爲人是有罪，所以槍斃或坐監的。現在才知道其中的許多，是先因爲被人認爲『可惡』，這才終於犯了罪。」〔註90〕在魯迅的理解中，這只是一種無須證據，流於謾罵的空名指控。而如同魯迅所言，罪名與罪項都非界定「反革命」的判準，重點是在認定的「人」，在當時的中國所流行的各種主義中，只有「共產主義」和「三民主義」是「革命」的，而其他主義是「不革命」的，〔註91〕武漢分共後，這種將異己打擊爲「反革命」的習慣並未改變太多，只要不走「三民主義革命」道路的黨派與主義、甚或是黨內非主流派的力量，在此時都成了「反革命」。

雖然寧、漢兩方互控爲非法政權、「反革命」的狀態已經解除，然而武漢並未擺脫 1927 年「反革命罪」的陰霾，至 1928 年，它只是換一種型態出現，在南京國民政府的詮釋之下，「反革命」包括了剛清出黨外的共產黨員。「黨爭」並未結束，所爭之格局由黨內政爭，成爲了黨內與黨外、非法與合法之爭；同一個武漢，1927 年 2 月開始的「反革命」案件審理中，共產黨曾活躍地運動著，當時懷有「共產主義」信仰者被視爲是純正的革命跟隨者，但如今在南京轄下卻成爲背叛「三民主義」的惡徒，與一年前相仿，同樣以「反革命」聲討、罪罰政治犯的狀態一樣存在，不同之處在於：這次，槍口瞄準的對象，正是這批在去年高喊著「反共產即反革命」的人們。1928 年 2 月 20日來自漢口路透社消息：武漢方面 29 人證明爲共黨，於 2 月 19 日執行死刑，「尚有數人被拘捕候審，刻仍繼續逮捕大批黨人」，《大公報》記者轉此消息，認爲「該項形似黨爭之舉動，較從前尤爲嚴重云。」〔註92〕南京國民政府轄下，審判共產案件的法規不只一種，報刊資料所得有限，無法確知每項處決之共產黨的個案究竟是以何種法規起訴、何種方式執行死刑，根據武漢一地

〔註89〕 C.P.、C.Y.分別爲中國共產黨與共青團簡寫。Communist Youth League (C.Y.)
即「共產主義青年團」，是共產黨領導下的青年群眾組織。

〔註90〕 魯迅，〈可惡罪〉（1927 年 9 月 14 日），《而已集》，頁 110～111。《而已集》
爲魯迅集結 1927 年評論雜著的文集，本文亦刊於 1927 年 10 月 22 日《語絲》
第 154 期。

〔註91〕 「在中國目前，談到革命的理論，除了三民主義記只有共產主義（其他的主義
都是不革命的）」黃漢瑞，〈斥第三黨〉，《革命評論》，1928 年第 11 期，頁 35。

〔註92〕 〈漢口槍斃共黨 又一大批 二十九人〉，《大公報》，天津，1928 年 2 月 22
日，第 3 版。

軍事當局的統計，先後逮捕羈押衛戍司令部者不下數百人，而經訊明槍決者則繼先後共百人左右，自 1927 年 12 月 17 日起至 1928 年 1 月 4 日止，「在漢口槍決者共廿六名、在武昌槍決者十餘名，共約四十名」；自 1 月 4 日起至 2 月 8 日止，「其在武漢分別槍決者，又共有五十五名」。〔註93〕

　　由於大量共產黨員被逮捕，使得民間對於「反革命罪」的執法討論通常偏重於討論共產黨案件處置之然否，而在南京政府統治時期，「國家主義派」是「反革命」法網下也不會被疏漏的受懲對象，在寧漢先後分共以後，中國青年黨仍然被列舉在法律定罪的「反革命」中。清共後，胡漢民主政提倡「黨外無黨、黨內無派」之一黨專政，「中國青年黨」也繼續被視爲與「三民主義」不能相容之異黨，嚴行禁止。1927 年，黨魁曾琦（1892～1951）一度被捕入獄，保釋後離國，而青年黨原機關報《醒獅週報》被迫休刊。〔註94〕羅貢華（1894～？）、李國魁、劉叔模（1897～1975）、李嘉惠、丁維金、朱惠清因秘密組織「三民社」，被漢口省黨部發覺逮捕，該社被指控爲「作國家主義派煽惑羣眾、訓練黨徒的機關」。該社是隸屬「國家主義派」的機關，社員李培文等自首並告發同僚，指控：「一、三民社屬國家主義派，煽惑羣眾、訓練黨徒機關；二、三民社是排擠忠實同志、挾持腐化份子的集團；三、三民社是篡奪本黨領導權、破壞本黨組織系統、減止本黨生命的極端反革命勢力」。〔註95〕省黨部辦理此案，除將羅、劉逮捕外，並議決以前加入「三民社」者須出面自首，自首者免究，否則一經查出，即行嚴辦；1927 年秋天，尤西冷（日後改名尤君浩）因主編《南通日報》副刊，以言論不愼，也被國民革命軍東路軍周鳳岐（1879～1938）部駐通之伍文淵（1881～1944）旅長所逮捕，同時被捕者，尚有楊蘇陸、茅罕山，後以「反革命」罪嫌不足釋放，由青年黨中央介紹他們往四川分任教職。〔註96〕

　　在史家沈雲龍對恩師穆濟波的回憶中，亦可側面了解南京時期國民黨對於青年黨採取了防範態度。穆濟波爲「少年中國學會」會員，既非青年黨，亦非共產黨，但他所教過學生中，却不少是「中青」或「中共」份子；對於學生的政治思想，向來少有干預，但他曾勸當時身爲全校學生會主席的沈雲

〔註93〕〈武漢捕殺共黨之統計〉，《大公報》，天津，1928 年 2 月 19 日，第 3 版。

〔註94〕李璜，《中國青年黨殉國死難及已故同志略傳初稿》（臺北：中國青年黨中央執行委員會宣傳組，1972 年），頁 4～5。

〔註95〕〈國內要聞二：三民社案出首人之報告　三民社組織內容之一般〉，《申報》，上海，1927 年 10 月 10 日，第 9 版。

〔註96〕沈雲龍，〈回憶‧自述：早年留學東瀛的經過〉，《傳記文學》，第 28 卷第 3 期，總第 166 期（1976 年 3 月，臺北），頁 59～66。

龍注意言行，沈回憶道：「（穆濟波）時常找我談話，……囑我不要太露鋒鋩，觸犯黨禁，闖出亂子。」1929 年暑假前，在教職員會及學生會合宴席上，因有人控告穆濟波是「反革命的國家主義派」，時任江蘇省立南通中學校長的穆濟波被江蘇南通縣公安局派警逮捕，羈押於縣政府看守所，其證據是他曾在陳啓天主編的《中華教育界》雜誌上發表過〈國家主義的教育〉一篇文章。「這是一樁文字冤獄，祇有我心知其無辜。依當時〈反革命治罪條例〉〔註 97〕的規定，第一審屬於蘇州高等法院。因此，濟波師被捕後之第二日，即行押解蘇州。押解前我曾前往探視，師生相對淒然，欲語還休，因爲觸犯禁網者，應該是我而不是濟波師，彼此心裡都很明白。」根據沈雲龍的回憶，此一「文字冤獄」，大概隔了兩個多月，才由黨國元老于右任出面保釋。〔註 98〕

除了共產黨與青年黨案件之外，亦有其他控訴嫌疑，「反革命」嫌疑案件有上追至辛亥革命時期者，如在山東省就有張光武因辛亥年間刺殺吳祿貞之「反革命嫌疑」，被以〈暫行反革命治罪法〉第七、十三條定罪；〔註 99〕貸款利率超過 2%，則爲放高利貸，亦以〈暫行反革命治罪法〉懲治；〔註 100〕而一代名儒章太炎則被上海特別市第三區黨部指控發表不利於黨政之言論：「章逆旣爲智識階級，復有歷史上反革命之鐵證，今復于宴會席上，狂放厥詞，顯圖危害政府，搗亂本黨、應請鈞會轉呈中央黨部，按照中央頒佈之懲戒反革命條例辦理，即日訓令軍警機關通緝，實爲黨便」〔註 101〕然而整體言之，共產黨員仍是此時南京方面運用「反革命罪」懲治的主要對象。

寧漢合流後，表面看來終於平定了黨內風波，並穩固了南京國民政府大權；南京國民政府一站穩腳跟，面對國內尚未穩定之局，其要務之一，便是對動搖國民黨根基的共產黨採取一連串強硬攻擊，防範如 1927 年湖廣之際的農民運動再起風波，然而這樣的舉動在北方輿論界看來，未必是正義行動，只是再將武漢時期的混亂與恐怖擴及全國，「今日無論南北，瀰漫於社會者，

〔註 97〕 全稱應爲〈暫行反革命治罪法〉。
〔註 98〕 沈雲龍，〈「少年中國學會」六十週年紀念——我所認識的「少中」師友〉，《傳記文學》，第 35 卷第 1 期，總第 206 期（1979 年 7 月，臺北），頁 25～34。
〔註 99〕 〈要聞：刺吳祿貞之張光武（續）魯高等法院判處徒刑十年〉，《申報》，上海，1930 年 3 月 29 日，第 11 版。
〔註 100〕 〈本埠新聞二：放印子錢解特種刑庭嚴辦〉，《申報》，上海，1928 年 5 月 16 日，第 15 版。
〔註 101〕 〈本埠新聞：三區黨部呈請通緝章太炎〉，《申報》，上海，1928 年 11 月 22 日，第 14 版。

混沌之現象與恐怖之心理而已。」〔註102〕1927 年至 1928 年初一連串動盪，先是南方有漢寧之爭、繼有粵桂戰爭、湘鄂發生秋收暴動、廣東海陸豐暴動，在 1928 年 1 月 4 日《大公報》理解中，追根究底都非個別事件，而是根源於國民黨黨治規劃的扭曲，與黨制度失靈。

1928 年南京方面才制定〈暫行反革命治罪法〉，在該法出現以前，對「反革命」的法律詮釋可說由武漢方面國民政府掌控，但在宣傳方面，兩國民政府不僅互斥為非法，政治人物亦互斥敵手為「反革命」。針對 1927 年寧、漢、滬三方分立之況，《大公報》便批評「武漢與寧滬二派，同是國民黨，向來同一主張，誰主誰客，舉世莫辨；乃武漢以滬寧派為反革命，而大張撻伐，滬寧又以武漢派為反革命，而極口詆諆」〔註103〕上海、南京、武漢，到處都是宣傳品，但老百姓搞不清楚誰是共產黨誰不是共產黨，就是黨內成員本身也不見得摸得著頭緒。〔註104〕武漢方面不僅在 2 月 9 日有針對黨內親滬、寧派的〈反革命罪條例〉，又於 4 月 27 日發表〈武漢保安委員會暫行條例〉，當中第一條即言明其目的在肅清一切反革命，在《大公報》同篇評述中認為，此條例本來是在過去防止對外行動而設置，但「何以同一人民，同一行動，在同一國民政府之下，四月二十七日以前為革命的，四月二十七日以後又為反革命的耶」〔註105〕這一類主張的反覆，使「盡中國皆革命之人，亦盡中國皆反革命之人」〔註106〕只因黨爭而將爭端擴及民間造成黨禍，所牽涉的是全體社會，而非任一黨、一派、一信念、一政權的互相毀滅而已。

上海《民國日報》載國民黨「中央執行委員會大會」召開第三次全體會議，在 1927 年 3 月 22 日召開的會中，提出「中央執行委員會軍事委員會」組織大綱，單就此大綱第一條「軍事委員會設立之目的，在鞏固國民政府統治下之疆域，撲滅國內反革命武力，以謀全國統一，並籌畫國防，使不受帝國主義者對中國軍事進攻之危害」〔註107〕，乍看之下此宣示性文字與廣州國府時期的宣言並無二致，「反革命武力」一稱，乍看理當於廣大人民百姓無涉，而是武裝反對國民革命進行的一切軍事強權總和，然而「反革命罪」的出現，

〔註102〕〈社評：混沌與恐怖〉，《大公報》，天津，1928 年 1 月 4 日，第 1 版。
〔註103〕〈社評：反革命〉，《大公報》，天津，1927 年 5 月 5 日，第 1 版。
〔註104〕蔣廷黻口述，謝鍾璉譯，《蔣廷黻回憶錄》，頁 110。
〔註105〕〈社評：反革命〉，《大公報》，天津，1927 年 5 月 5 日，第 1 版。
〔註106〕〈社評：反革命〉，《大公報》，天津，1927 年 5 月 5 日，第 1 版。
〔註107〕〈國民黨中央執行委員會大會紀詳〉，《民國日報》，上海，1927 年 3 月 23 日，第 1 張第 3 版。

以及其進入刑事規章之中，卻使政治拉鋸與軍事較量下，人民性命與財產成為雙方零和戰局下的棋子，順者隨之而生、逆者隨之而滅，無論是在寧漢滬，國民革命壟罩之處，「反革命」的陰影與之俱存。

圖十二　1927年上海《民國日報》刊載的口號標語

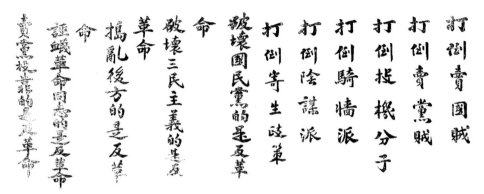

資料來源：《上海民國日報》，上海，1927年4月25日，第1張第1版、第1張第2版。

　　1927年5月，自稱「夢明」的作者投稿上海《民國日報》，指出自己前一個禮拜所離開「中國共產黨治下的武漢，真是一個悲慘的修羅場，那兒是赤色恐怖的小莫司科，亦就是白色恐怖的意大利」〔註108〕他聲稱自己過去對革命有許多美好理想，都因在武漢居留三個月的見聞而破滅，過去在中央黨部工作，天天看見的是「共產黨之反革命的言行，和摧殘異己的革命黨（如排斥真實的三民主義信徒及無政府黨等）的事實」因而心生恐懼逃來上海。據其回憶，武漢一切事務幾乎都由共產黨包辦，全國總工會與全省總工會的氣焰在此高漲，比如中央工人部長陳公博，對於工會運動的進行也聽共產黨包辦；「可憐的是自稱左派的許多國民黨員，除了受共產黨的包圍和要脅而外，不敢說出一句甚麼真正三民主義的話」政治工作方面十之八九成員均是「共產主義」信徒，敷衍「三民主義」為表，實施列寧主義的訓練才是實際，而武漢各處牆壁上貼著的是「反共產即反革命」的標語，根據上述標語，夢明話鋒一轉，「那末，我們豈不可反過來說，『提倡共產，即是真革命』麼？」。〔註109〕

〔註108〕夢明，〈警聲：我是離開武漢了〉，《民國日報》，上海，1927年5月26日，第4張第3版。
〔註109〕夢明，〈警聲：我是離開武漢了〉，《民國日報》，上海，1927年5月26日，第4張第3版。

上述觀點雖只是個人意見，但其對標語觀察確實反映出了武漢方面政府的實像，〔註110〕在共產黨成員主導之下的政治工作，使武漢方面對於「反革命」的認知，是「反共產」。

在1927這年，「反革命」在中國是急遽變動的政治概念。「中央執行委員會」〈告贛湘鄂民眾書〉象徵著南京方面詮釋「反革命」的立場，文中痛斥武漢會議為非法，「中國共產黨乘我國民革命軍移師江表轉戰蘇浙之際、蠡集武漢、篡竊政權、仰莫斯科如上京、奉鮑羅庭如皇帝」〔註111〕、「當知本黨為中國整個之革命黨、不容有左右派之分拆、凡以左右派拆散本黨者、即為反革命」、「三民主義為適合中國需要之革命主義、凡以其他任何主義篡奪此革命主義者、即為反革命」〔註112〕1927年國民黨右派雖然在鬥爭後獲得勝利，然而成功的愉悅迅速轉為苦澀，如果北洋政府捕殺學生黨員的是「白色恐怖」、武漢政府舉發反革命是「赤色恐怖」，那麼，中國恐怖的氣息並未隨著寧漢黨爭結束而煙消雲散，南京國民政府統治之下的湖北，除有大量共產黨員被殺之外，任意拘捕的結果也導致許多青年無故受累，湖北許多優秀青年命喪政爭風暴之中。

「反革命」除了指向黨外反對勢力外，國民黨在清黨以後仍然在黨內有以「反革命」口號相互攻訐的狀況。訓政時期「黨權高於國權」的「黨治」，不單為非國民黨黨員所反對，自國民黨內部分裂出去的「改組派」亦不贊同；在此時因政治主張之異同而有相互以「革命」自居、「反革命」攻訐的狀況，胡漢民在中央紀念週演講就指出：「一切作反宣傳的反動者，就是反革命者……這類人存心搗亂訓政開始，口裡說的什麼『改組』什麼『革新』，全是幌子！」非加以撲滅不可。〔註113〕國民黨中央宣傳部對改組派抨擊，認為「改組派不是國民黨內的小組織，而是黨外反動勢力的集團。他們所持的中心理論、是農工與小資產階級同盟革命、說來說去，還是共產黨的藍本、不過稍變易其表面渲染的方法而已」仍是師法共產黨的故技意圖拆散「國民革命」

〔註110〕 「我去過中央黨部三次，看來還算是個有朝氣的機關，但也感染上了一些官僚氣息，尤其組織部官僚氣息最重。」郭廷以校閱，沈雲龍訪問，賈廷詩、夏沛然、周道瞻、陳存恭紀錄，《萬耀煌先生訪問紀錄》，頁284。

〔註111〕 〈國內要聞二：中央執委會告贛湘鄂民眾書〉，《申報》，上海，1927年6月29日，第9版。

〔註112〕 〈國內要聞二：中央執委會告贛湘鄂民眾書〉，《申報》，上海，1927年6月29日，第9版。

〔註113〕 胡漢民，〈如何撲滅反宣傳與反動者？〉（1929年9月16日，講於中央紀念週），《胡漢民先生演講集》，第10集（上海：民智書局，1930年），頁109。

的整個勢力，「是由共產黨改組出來的反革命小集團」、「這班無賴過去的歷史異常卑劣、專以利用革命圖逞私人利祿、現在更進一步組合反動勢力、意圖造出新興的反動」，此宣傳中指稱改組派「比共產黨刁惡」，〔註114〕在此時陳德徵所提出對於「反革命份子」嚴厲逮捕的提案，彷彿具有一種停止黨內紛爭、將焦點轉為一致對付外界敵人的企圖，無論國民黨方面對於緝捕「反革命」的真實目的為何，民間所看到的現象，恐怕只能像魯迅一樣將之視為國民黨方面緝捕他們覺得「可惡」的其他黨派人士而已。

自南京開始〈暫行反革命治罪法〉施行到該法中止於1931年初，一般社會大眾對於「反革命罪」的認識相當模糊。1928年6月15日，吳稚暉（1865～1953）斥胡適「你就是反革命」，胡隔日寫信致吳表示「到今天還不很明白今日所謂『革命』是怎樣一回事，所以也就不很明白『反革命』是怎樣一回事」，請吳指示自己犯的是〈反革命治罪條例〉第幾條？〔註115〕但是胡適不僅是對於法規的「不明白」，還誤稱了法規，事實上，法規的正確名稱並非〈反革命治罪條例〉，而是〈暫行反革命治罪法〉。〔註116〕胡適會有對於法規名稱的認知錯誤，可能是將1928年3月9日前武漢所制定的〈反革命罪條例〉與新法規搞混了，另一方面也可能是因為縱使國民黨內的正式行文，也時常對法規使用省稱、或誤稱。

胡適身為活躍知識份子並與國民黨人多有接觸的身份，都還會把將相關法規名稱混淆，而不只是胡適對於這項法規的正確全稱認知錯誤，地方黨部的黨員亦有誤稱此法為〈反革命罪條例〉者；〔註117〕法規頒布時間的貼近與條文內容雷同，導致河南高等法院曾因不明白〈反革命罪條例〉可否援用而致信最高法院懇請解釋。〔註118〕除了法規本身的名稱混同外，各地方審理「反

〔註114〕〈本埠新聞：中央宣傳部肅清改組派宣傳綱要〉，《申報》，上海，1929年11月1日，第13版。

〔註115〕「胡適致吳稚暉函」（1928年6月16日），胡適著，曹伯言編，《胡適日記全編（1928～1930）》，第5冊（合肥：安徽教育出版社，2001年），頁160～161。

〔註116〕按：胡適本文將此法規稱〈反革命治罪條例〉，然而此刑事法規正確名稱應為〈暫行反革命治罪法〉。

〔註117〕以江寧縣黨部為例，該黨部於1929年3月25日召開第五十七次執委會議，提出「以黨治政、軍隊黨化」為目標，呈請中央「非法逮捕黨員，搗毀黨部者，應依〈反革命罪條例〉治罪，並將罪狀披露報端」〈江寧縣黨部呈請中央切實保障黨員〉，《中央日報》，南京，1929年10月26日，第2張第4版。

〔註118〕〈解釋：解釋共產黨如何科處及反革命罪條例可否援用函〉（1928年1月19日），《最高法院公報》，1928年創刊號，頁266。

革命份子」的爭議也不時出現，浙江高等法院首席檢察官就曾以「反革命」被告認定的疑義向最高法院請求解釋，司法院指令：除該法第一條至第五條所規定之犯行外，「凡在第五條所列舉以外者，雖容有反革命事實，但不能同一視爲反革命」〔註119〕可見地方對於「反革命」的認知實有混淆；〈懲治盜匪暫行條例〉〔註120〕與〈暫行反革命治罪法〉司法審判也時常混同，以廣東爲例，1929 年廣東省政府必須明確以訓令指出「焚殺劫擄，以得財爲目的者，謂之盜匪，反革命行爲，以政治爲目的者，謂之共黨，審理治罪，各有專規，界線分明，不容淆混」。〔註121〕盤據土地、殺傷、放火、決水、掠奪等行爲在〈暫行反革命治罪法〉第一至三條中亦列爲犯行，然而同樣的強盜或結夥行爲，並非「反革命」的主體，由此可知〈暫行反革命治罪法〉針對的並非犯行，而爲動機，是以政治目的而論。既然認定「反革命」與否的判準是根據政治目的，而國民黨又是政府主體，則黨的意志即國的意志的「黨化司法」之下，黨義指揮司法；然而司法本身又是必須以其專業獨立性捍衛法權的單位，在審理反革命案件時，如此矛盾的關聯性導致各地司法機構與黨部之間矛盾紛起。

　　1927 至 1931 年間，國民政府對「反革命」嫌疑犯的認定歷經了幾個重要歷史事件而發生變化：一、在寧漢分裂之際，武漢國民政府下有所謂「反共產就是反革命」的口號，在其統治之下的「反革命嫌疑犯」，不包括國民黨內的共產黨跨黨份子，1927 年 2 月武漢方面制訂〈反革命罪條例〉，在實行上原以「軍閥」、「西山會議派」、「國家主義派」爲緝捕對象，但在武漢方面於 7 月中旬分共以後，共產主義論者與跨黨嫌疑之人也在緝捕之列；二、在 1927 年 4 月 12 日上海方面清黨以後，國、共兩黨鬥爭之下，大批工人與民眾運動份子被逮捕或殺害，有共產黨嫌疑者成爲國民黨追緝的對象；三、1927 年寧漢合流以後，大批共產黨成爲國民黨人眼中的「反革命份子」，全國展開緝捕共產黨動作；四、結束了軍事行動，標榜「國民革命」的國民黨，於北伐後試圖轉型爲一個以黨領政的訓政政府，1928 年中國國民黨第三次全國代表大

〔註119〕鄭畋，〈司法院指令‧院字地三六七號（十九年十一月十一日）‧呈爲請解釋反革命案被告送入反省院辦法疑義由〉（1930 年 11 月 11 日），《司法公報》，第 98 號，「解釋」，頁 42。

〔註120〕〈懲治盜匪暫行條例〉（1927 年 11 月 18 日），《國民政府公報》，南京，1927年 11 月，第 8 期，頁 1～4。

〔註121〕許錫清，〈訓令公安局辦理盜匪及反革命案應依照各項條例辦理由〉（1929 年 9 月 24 日），《汕頭市政公報（公安）》，汕頭，1929 年第 49 期，頁 95。

會確立了實施「訓政」的基本原則，〔註122〕而「訓政」必須以黨領導，在此情境中，政治施令必以黨化爲依歸，對於以黨治爲出發的國民黨政權而言，反對者黨治者是所謂的「反革命」。

圖十三　兩湖共禍編輯社啟事

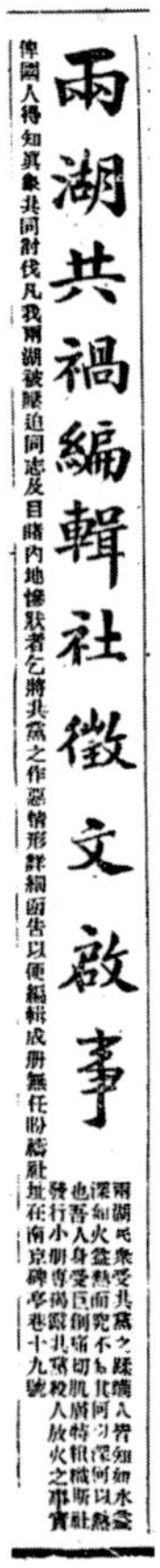

兩湖共禍編輯社徵文啟事

圖片說明：在黨政色彩鮮明的報館或出版社出版之武漢國民政府
　　　　　相關消息，未必盡皆屬實而毫無渲染成分，部分觀察
　　　　　報導之刊文恐怕是在徵文形式下誕生的。

資料來源：《上海民國日報》，上海，1927 年 5 月 20 日，第 1 張
　　　　　第 1 版。

〔註122〕秦孝儀主編，《中華民國政治發展史》，第 2 冊（臺北：近代中國出版社，1985年），頁 898～899。關於訓政的規劃與構想，可上溯至 1906 年〈中國同盟會革命方略〉，這時將革命程序分爲「軍法之治」、「約法之治」、「憲法之治」三期；1914 年〈中華革命黨總章〉則將革命程序分爲「軍政」、「訓政」、「憲政」三期；「同盟會革命方略——軍政府宣言」（1906 年），秦孝儀主編，《國父全集》，第 1 冊（臺北：近代中國出版社，1989 年），頁 234。「中華革命黨總章」（1914 年 7 月 8 日），秦孝儀主編，《國父全集》，第 9 冊（臺北：近代中國出版社，1989年），頁 300～301。「訓政」時期的憲法與民國時期「訓政」在南京國民政府十年的發展，詳參薛化元，〈從民國建立到民國憲政——中國憲政發展的考察（1912～1949）〉，吳淑鳳、薛月順、張世瑛編，《近代國家的型塑——中華民國建國一百年國際學術討論會論文集》，下冊（臺北：國史館，2013 年），頁 595～599。

圖十四　打倒反動份子

圖片說明：商業之都上海的報刊宣傳，已經與政治巧妙結合，由「革命時代，不
　　　　　容有反動份子；有反動份子，如不打倒，革命勢力，便會被其動搖」
　　　　　為首句的宣傳不是黨國單位的文宣，而是陳嘉庚公司生產治療腸胃發
　　　　　炎與腹痛的消化丹廣告。

資料來源：《民國日報》，上海，1929 年 10 月 8 日，第 4 張第 16 版。

圖十五　前敵之前敵（民國日報附刊，宣傳以黨治國之專號）

資料來源：《上海民國日報》，上海，1927年5月10日，第4張第1版。

第三節　「反革命罪」的審理與討論

　　南京國民政府轄下，「反革命」案件最初透過「特種刑事臨時法庭」審理，法庭組織與權責以〈特種刑事臨時法庭組織條例〉規範之。1927 年 7 月 28 日中央政治會議第一百十八次會議通過〈特種刑事臨時法庭組織條例〉14 條，咨請國民政府公布實施，國民政府於 8 月 20 日已頒布，該條例定特種刑事臨時法庭分爲二級：特種刑事地方臨時法庭、特種刑事中央臨時法庭，其主要任務爲審判「反革命」及「土豪劣紳」之刑事訴訟案件；〔註 123〕但同年 12 月 1 日再次公布〈特種刑事臨時法庭組織條例〉14 條，特種刑事地方臨時法庭審判關於「反革命」之訴訟案件，特種刑事中央臨時法庭審判關於反革命訴訟之上訴案件。1928 年，「中央特種臨時法庭」庭長丁超五呈文請辭，並建議裁撤該法庭組織：「現職全國統一，人心大定，特庭似可裁撤，並請於未撤銷以前，准予辭去庭長本職」，之後國民政府廢止〈特種刑事臨時法庭組織條例〉，將反革命案件與土豪劣紳審判轉交普通司法機關審判，司法部亦建議取消，〔註 124〕1928 年 8 月 23 日中央第一六一次常會決議：司法院即將成立，所有特種特別法庭即應取消，以謀法權統一；至 11 月中央政治委員會第一六一次會議提出關於取消特種刑事法庭辦法共 6 條，交國民政府公布後，中央與地方特種刑事臨時法庭才眞正完全取消。〔註 125〕

　　雖在 1927 年 8 月中旬已有消息指出第一百十八次中央政治會議決議設立各地「特種刑事臨時法庭」，將專門審理「反革命」及「土豪劣紳」之刑事訴訟案件，〔註 126〕未來「嗣後所有反革命及土豪劣紳之刑事訴訟案件，均應俟特種刑事地方臨時法庭設立後，移交依法審判，各地清黨委員會均不得自行或參預組織審判機關」〔註 127〕並在 8 月 20 日已公布〈特種刑事臨時法庭組織

〔註 123〕　〈特種刑事臨時法庭組織條例〉（1927 年 8 月 20 日），《國民政府公報》，南京，1927 年 8 月，寧字第 12 號，頁 7～8。

〔註 124〕　〈接五中全會決司法部建議撤廢特種法庭〉，《申報》，上海，1928 年 8 月 9 日，第 7 版。

〔註 125〕　田湘波，《中國國民黨黨政體制剖析（1927～1937）》（長沙：湖南人民出版社，2006 年），頁 364～365。

〔註 126〕　〈各地將設特種刑事臨時法庭〉，《民國日報》，上海，1927 年 8 月 14 日，第 2 張第 2 版。

〔註 127〕　〈各地將設特種刑事臨時法庭〉，《民國日報》，上海，1927 年 8 月 14 日，第 2 張第 2 版。

條例〉，〔註128〕相關法制制定流程有其脈絡可循，然而各地機關建制與銜接工作的步調卻不盡相同。實際上在 1928 年，仍有「清黨委員會」、「衛戍司令部」、「反革命裁判會」、「警備部軍法審委會」以及各地方法院等，各單位的積案全不知應如何辦理，要依舊制以軍法審理、或以新制案司法步驟處置，全國的司法建置不一致，審理上也相當複雜。

　　審判「反革命」的法庭組織制度在 1927 年底已經確立，但方案公布之後似乎並未立刻落實，1928 年 3 月才正式成立了「中央特種刑事庭」，因此在司法執行層面上造成許多為難之處。1928 年一整年，各處司法機構請求解釋與建議的呈文紛至沓來，主要問題與訴求可以整理為以下幾項：一、共產黨是否適用於「反革命」案件處理？二、在新法產生前，〈反革命罪條例〉是否可以援用？三、請求立定新法並迅速頒布。根據司法部於 1928 年 1 月 19 日的解釋，已對上述難題作出回應：關於共產黨案件自應依「反革命」論罪；「〈反革命條例〉〔註129〕由從前聯席會議頒布後既未經明令廢止，按之黨綱主義及現行法令亦無牴觸，在新法未頒布以前自無不可暫資援用之處，況各省關於此項案件發生頗多，因無法律足據，紛紛請示，而新法頒布尚無日期，若令懸案以待殊非，所以催促進行之道，可否即由貴部提出國民政府會議，將該條例暫行援用，一面迅速制定新法公佈，以資遵守。」〔註130〕但在新法公布以後，各地法院仍有為數不少的爭議請求最高法院解釋，顯示各地在審理相關案件時仍遭遇了極大的困難。

　　各省「特種刑事臨時法庭」成立時間不一，根據司法部呈國府的公文，在 1928 年 3 月，「各省積壓頗多，而特種刑事臨時法庭，大都尚未成立，且應歸何種法院受理，復無明文規定」〔註131〕而其中積案最多的地區正是上海──1927 年 4 月清黨時期，滬有特別軍法處，所判「反革命」及共產嫌疑案數百起，淞滬衛戍司令白崇禧於是年 12 月就已請示南京方面以適當司法處

〔註128〕〈特種刑事臨時法庭組織條例〉（1927 年 8 月 20 日），《國民政府公報》，南京，1927 年 8 月，寧字第 12 號，頁 7～8。

〔註129〕正確全稱應為〈反革命罪條例〉，此為省稱。

〔註130〕「解字第 16 號」（1928 年 1 月 19 日），司法院，《司法院解釋彙編》，第 5 冊，頁 3487。收錄於「司法院法學資料檢索系統」：http://jirs.judicial.gov.tw/Index.htm（2013/9/23 點閱）。

〔註131〕〈國內要聞：土劣案件將歸特種法庭審理　司法部覆國府秘書處函〉，《申報》，上海，1928 年 3 月 16 日，第 7 版。

置，當時已有 164 名嫌疑犯在案；〔註132〕被告人宋鵬、張爾銘、洪東夷等百餘人，迭次向衛戍司令部、軍事委員會、司法部提起上訴，但當局以事關特種刑事，未即受理，直到隔年 5 月，最終累積了 80 多件積案，官方坦承對於案件審理「於事實法律、殊多草率未當」。〔註133〕

「中央特種刑事臨時法庭」庭長丁超五 1928 年 3 月 24 日在南京國府大禮堂宣誓就職時，李烈鈞代表中央黨部致詞，謂：「中央對特種法庭之設立，不以為喜，而喜在將來之撤廢；至設立之原因，係為審判反革命案件，務使人人均為黨努力，不致有法外行動」丁超五答詞：「欲革命迅速成功，人民得享自由幸福，必須將革命之障得，如反革命土豪劣紳貪官汙吏，完全排除，始可達到目的，中央設立特種刑事法庭，亦即此意」〔註134〕上海一地狀況特殊，1927 年的清黨使得大批共產黨被以「反革命」罪嫌起訴拘役，待審者眾，直至 1928 年「中央特種刑事法庭」成立後，才有中央法庭特派審判員與書記到滬就地審訊排解累積一年的積案。〔註135〕

即便等到中央已有特種刑庭的設置，地方設置的速度卻未必能追上，鄰近上海兩省在押之「反革命」嫌疑犯數量龐大，江蘇省 2 月 1 日成立特種刑事法庭；〔註136〕浙江省至 1928 年 7 月才成立，庭長劉雲昭卻在 1928 年 7 月

〔註132〕「淞滬衛戍司令白崇禧致軍委會代電云、南京軍事委員會鈞鑒、案奉鈞會法字第三百七十七號訓令內開、查張爾銘等十六名、均被前駐滬特別軍法處判為共黨或反動派係屬反革命案件、照物種臨時法庭組織條例之規定、應歸該法庭辦理、現特別刑事臨時法庭之組織、既由司法部主持、應候將該犯等原呈函送司法部核辦、其蔡永泉十七名、罪名刑期、各該原呈、並未敘明、仰即查復等因、奉此、查駐滬特別軍法處所判人犯、多為反革命案件、迭經分別查復在案惟已決人犯、至達一百六十四名之多、而向職部請求昭雪者、現尚絡繹不絕、若均批令逕請鈞會核辦、或候鈞會將各原件彙送司法部主持之特種臨時法庭辦理、不獨文件往還、手續甚繁、亦且時日遷延、積獄難清、殊非慎刑恤獄之意、應請鈞會函請司法部、速組特種臨時法庭、即予清理、或逕由鈞會速派軍法官數人來滬、專辦此案以免久懸是所至禱、職白崇禧」〈本埠新聞二：白司令請結束前特別軍法處積案〉，《申報》，上海，1927 年 12 月 17 日，第 15 版。
〔註133〕〈本埠新聞：中央特種法庭審判員到滬　清理反革命上訴各案〉，《申報》，上海，1928 年 5 月 25 日，第 14 版。
〔註134〕〈本館要電：丁超五就庭長職〉，《申報》，上海，1928 年 3 月 25 日，第 4 版。
〔註135〕〈本埠新聞：中央特種法庭審判員到滬　清理反革命上訴各案〉，《申報》，上海，1928 年 5 月 25 日，第 14 版。
〔註136〕〈國內要聞二：蘇省特種刑事法庭成立紀〉，《申報》，上海，1928 年 2 月 3 日，第 9 版。

8日成立特種刑事法庭之記者會上同時請辭，表示自己的辭職是因特種刑庭職責甚重，而兼職省府會議事務極繁、兼職又與國府命令有抵觸、故不得不辭。但是記者會上同時也坦言了審理「反革命」案件的困難：「一、因反革命犯罪範圍及科刑標準，從前在法律上本無明文規定，處斷非常困難，故由國府頒佈懲治反革命條例，特設專管機關，使辦理此等案件有所依據；二、土豪劣紳，其惡勢力之植於地方者，比從前之訟棍地痞爲尤大，在普通法院內不易盡法懲治，故亦歸本庭處理，以期根本剷除革命上之障碍」而劉本人在辦理案件似乎也感到司法事務處理不易：

> 辦理案件之態度，本人就職數月，凡事一本良心主張，以不枉不縱
> 爲唯一宗旨。關於審判共產黨案，凡殺人放火、罪大惡極者，當然
> 殺之無赦；至一般青年，才智本可有爲，只因識力尚未堅定、一時
> 誤入歧途，自應以本黨理論及政治力量，從根本上感化而糾正之，
> 使其悔悟自新。其科刑之重輕，悉以犯罪之情節，依法處斷，不能
> 以稍涉嫌疑，即施以大辟也；關於土豪劣紳，因其爲地方巨蠹，必
> 須盡量打倒，使社會上惡勢力剷盡無遺，故一經拘獲從無取保候訊
> 之事，惟搜集證據，或行縣調卷、或派員密查、每經月累旬，而所
> 得結果，尚難充分，故亦未能輕率處斷，致有失出或失入之虞，外
> 間一般議論，有謂本庭辦理共產黨案，失之寬縱，辦理土劣案失之
> 延緩，不免誤會。〔註137〕

爲了妥善處置「反革命」犯與龐大案件審理量，江蘇省政府在1928年9月18日第一百三十三次會議通過〈保釋反革命嫌疑犯暫行辦法〉，凡被指控有〈暫行反革命治罪法〉第二條至第七條之犯罪嫌疑，然經連帶保證無「反革命」行爲、聲請釋放的「反革命」嫌疑犯，聲請釋放者必須向主管官廳呈遞保狀、聽候核定，均適用本辦法之規定。〔註138〕

各機構間不相統屬，而審判機構前後不同，「反革命」案件的上訴機構亦因爲過去分別統屬於「軍法處」、「普通法庭」等，又歸「中央特種刑事法庭」審理，上訴程序辦法上亟待釐清：以前淞滬區域內，普通人民所犯「反革命」

〔註137〕〈國內要聞：蘇特種刑庭長劉雲昭之談話〉，《申報》，上海，1928年7月10日，第8版。

〔註138〕〈國內要聞：蘇省府制定保釋反革命嫌疑犯辦法〉，《申報》，上海，1928年9月21日，第9版。

案件多歸「淞滬衛戍司令部軍法處」審理，自「中央特種刑事法庭」成立以來，改歸該刑庭審理，當審理之時，所有案卷仍需原來機關調閱以作根據，至以前「淞滬衛戍司令部」關於此項「反革命」案之卷，現在均經交代於「淞滬警備司令部」；但「警備司令部」方面對於特種刑事法庭之調閱案卷，過去曾向「國民政府軍事委員會」請求解釋──普通人民之「反革命」案件本不屬軍事範圍，但以前因在軍政時期，便宜行事，過去已經由軍法判決之案件，若被告不服審判，按理應向軍事之上級機關聲請再審、而不能上訴；但「特種刑事法庭」成立後，可調閱案卷，則似又認為此種「反革命」案件是能於軍法判決之外又繼續向「特種刑事法庭」上訴。1928 年 10 月 12 日淞晨警備司令部已奉到「軍事委員會」關於「中央特種刑庭」調閱此種「反革命」案件卷宗之解釋：「查普通人民犯反革命案，依法本不屬軍事範圍，唯已經軍法判決，祇有向上級軍事機關聲請再審、並無准予上訴之明文。至中央特種刑事法庭，本非受理不服該部判決反革命案之上訴機關，其調閱案件，則係各機關尋常有之事，自不能即以此為上訴機關之決定」。〔註139〕

　　「中央特種刑事臨時法庭」在 1928 年 11 月就宣布取消，取消之後，「反革命」案究竟應該歸屬於軍法審判抑或普通法院審理，仍有爭議。如發生在 1930 年的「反革命」案庭上辯論中，《時事新報》記者吳蘇中被指控為共產黨，胡瑜被控為其同夥，其中有律師主張：

> 查國民政府於十七年二月十七日頒佈之國民革命軍陸軍審判條例第一條第二項規定，非軍人而犯罪者，應由普通法院審理。被告乃新聞記者，非現役軍人，即使觸犯軍法，亦不受軍事機關審理，據告訴人稱，被告為共產黨，則所犯為〈刑法〉一〇三條及〈反革命治罪法〉，此皆屬普通法；今要求移提者為司令部，然不屬軍事犯，彼軍事機關實無權審理，其可以移提者，祇上海地方法院或江蘇高等法院，若解軍事機關，應由公安局轉交，但總須先為犯罪之證明；查所訂收回法院之協定，第六條、載明在公共租界內發現之人犯，經各該法院之法庭調查後，方得移送於租界外之官署。但由其他中國新式法院之囑託者，經法庭認明確係本人後，即得移送，今告訴

〔註139〕〈本埠新聞：處理普通反革命案件之解釋〉，《申報》，上海，1928 年 10 月 13 日，第 14 版。

人無確實證據提出，雖王偵緝員業有甚多之陳述，然向例捕房每告
發一案，除探捕之證言、工部局律師之陳述外，仍須採取其他證據，
俾成信□，並非僅僅以捕房之言為足恃也！對本案常亦如是，以昭
公允……」〔註140〕

律師辯護不外乎：一、本案不應歸司令部管轄，司令部無權定其罪；二、被
告之被誣、證據薄弱。而司令部之法律顧問詹紀鳳律師繼起辯論，謂：

查被告犯罪，既在江蘇省內之戒嚴地帶，被捕又屬戒嚴時期，當然
歸司令部審理。況國民政府於最近八月一日曾有密令：凡屬重要之
共產黨案，概由軍事機關受理，即已經普通法院受理者，均應移交
軍事機關；被告雖非軍人，而司令部絕對有權受理。至於罪名一點，
既為共產黨，自須依反革命治罪法審問事實後，而判定之，今日所
應研究者為移提之程序、犯罪與否，迨至司令部自應調查，如訊明
無罪，當不致加以處分，……若以其寓所末搜得反動證據、即可斷
其以前末曾犯罪、殊非確論、蓋搜查在被告拘獲之後、難保不將證
據湮滅、應請准照司令部來文移提歸案云云。〔註141〕

「反革命」概念延續自武漢政府，「土豪劣紳」的概念也為南京政府承襲。
國民政府自從清黨分共以後，各地國民黨員、黨政人員，因對「土豪劣紳」
之行為解釋異常分歧，致使常在地方發生不必要的衝突，在 1927 年 8 月 18
日國民政府公布〈懲治土豪劣紳條例〉，其中法條第二條羅列 11 種罪項，第三
條則規定「凡土豪劣紳犯前條之罪者，如間犯反革命罪，以俱發論」。〔註142〕
無論追討「反革命」、「土豪劣紳」，雖然都是帶有政治目的的清理，法條內容
也雷同，因為延續舊有法規內容而導致的解釋問題，也同樣存在於認定「反
革命」的歧見裡，困擾著南京國民政府對於相關案件的審判。

浙江省政府所屬各法院，在 1928 年 1 月紛紛請求核示特種刑事之法令
援用解釋，「反革命」、「土豪劣紳」及相關誣告的司法處置方面固有疑難，
各法之間亦復連帶發生疑問，法庭辦理此項案件均如無頭馬車，動彈不得；

〔註140〕〈本埠新聞二：特區地方法院昨審吳蘇中案　法官主張調查真姓名　結果候
提出證據再核〉，《申報》，上海，1930 年 8 月 22 日，第 4 張第 15 版。
〔註141〕〈本埠新聞二：特區地方法院昨審吳蘇中案　法官主張調查真姓名　結果候
提出證據再核〉，《申報》，上海，1930 年 8 月 22 日，第 45 張第 15 版。
〔註142〕〈懲治土豪劣紳條例〉（1927 年 8 月 18 日），《國民政府公報》，南京，1927
年 9 月 30 日，寧字 12 號，頁 5～7。

〔註 143〕湖北高等法院呈文最高法院就向上請示：「反革命」案件在「特種刑事臨時法庭」未成立前，如何辦理？並請求「迅速頒布〈反革命治罪條例〉，以便通飭遵行」；浙江省政府亦請示「特種刑事地方法庭辦理反革命案件，應依據何種法律，並應否准許律師出庭，及任人旁聽」，1928 年 1月 20 日國民政府召開第三十四次會議，針對湖北與浙江兩地提案決議，決議案照司法部所擬定之辦法：在各省臨時法庭未成立以前，第一審暫由普通地方法院、上訴案件暫由各省高等法院受理；依照〈特種刑事臨時法庭條例〉〔註 144〕，審判准許律師出庭，然針對「任人旁聽」一節，如認爲有應行秘密者，得停止旁聽；〔註 145〕而上海破獲橫行租界北四川路北蘇州路甯波路等處、持械搶刲商民財物的綁匪組織，初時亦不知要按照「反革命罪」辦理、抑照刑律之「強盜罪」辦理；〔註 146〕各地方法院都有類似的疑義曾呈請司法解釋。

　　對共產黨案件處置有眾多法規，何時可適用〈暫行反革命治罪法〉、何時必須援用其他法規辦理，是各級法院最常遭遇的困難；另一方面，各地黨部時常對各地法院共產案件的處理感到不滿，認爲法律仍考慮其偏重證據，輕易釋放，在 1929 年 7 月 26 日國民政府乃訓令司法院及各級法院，「在反革命案件陪審制度未實行以前，如黨部對於共產嫌疑之判決有異議時，不得釋放，以杜流弊」。〔註 147〕在各地方的審理案情中，「法院」、「黨部」、「省政府」三方機構往往互相掣肘，司法權的歸屬紊亂，同時，在「司法黨化」持續推行中，司法權旁落、黨權提升，1929 年下半年，浙江省黨務指導委員會以提議：審判反革命機關之服務人員，不得任用非黨員，最後中央議決國民政府各省

〔註 143〕 〈國內要聞二：浙政府呈請核示特種刑事辦法〉，《申報》，上海，1928 年 1月 28 日，第 9 版。
〔註 144〕 全稱應爲〈特種刑事臨時法庭組織條例〉。
〔註 145〕 此時法規的正式名稱並未確立，在湖北高等法院檢察官呈以及司法部呈文中作〈反革命治罪條例〉，而在國民政府第三十四次會議決議內作〈反革命條例〉，其實指的是同一條法規。中華民國史事紀要編輯委員會，《中華民國史事紀要（民國十七年一至六月）》（新店：中華民國史料研究中心，1978 年），頁 109。
〔註 146〕 〈本埠新聞二：綁匪窟破獲案續獲同黨軍火因有僞關防委任狀反革命罪與強盜罪　俟審查後再行決定〉，《申報》，上海，1930 年 4 月 16 日，第 15～16 版。
〔註 147〕 《國民政府公報》，南京，1929 年 7 月 27 日，第 227 號，頁 3，收入朱匯森主編，《中華民國史事紀要（民國十八年五至八月份）》（新店：國史館，1986年），頁 653。

司法機關遵照，於是，國民政府下審判「反革命」案件的司法人員，全部都必須具有黨員的身分。〔註148〕

　　然而，黨化司法或是規定「反革命案」審判執法人員需具有黨員身分的措施，並未消弭各機關間辦理相關案件的衝突或爭議。審判與逮捕的狀況層出不窮，以天津為例，應歸法院管轄的「反革命」案件，在寧河縣卻發生縣政府逕自逮捕的狀況，1929 年 3 月 5 日天津縣政府奉河北省政府訓令應歸法院管轄；〔註149〕同年 9 月 12 日國民政府又因浙江省黨部 8 月 31 日的呈請，國府通令各軍、政機關不得擅自刑訊或延期居留，而要在拘獲人犯 24 小時內移交法院訊辦。〔註150〕

　　此時南京國民政府內部法律呈現「Y」字結構，一方面承襲了北洋時期北京政府的法律，又延續武漢國民政府的條文，但是兩者並未融會成一條明確的法律基礎線，而是各式各樣法規，正在平行並存的狀況下施行，時有互相牽制、矛盾之司法規定，缺乏一套完整規章，常使執法人員無所適從，而各地自有各地的法規，同樣審理「反革命」，在南京、武漢兩地之外還有其他的法規，如 1927 年 6 月 14 日廣州政治分會十四日第三十二次會議之際就頒布了〈反革命裁判條例〉17 條，擬適用於公布前未經確定裁判之案，並適用於全國範圍內的一切相關案件；〔註151〕同時，需要審理的案件卻又不斷發生：「各省關於此項案件發生頗多，因無法律足據，紛紛請示，而新法頒布尚無日期，若令懸案以待殊非，所以催促進行之道，可否即由貴部提出國民政府會議，將該條例暫行援用，一面迅速制定新法公佈，以資遵守。」〔註152〕國民政府內部幾乎一面倒地訴求制定審判「反革命」案件的新法，以盡速立法公布解決當前的審理問題。

　　但是即便新法已出、相關規則不斷修訂、適用於審判相關案件的「特種刑事地方臨時法庭」管轄區域普設於各省各縣，案件審理的狀況層出不窮，

〔註148〕〈審判反革命機關　不得任用非黨員〉，《中央日報》，南京，1928 年 9 月 9 日，第 2 張第 3 面。

〔註149〕〈反革命案件　縣政府不得逕自搜捕〉，《大公報》，天津，1929 年 3 月 6 日，第 3 張第 12 版。

〔註150〕《國民政府公報》，南京，第 269 號，1929 年 9 月 14 日，頁 2～3，收入朱匯森主編，《中華民國史事紀要（民國十八年五至八月份）》，頁 88。

〔註151〕〈國內要聞二：粵省將頒反革命裁判條例　政治分會正請中央核審〉，《申報》，上海，1927 年 6 月 26 日，第 10 版。

〔註152〕「解字第 16 號」（1928 年 1 月 19 日），司法院，《司法院解釋彙編》，第 5 冊，頁 3487。收錄於「司法院法學資料檢索系統」：http://jirs.judicial.gov.tw/Index.htm（2013/9/23 點閱）。

大量拘捕人犯，造成相關機構龐大負擔，司法院曾發布命令，案件「應於收受後移送該法庭或分庭審判，如有必要情形，並可施行急速處分」。〔註153〕在當時司法解釋中的「反革命案件」，其實並不是限定於以〈反革命罪條例〉或〈暫行反革命治罪法〉審理的案件而已，〈內亂罪〉等案件亦屬於「反革命案件」之範疇，各地多種法規與機構並陳使各種關於「反革命」案件的上訴與審判問題益形複雜。〔註154〕以江西為例，「中央特種刑事臨時法庭」成立前，江西省之「反革命」案件交由高等法院及分院並兼理司法事務之「縣公署」審判；〔註155〕而「淞滬警備司令部」於該省「特種刑事地方臨時法庭」未成立前，依法有權判決關於「反革命罪」案件，然而此卻與〈特種刑事臨時法庭組織條例〉第三條，「特種刑事中央臨時法庭應為關於反革命及土豪劣紳訴訟案件之上訴機關」的規定牴觸；〔註156〕南京方面則舊制審理各種「反革命」案分別歸入高等法院與最高法院審理，然而「中央特種刑事臨時法庭」出現後，刑事訴訟程序規範難定，直至1928年底「南京最高法院」才確認為終審機關；〔註157〕河北則是至1928年底都未能設特種刑庭。〔註158〕

〔註153〕「解字第64號」（1928年4月17日），司法院，《司法院解釋彙編》，第5冊，頁3498。收錄於「司法院法學資料檢索系統」：http://jirs.judicial.gov.tw/Index. htm（2013/9/23點閱）。

〔註154〕「查當事人不服法院決定，自得抗告，惟〈內亂罪〉訴訟屬於反革命案件範圍，依〈特種刑事臨時法庭組織條例〉第二條，應歸該法庭受理。本案如經檢察官抗告、原裁決尚未確定，即應仍由該法庭審判」。「解字第8號」（1928年1月9日），司法院，《司法院解釋彙編》，第5冊，頁3486。收錄於「司法院法學資料檢索系統」：http://jirs.judicial.gov.tw/Index.htm（2013/9/23點閱）。

〔註155〕「解字第130號」（1928年7月18日），司法院，《司法院解釋彙編》，第5冊，頁3512。收錄於「司法院法學資料檢索系統」：http://jirs.judicial.gov.tw/ Index.htm（2013/9/23點閱）。

〔註156〕「解字第216號」（1928年10月16日），司法院，《司法院解釋彙編》，第5冊，頁3527。收錄於「司法院法學資料檢索系統」：：http://jirs.judicial.gov.tw/ Index.htm（2013/9/23點閱）。

〔註157〕「南京最高法院按照普通訴訟手續向來用書面審理，不用言詞辯論，故對於民刑各案，絕少開庭審判之事，茲聞該院因中央特種刑事法庭取消所有原由該庭管轄之反革命案件，概歸其管轄範圍之內，而關於反革命罪刑法上並無明文規定，只以內亂各罪論，依此辦法，在刑事訴訟手續上，當以高級法院為初審最高法院為終審，終審之時並須開庭公開審判，因此最高法院對於反革命各命案時定期實行開庭審判」〈本館要電二：反革命罪之終審〉，《申報》，上海，1928年12月17日，第7版。

〔註158〕〈國內要聞二：河北省指委會請設特種刑庭〉，《申報》，上海，1928年12月23日，第10版。

　　審訊法庭現場，檢察官與被告律師常就有無證據以及證據對涉案人是否構成「反革命罪」條件進行論辯。1929 年 9 月 13 日天津審判「韓義反革命案」現場為例，韓義、范玉華、李春、劉桂同、李廣琛、朱子杰、陳桂生等嫌疑犯，因散布傳單而及被控在崇德里八號開會企圖引發恆源紡紗工廠工潮，1928 年被公安局特務隊及警備司令部逮捕，現場十餘人先是被以觸犯〈暫行反革命罪條例〉第六條（「宣傳與三民主義不相容之主義及不利於國民革命之主張者，處二等至四等有期徒刑。」）、第七條（「凡以反革命為目的，組織團體或集會者，其執行重要事務者，處二等至四等有期徒刑，並解散其團體或集會，如止加入團體或集會者，處五等有期徒刑或拘役。」）之罪起訴，檢察官陳國鈞謂：「韓義范玉華等散放傳單，文內有云『工友們，國民黨現在是靠不住了！我們要自動的團結起邊，打倒資本家、要求增加工資，不允時我們便拆毀機器放火燒屋子』其詆污中國國民黨字不待言，而其共黨手段尤暴露於言表，請鈞庭按反革命治罪法第六、七條判罪」，〔註159〕韓義辯護律師孫觀圻發言表示：

> 其證據僅傳單一紙，及曹文正、朱經明之一言，先就傳單言，其主義為增加工資、減少工作時間，而其實行方法，則拆機器燒房屋，其目的亦不外三民主義中民生主義之一部份，中山先生一言打倒資本家、增加工資、減少工作時間，故其主義與國民黨無牴觸之處，至謂國民黨靠不住了等語，則僅反對個人，與黨的本身無關，不能構成反革命治罪法第六、七兩條之罪，就曹文正等之證言言之，曹謂彼等曾言打倒資本家等語，此亦中山先生主義，不過無知工人，只求目的，不擇手段而已，不能謂之反革命……。〔註160〕

另一辯護律師劉照亦持上述論點，指稱該案證據不足。在法庭攻防上，嫌疑人范玉華表示「在警備總司令部拘押時，朱經明叫我咬韓義，說加入公會」、朱子杰又稱「朱經農〔註161〕叫我們到庭上咬韓義，現在反把我們害得這樣苦，開庭傳他不到，他舅舅有勢力，現在我要求傳朱經明到案對質，再則請庭長快些判決，我家裡還有老母，現在重病」。在這則案例之中，主要根據的證據為韓義與范玉華等人發送單張上「工友們，國民黨現在是靠不住了，我們要自

〔註159〕　〈韓義反革命案昨開審〉，《大公報》，天津，1929 年 9 月 13 日，第 3 張第 12 版。
〔註160〕　〈韓義反革命案昨開審〉，《大公報》，天津，1929 年 9 月 13 日，第 3 張第 12 版。
〔註161〕　疑與上述「朱經明」為同一人。

動的團結起來，打倒資本家，要求增加工資，不允時我們便拆毀機器燒房子」之證據。〔註162〕法庭辯論中范玉華與朱子杰的呈供值得留意，此案雖有紙本宣傳單張與共產黨員聯絡表為證據，范玉華等人皆稱自己是被朱經明誣陷，然朱經明並未到場受質詢、而被控告的主嫌疑人韓義也指「朱經明、曹文正等說我種種情形，彼等需有證據」。〔註163〕此案嫌疑犯 12 人，最後經高等法院判決，認為韓犯罪行為重大，判處有期徒刑八年，其餘判處有期徒刑自半年以上至一年以下不等。在上述審訊中，告發「反革命」案件者並未來到庭上，雖然此案韓義等人中確實涉案，然而，由於對證據考究的確並不嚴謹，誣告狀況時有所聞。

　　不時有誣告之事傳出，尤其常發生在黨部衝突內。如河北高等法院審訊的石莊反革命案中，河北石門市黨務指導員徐英彥等人被指控持有木棍與非法文件，尤其持有北方紅旗，並有共產黨宣傳員出入市黨部內，然而事實證明為誣陷。〔註164〕1929 年天津地方法院就因接獲各處「反革命罪」與「土豪劣紳罪」舉報應接不暇，然而有許多案件經調查後接發現與事實不符，因此再次公布提醒誣告乃非法行為；〔註165〕除了 1927 年以來的積案外，1928 年「中央特種刑事法庭」成立僅三個月，迅速就累積約 80 多起新的「反革命」案等待受理。〔註166〕監獄彷彿上演了武漢政府轄下各監獄的狀況，共產黨與眾多「反革命」犯人，使江陰縣的監獄與收押所人滿為患；〔註167〕吳縣橫街江蘇第三監獄分駐所內部房屋、朽敗不堪，收容人犯定額原定 200 名，但在 1930 年夏季已達 300 名左右，甚為擁擠；〔註168〕而天津市原只能收容 715 人的牢獄中，至 1930 年下半年已達 1400 餘人，由於環境衛生過差，根據犯人所述，每日都有數人死亡。〔註169〕

〔註162〕　〈韓義反革命案昨開審〉，《大公報》，天津，1929 年 9 月 13 日，第 3 張第 12 版。

〔註163〕　〈韓義反革命案昨開審〉，《大公報》，天津，1929 年 9 月 13 日，第 3 張第 12 版。

〔註164〕　〈河北高等法院昨審石莊反革命嫌疑案〉，《大公報》，天津，1929 年 10 月 22 日，第 3 張第 12 版。

〔註165〕　〈地方法院布告懲治土劣及反革命罪〉，《大公報》，天津，1929 年 4 月 2 日，第 3 張第 12 版。

〔註166〕　〈上海反革命上訴案清理結束〉，《中央日報》，南京，1928 年 8 月 8 日，第 3 張第 2 面。

〔註167〕　〈地方通信：江陰〉，《申報》，上海，1928 年 11 月 9 日，第 10 版。

〔註168〕　〈地方通信：蘇州〉，《申報》，上海，1930 年 5 月 20 日，第 8 版。

〔註169〕　〈津市新聞：希望司法當局注意監獄有人滿之患〉，《大公報》，天津，1930 年 10 月 13 日，第 7 版。

　　大批、大量「反革命」案件告發，當中究竟多少屬實，而證據可靠與否，是困擾著各法院的疑難；但是對於執行軍事行動的黨軍來說，「反革命罪」帶來的難題並非證據或司法程序，而是如何與以迅速並且有效嚴懲的問題——要求依證據辦案、不須講究證據，兩種意見表態在國民政府當局處理「反革命罪」的討論裡形成對比意見，政府機關「法」（司法專業）、「政」（黨務考量）兩方對反革命案件審理的觀點並不一致。

　　上述純屬法規流程或審訊爭議的部分事小，最難處理是黨部與司法院還會相互牽制。根據黃紹竑說法：1926 到 1928 年這幾年間，省黨部對於各同級政府之執行黨的政策，位階上都是立處於監督地位，政府對於黨部地位，也相當尊重；在這種新關係之下，彼此各盡其應盡的責任，政治便獲得了長足的進展，然而「自此以後，黨政關係，逐漸改變，這不是說政府漠視黨部，亦不是說黨部不與政府合作，而是成為彼此相對的迴旋，不是平行的激進。在這種狀態之下，不但政治無進步，黨務的前途，更不可樂觀」。〔註 170〕

　　眾多解釋條文與法令刪修，顯示司法界似乎努力在建置一套審理「反革命」案的標準流程；但黨務方面，國民政府似乎傾向無論如何先將「反革命」清理視為首要目標，共產黨為主的「反革命份子」，視為應當即刻剷除的禍害，大開司法改革倒車，在 1929 年立法院訂立專律，使軍事機關亦復能受理「反革命案件」。〔註 171〕根據 1929 年 11 月張貞呈送給蔣中正的電文內容，張貞所部在戒嚴時間警備區域內破獲龍溪縣鄒塘社共產黨機關，搜獲機要文件並逮捕要犯，並據其稱，涉及共黨活動的成員尚有學生、工、農等數百名，圖謀不軌，「若不緊急處分，誠恐暴動擾亂治安，一發不可收拾」，因此請示是否當可以〈暫行反革命治罪法〉分別判處，根據這份請示電文內容，張貞提到不久前國民政府訓令凡軍政機關對共產黨與「反革命」案件即屬緊急處分，應於二十四小時內移送高等法院辦理。〔註 172〕可見黨員立場認為應對「反革命」進行緊急處理，但懲治措施仍被黨內人士認為不夠強烈，對法院按照程序要求證據的司法進行方式並不滿意，使部分黨員曾提出要求，要使對共產

〔註 170〕黃紹竑，《五十回憶》，上冊，頁 183。

〔註 171〕〈軍事機關受理反革命案件　立法院議定專律〉，《中央日報》，南京，1929 年 9 月 7 日，第 3 版。

〔註 172〕「張貞電蔣中正」（1929 年 11 月 30 日），〈製造各地暴動（二）〉，《蔣中正總統文物》，國史館藏，典藏號：002-090300-00013-178，入藏登錄號：002000002267A。

黨的審理更為迅速有效，不當拘泥於證據，必以嚴懲為要；〔註173〕但在另一方面，民意方面又有希望減輕其刑的訴求，〔註174〕黨意與民意之間有著明顯差距。

第四節　〈暫行反革命治罪法〉引起的爭議

　　雖然在 1927 年 2 月就已經有明文在武漢頒行「反革命罪」，然而中國國內最初對於南方的觀察較關注的是國民黨政治宣傳層面的「反革命」，〔註175〕由於黨政統治尚未遍及中國，對於北方輿論界而言，最關注是國民黨政府政治問題，而非法制構造。北伐之際，著名報人吳鼎昌（1884～1950）曾直指當時北洋軍閥與國民革命軍兩股勢力的性質：「北方之欲以軍治國，南方之欲以黨治國，吾人不必問其政策若何，主義安在，皆一視為大亂將至，而期期以為不可者，世知軍閥之為害矣，而不知黨閥之害，未遑多讓。」、「蓋軍閥專制流弊之極，必近於暴君制；黨閥專制流弊之極，必趨於暴民專制。」〔註176〕認為雙方政治清理與言論管控措施之下，將使新聞界內的輿論自由與報導精神失去立足之地。

　　歷史學者唐德剛曾說：「北伐中最大的暗潮是國共鬥爭。共乎？國乎？蔣乎？」迎汪（精衛）或倒蔣（中正）、容共或反共，是前期的政治特徵；而在 1928 年開始，南京國民政府則上演了蔣（中正）、李（宗仁）、馮（玉祥）、閻（錫山）同室操戈的劇碼，使 1929 至 1931 年中國仍舊擺脫不了戰爭的陰影，「竟於同一幅『青天白日』旗幟之下，來個『同黨操戈』三年內戰在北伐完成後接踵而來。〔註177〕除了戰爭之外，國民黨內部黨爭問題，也隨著國民革命軍的克復全國而由「黨治」真正進入「國家」層次；無論是廣州、武漢或南京政府，皆以「一黨治國」為標的，此種構想，使原發於國民黨內「革命」與「反革命」爭議的舞台，從南方漸漸擴充，最終籠罩全國。

〔註173〕「胡漢民、王寵惠提危害黨國緊急治罪法原案」（1930 年 8 月 15 日），《一般檔案》，黨史館藏，館藏號：一般 241/1146.1。
〔註174〕〈社評：黨治與人權〉，《大公報》，天津，1927 年 7 月 3 日第 1 版。
〔註175〕〈時論：罪等〉，《盛京時報》，瀋陽，1927 年 6 月 7 日，第 1 版。
〔註176〕前溪（吳鼎昌），〈社評：軍閥與黨閥〉，《大公報》，天津，1926 年 9 月 23 日，第 1 版。
〔註177〕唐德剛，〈序〉，《李宗仁回憶錄》，上冊，第 4 面（原無頁碼）。

　　北伐至「訓政」的轉捩中，社會仍有許多新、舊理念衝突，種種制度也尚在草擬階段。訓政時期黨治與法治的關係，是法治以黨治爲依歸，而立法機構與單位則相當混亂，「全國代表大會」、「中央執行委員會」、「中央常務委員會」、「政治委員會」、「國民政府委員會」及「立法院」等，似乎都與制定法律程序有關，但在黨國體制下，中國國民黨中央的「政治會議」才是實際上最高的立法權機構。〔註178〕國民政府推行黨治、試圖以「三民主義」爲統一思想的方式，引起各界不同程度反應，梁實秋（1903～1987）就曾經評論：「有許多事能夠統一應當統一的，有許多事不能統一不必統一的。例如，我們的軍隊是應當統一的，但是偏偏有什麼『中央軍』、『西北軍』、『東北軍』的名目；政府是應該統一的，但是中央政府的命令能否達到全國各地還是疑問；財政系統紊亂到了極點；諸如此類應統一而未統一的事正不知有多少，假如我們眞想把中國統一起來，應該從這種地方著手做去。」〔註179〕1928年2月29日〈暫行反革命治罪法〉在中央政治會議修通過，《晨報》於3月揭露條文內容，〔註180〕並在社論中表示：

> 國民黨以反革命三字誅戮異己，箝制輿論者久矣。而所謂反革命者，究何意義，限界殊欠明瞭。迨清共以後，該黨始明白公言「反國民黨者即反革命」，而國民黨儼然以神聖不可侵犯自居，無視民眾之意思與地位，自成一階級矣。今公布反革命治罪法，即以此種思想，具體的現諸條文而已。

〔註178〕田湘波，《中國國民黨黨政體制剖析（1927～1937）》，頁18～19。

〔註179〕「有許多事能夠統一應當統一的，有許多事不能統一不必統一的。例如，我們的軍隊是應當統一的，但是偏偏有什麼『中央軍』、『西北軍』、『東北軍』的名目；政府是應該統一的，但是中央政府的命令能否達到全國各地還是疑問；財政系統紊亂到了極點；諸如此類應統一而未統一的事正不知有多少，假如我們眞想把中國統一起來，應該從這種地方著手做去。」梁實秋，〈論思想統一〉，《新月》，第2卷第3號（1929年5月10日，上海），頁1。本文文末註記日期爲「六、六」（1929年6月6日）所寫，然刊於《新月》第2卷第2號，該期封面印刷日爲「民國十八年五月十日」（1929年5月10日），可能有延誤出刊。

〔註180〕《晨報》在3月7日已公布法規內容，然而根據《國民政府公報》，該法的公布在3月9日，2月29日的版本與3月9日版本有所不同。一日、一葦（張季鸞），〈反革命治罪法　條文已公布〉，《晨報》，北京，1928年3月7日，第3版；〈中華民國國民政府令：制定「暫行反革命治罪法」〉（1928年3月9日），《國民政府公報》，南京，1929年3月，第39卷第3期，頁2～4。

　　……綜觀該法各條規定，主要目的在防止「意圖顛覆中國國民黨及
　　國民政府或破壞三民主義……」，而意圖顛覆中華民國或共和國體
　　者，卻不在反革命之列，足見國民黨眼中只有黨不知有國，舍〔捨〕
　　黨無國，國在黨中。推其解釋，似以爲國民黨即中華民國，故只舉
　　國民黨已足包含中華民國。此種獨斷的專制的思想，竟敢公言於二
　　十世紀時代，蠻橫之氣，固足令人退避三舍，而愚蠢之態，亦足令
　　人捧腹大笑也。〔註181〕

國民黨在以黨治國的立場上，將反對「三民主義」及「顛覆國民政府」者視爲
「反革命」的作法，被此評論撰述者認爲是「國民黨以反革命排除異己」的行
動，而大規模緝捕「反革命」，並沒有什麼具體的思想，而是國民黨單方面主觀
出殺異己，根本上是「反對國民黨爲唯一標準，實屬抹殺民眾一切意見」，在這
一切行動的背後只反映了「國民黨欲以反革命壓制民眾」，而人民將視國民黨爲
「僞革命」。該評論人反對將黨的重要性置於國家之上的作法，這種作法爲「獨
斷的專制思想」；而另一方面，評論者認爲國民黨雖已清黨，但仍是「三民主義」
皮、「共產主義」骨，「今尚繼承共黨謬論，形諸法律，則其未曾覺悟，至爲明
顯。所謂宣傳與三民主義不相容之主義者，皆爲反革命，更爲滑稽。」〔註182〕
國民黨以「反革命」責人，而自身實已先陷於「反革命」地位，《晨報》末了更
激烈批評「國民黨以反革命排除異己，而所謂反革命之性質，僅以是否反對國
民黨爲唯一標準，實屬抹殺民眾一切意見，其罪且浮于彼所謂之反革命。國民
黨欲以反革命壓制民眾，則吾民眾亦當以僞革命反抗國民黨。」〔註183〕

　　而「究竟什麼是與三民主義不相容的主義」？關於國民黨認定的「與三
民主義不相容之主義」，單就法規上來看並無法知道其針對性何在，此時《新
路》半月刊對此評論：

　　說共產主義與三民主義不相容吧？貴先總理曾經說過：「三民主義就
　　是共產主義」。並且國民黨曾經有過一度容納共產黨的事實，如果三
　　民主義果然是與共產主義不相容的，貴先總理便不應該說這種話，
　　貴黨也不應有容共的這一件事。所以用這一條文去科共產黨人以宣
　　傳共產黨之罪，是欠平允的。

〔註181〕　〈社論：反革命與僞革命〉，《晨報》，北京，1928年3月7日，第2版。
〔註182〕　〈社論：反革命與僞革命〉，《晨報》，北京，1928年3月7日，第2版。
〔註183〕　〈社論：反革命與僞革命〉，《晨報》，北京，1928年3月7日，第2版。

說國家主義與三民主義不相容吧？貴先總理曾經說過：「三民主義就是救國主義，」三民主義可以說是救國主義，國家主義總不好說是亡國主義吧？並且貴同志蔣介石當主張取銷〔消〕打倒國家主義的口號的時候，曾演說三民主義便是國家主義，勸你們小同志不要上共產黨的當。那末，適用這一條文去科國家主義黨人以宣傳國家主義之罪，總也欠斟酌吧？

說無政府主義或大同主義與三民主義不相容吧？貴先總理曾經說過：「三民主義一名大同主義」，並且貴同志李石曾，蔡元培，吳敬恆等，老早就是公開的無政府黨人，現在他們一面雖做貴黨國的偉人，一面卻仍舊出刊物，辦學校，印叢書，公開的宣傳無政府主義，你們要根據這一條條文去科這幾位老頭子的二等至四等的有期徒刑，事實上怕也辦不到吧？〔註184〕

《新路》是上海的「國家主義」派刊物，藉由文中所揭示的「共產主義」、「國家主義」、「無政府主義」、「大同主義」，對上述與「三民主義」「不相容」者，國民黨運用了刑事法規，對黨外活動進行打壓，黨人同時也以「反革命」來抨擊對黨治有所不滿的知識份子。「反革命」是一種罪名，但是其中的內容卻帶有極大的任意性。

除了共產主義之外，「國家主義」是此時在「三民主義」之外的一大政治主張，而此號召正是青年黨的中心思想。中國青年黨創黨於1923年12月，〔註185〕是由原少年「中國學會」會員中堅持「國家主義」主張之知識份子在巴黎所創，〔註186〕中國青年黨與中國共產黨法國分子自1923年冬天起即已鬥爭甚烈，在勤工儉學的遊學風氣下，雙方人馬，不是學生同住宿一個學校宿舍中，便是工人在工廠附近合租一屋，連舖共棲，因之雙方私人仍接觸頻繁；〔註187〕創黨之初對外保守秘密，並不宣揚活動，直至1929年9月舉行第四次全國代表大會後才發表公開黨名宣言。首任黨魁為四川人曾琦（慕韓）。青年黨人反對中共，也反對國民黨「聯俄容共」的政策。1927年初武漢國民政府

〔註184〕黑頭，〈近事雜談：（一）評所謂反革命治罪法〉，《醒獅週報》，第178期，上海，1928年3月10日，第1版。

〔註185〕胡國偉，〈序〉，《中國青年黨殉國死難及已故同志略傳初稿》（臺北：中國青年黨中央執行委員會宣傳組，1972年），頁12～13。

〔註186〕李璜，《中國青年黨殉國死難及已故同志略傳初稿》，頁43。

〔註187〕李璜著、沈雲龍節錄，《學鈍室回憶錄》，頁41。

通緝「國家主義」派，此後，「國家主義」派的活動範圍離開了成都與武漢。青年黨主席曾慕韓則以曾遭拘捕而避走日本、被打爲「反革命」而失去四川成都大學教職的李璜到上海來代理中國青年黨的主席職務；〔註188〕而1927年初北伐軍進入上海後，上海吳淞所辦的政治大學便遭到封閉，「有謂君勱爲進步黨餘孽，有謂當時政治大學的教授如張東蓀、潘光旦、聞一多、金井羊、陳伯莊、瞿菊農等人皆不革命；在國共合作革命期內，不革命即被認爲反革命，即胡適所謂『沒有不說話的自由』是也。」〔註189〕

1930年8月，立法院議決一律加重「反革命」案件治罪之處置，修改〈反革命治罪條例〉，「當場捕獲者格殺勿論，現已辦無期徒刑者，亦可加重治罪。」〔註190〕然而同月中央委員胡漢民、王寵惠以各地反動份子益形蠢動，更應採取嚴厲處置而提出〈危害黨國緊急治罪法〉原則，全案由「中央政治會議」交法律組審查後，除部分條文修改外，認爲應改稱〈危害民國緊急治罪法〉，「中央政治會議」交立法院辦理，法制委員會認爲此法如施行，〈暫行反革命治罪法〉應廢止，於是1931年1月24日立法院第一二八次會議決議廢止〈暫行反革命治罪法〉。〔註191〕表面看來〈危害黨國緊急治罪法〉取代了〈暫行反革命治罪法〉，但在實際的審理上，還是以〈暫行反革命治罪法〉的認定標準拘捕政治犯，並且更加重懲治；國民政府不僅並未因著民意反彈而中止使用刑事法規中對「反革命罪」懲治，反而加重了相關的措施。

〔註188〕〈成大學生一致驅逐李璜〉，《漢口民國日報》，漢口，1927年1月13日，第2張新聞第2頁。

〔註189〕李璜，〈張君勱先生逝世紀念特輯：敬悼張君勱先生〉，頁74。

〔註190〕〈格殺勿論　反革命案件決加重治罪〉，《大公報》，天津，1930年8月24日，第1張第3版。

〔註191〕楊幼炯，《近代中國立法史》，頁572。

第四章　針鋒相對：「反革命」案之報導與迴響[*]

　　1927 至 1931 年間，南京國民政府、武漢國民政府、西山會議派與其他政治勢力互相角逐主導中國的大位，國民黨除了面對黨外軍事集團形勢進逼外，黨內爭奪權名的戰火也開始同步焚燒；分共以後，來自共產黨、「國家主義派」、地方實力派等威脅，亦使國民政府疲於奔命想尋求解決之道；另有來自英、日、俄等「帝國主義者」環伺中國，在定都南京後依然攪擾著尚未站穩腳跟的新政府；南京時期黨內改組派與分共後共產黨在外部的繼續鬥爭，〔註1〕及在北伐過程中與南北統一後黨內外高唱「民主」、「人權」與「自由」的輿論呼求，對於剛剛歷經戰火而重生的國家來說，企圖邁向穩定的國家發

---

[*] 本章內容藍本爲原 2013 年 8 月發表之單篇會議論文〈全面対決－南京国民政府の「反革命罪」制定をめぐる論壇状況（1927～1931）〉／〈針鋒相對‧輿論界對南京國民政府制定「反革命罪」的討論（1927～1931）〉（第七回国際セミナー「現代中国と東アジアの新環境：発展‧共識‧危機」／第七屆「現代中國與東亞新格局」國際學術討論會〔大阪：大阪大学会館，2013 年 8 月 22 日〕，會議論文，頁 96～107）；該會議論文於修正後出版爲〈全面対決－南京国民政府の「反革命罪」制定をめぐる論壇状況（1927～1931）〉／〈針鋒相對：輿論界對南京國民政府制定「反革命罪」的討論（1927～1931）〉（大阪大学中国文化フォーラム編，《21 世紀の日中関係：青年研究者の思索と対話》〔2014 年 3 月，大阪〕，頁 91～108）。

〔註 1〕「改組派」是國民黨員王法勤、王樂平、朱霽青、陳樹人、陳公博、顧孟餘、郭春濤等人，主張中國國民黨第三次全國代表大會指派代表不當，而另行在上海組設中國國民黨各省市黨部海外總支部聯合辦事處，號召反蔣、通電歡迎汪兆銘回國改組黨務，並遊說部隊脫離中央，因此而稱「改組派」。沈雲龍訪問，賈廷詩、夏沛然、周道瞻、陳存恭紀錄，《萬耀煌先生訪問紀錄》，頁 271。

展前艱難重重，如上行一條荊棘路。南京國民政府奠基於國民革命的精神之上，然而當革命成爲過去，能否掌控政治主導權，才是政權存續的重要指標。這段時期，危害黨國體制的一切「反革命」者要如何處理，對當權者而言是最直接考驗；應當如何透過法律處理「反革命」的議題，也成爲社會各界關注所在。

關於「反革命」案的關注與論戰中，上海與天津是官方與民意主要的交戰之處。自清末以來，上海爲中外通商最大港口，也是全國文化經濟交通樞紐，報刊由此散播的影響力，足以縱貫長江流域、遍及大江南北，在辛亥革命以前，上海就是一個重要的「革命」宣傳主要區域；〔註2〕而由於地緣位置，使1927年武漢國民政府打壓「土豪劣紳」與「反革命」之際，大量兩湖居民移往上海與天津地區逃避黨禍，〔註3〕大量外省人口的移入，可能也影響兩地對於武漢方面情勢的關注，政治案的報導或討論，在黨政方面主導的政治性報刊上少見，然而在上海與天津的報導評論中卻不乏深刻探究者，如《大公報》、《新月》等報刊、雜誌對於「以黨治國」政策曾直接予以批評，甚至不惜與政府宣傳相悖。〔註4〕

根據賴光臨對民國以後報業的分析，將報業分爲「政治性報章」與「企業化報章」，如上海原有政治性的報紙上海《民國日報》、北伐成功之後國民黨爲宣揚黨義而於上海創立的《中央日報》，皆屬「政治性報章」之疇；而後者則如《申報》，《申報》在史量才收購後成爲個人產業，在1928年時發行量超過14萬份，讀者多屬知識階層，秉持商業報紙的基礎，「在商言商」，報中人多不過問政治。〔註5〕《大公報》則是當時發行量極大的另一著名刊物，新聞業在民國時期逐漸受到重視，報紙一旦仰賴政治團體或政治人物主導，則難秉持直筆不諱，持論難免失於公正，而使評論淪於濟私附庸之用，天津發

〔註2〕賴光臨，《中國新聞傳播史》（臺北：三民書局股份有限公司，1990年），頁24。

〔註3〕「兩湖地區已經烏煙瘴氣，有點辦法的人都逃到上海或天津了，最無辦法的則跑到宜昌或沙市。殊不知宜昌也並非理想的乾淨土。」沈雲龍訪問，賈廷詩、夏沛然、周道瞻、陳存恭紀錄，《萬耀煌先生訪問紀錄》，頁185。

〔註4〕《大公報》因反對以黨治國，對國民黨攻擊尤力，而遭抹黑爲安福系、政學系勾結合辦，遭指收奉系八萬元辦報而極力鼓吹，軍閥時期接受張學良、楊宇霆津貼辦報，又有日本勢力從中保護。〈天津大公報持反動論調〉，《中央日報》，南京，1930年8月12日，第3張第2面。

〔註5〕賴光臨，《中國新聞傳播史》，頁136～140。

行的《大公報》，雖亦隨政治情勢轉變觀點，[註6] 但在由吳鼎昌、胡政之、張季鸞三人接辦後復刊而維持的「不黨、不賣、不私、不盲」主張中，抱持「再爲鉛刀之試，期挽狂瀾之倒」的言論報國心志業，重視對政府的監督之責。[註7] 在 1927 至 1931 年間《申報》與《大公報》對反革命案件報導的傾向上，便可以理解兩者報刊屬性之別：商業性報紙在長評尚處劣勢，《申報》關注的是鉅細靡遺的案件審理狀況，多數案件可以在其上找到相當詳細判決書或辯論片段轉載，但是沒有其他方面的評論；而《大公報》除了例行性的各法院審理案件消息刊載或部分案情揭露外，更多討論相關案件的發展與制度等種種問題，不侷限於案件本身的審理。

第一節　「嚴厲處置反革命分子案」與其風波

在 1928 至 1931 年〈暫行反革命治罪法〉施行的這段時期中，社會上對「反革命」案件與相關懲治的討論往往是被置於當時人權與黨治問題環節內來探討，社會上普遍對於審判過程或罪犯處置較不注意，而比較關切當權者政治理念與對思想言論的管控；比起刑事案卷本身，政治制度的問題與人權爭議更是這時社會上對於政治動態的關注焦點。[註8] 南京國民政府爲鞏固黨治而對報業進行管控的輿論環境下，使人權受限，於是有知識分子發出不平之鳴，如胡適、梁實秋與羅隆基在《新月》雜誌上發表數篇文章，[註9] 引起

〔註6〕高郁雅，《北方報紙輿論對北伐之反應——以天津大公報、北京晨報爲代表的探討》（臺北：臺灣學生書局，1998 年），頁 221～273。

〔註7〕賴光臨，《中國新聞傳播史》，頁 170。

〔註8〕正因如此，就連南京國民政府 1927～1931 年間最終判決適用〈暫行反革命治罪法〉處置的全國性大刑事案件：「一一二二慘案」（1927 年）、「中東路事件／哈爾濱俄領館事件」（1929 年），在審判與裁決後，也不曾引發更進一步的法理討論，社會焦點只在乎於事件本身的處理。因爲對「反革命」的認定與種種措施，焦點並不在於個別案件的特殊性，而在於這類刑事案件都被放置於訓政結構與黨治格局下進行，此時文論中對「反革命」刑罰的探討往往目的是在於討論南京國民政府「黨治」的然否，故在本文所分析的大部分當時報刊文獻中，「反革命」與「人權」、「自由」、「民主」及「約法」等議題往往連結在一起討論。

〔註9〕《新月》月刊於 1928 年 3 月 10 日由胡適與徐志摩等人創於上海，最初爲純文藝性質的雜誌，然而在第 2 卷第 2 號（1929 年）增加了對於國是的討論，在該刊物的撰稿人中，政治評論的執筆者以胡適、羅隆基、王造時、梁實秋、潘光旦等人爲主。張麗真，〈「新月月刊」的政治言論〉（臺北：國立政治大學中山人文社會科學研究所碩士論文，1989 年），頁 9～14。

全國注意，並造成黨政府與知識份子針鋒相對，這場對於人權與法治討論的開端，由上海特別市黨部代表陳德徵所提出、並在全國各大報刊載之「厲處置反革命份子案」所引發。

1929年3月26日上海特別市黨部代表陳德徵在三全大會提出了「嚴厲處置反革命分子案」。此案認為法院要求證據，但是要求證據之程序，卻使「反革命分子」逍遙在外。理由是：

> 革命分子，包含共產黨、國家主義者、第三黨籍、一切違反三民主義之分子，此等分子危害黨國，已成為社會一致公認之事實，吾人應認定對反革命者仁愛，即對革命者殘忍，故對於反革命分子，應絕不猶豫地予以嚴厲處置。查過去處置反革命分子之辦法，輒以移解法院為惟一之歸宿，而普通法院因礙於法例之拘束，常忽於反革命分子之實際行動，而以事後證據不足為辭，實縱著名之反革命分子，因此等之結果，不獨使反革命分子得以逍遙法外，且使革命者有被反革命分子襲擊危害之危險，故應確定嚴厲處置反革命分子之辦法，俾使革命勢力得以保障黨國前途實利賴之。〔註10〕

相關提案在1928年6月間就曾經出現過，〔註11〕中央政治會議第一百四十四次開會曾通過「嚴懲北方反革命份子」的決議，上海特別市黨務指導委員會曾經據此針對任命前奉魯系軍人徐源泉、孫殿英等事，援以違背「嚴懲北方反革命份子」之議，應「嚴懲反革命份子，並實行裁兵計畫」，裁去這類過去從屬奉系、魯系的「反革命份子」，漢口、湖南、江西的黨部對此案紛紛表示贊同，其中，江西黨部還提出：（一）肅清反革命派；（二）禁濫收投降軍隊；（三）實行兵工政策；（四）節軍費充作建設；（五）禁止軍人干政；（六）政務官先用黨員。六項請求，以實現「以黨治國」的目標。〔註12〕然而1928年

〔註10〕陳德徵，「嚴厲處置反革命份子案」（1929年3月21日），《會議紀錄》，黨史館藏，館藏號：會議3.1/3.2。

〔註11〕湖北黨務指導委員會曾於1928年6月23日電呈中央「嚴懲北方反革命份子」，並主張政務官接由國民黨員出任。〈鄂指委會請嚴懲北方反革命派已電呈中央〉，《中央日報》，南京，1928年6月26日，第2張第3面。

〔註12〕〈滬指委會呈請撤免奉魯餘孽軍職違反中央嚴懲北方反革命分子的決議〉，《中央日報》，南京，1928年7月7日，第2張第3面；〈漢指委會響應滬指委會庚電〉，《中央日報》，南京，1928年7月7日，第2張第3面；〈湘指委會贊同滬漢兩指委會主張嚴懲北方反革命份子〉、〈贛指委會向中央建議六項〉，《中央日報》，南京，1928年7月28日，第2張第3面。

12 月 29 日張學良通電表示效忠國民政府後，「三民主義」旗幟之下「反革命」的主要敵人已經不再是北方軍隊，軍隊的實體與北洋系統將領雖然仍存在，但無論南方、北方，就形式上都已經順服於青天白日的「革命」勢力下，陳德徵建議中所提到「共產黨」、「國家主義者」、「第三黨」等「一切違反三民主義」、「危害黨國」份子，才是此時國民黨主觀認定裡實行黨治的阻礙。〔註 13〕但是尚有其他主義如「無政府主義」的支持者，卻不在「反革命」之列，而活躍於政壇上。〔註 14〕1929 年的提案雖未經三中全會通過，然而由於此提案同時刊載於多份全國報刊的大動作，掀起了全國輿論關注，並引發後續關於人權與約法問題的論戰。

　　針對處置「反革命」之共產黨人的提議，陳德徵認為應該對辦法有所修正，以其對非法活動有效遏止：

〔註 13〕　「國家主義派」即是指當時以上海為中心地帶活動的「中國青年黨」，因其早年機關報為《醒獅週報》，故又稱「醒獅派」。該黨與共產黨淵源頗深，該黨成立史與改組前的「國民黨」及新文化運動時期的「少年中國學會」有關，最早名為「中國國家主義青年團」，1923 年 12 月 2 日成立於法國近郊，1929年 8 月 20 日在瀋陽舉行第 4 次全國代表大會，正式定名為「中國青年黨」。該黨在中國政黨史上居於國、共兩黨外「第三政治勢力」之首，口號「外抗強權，內除國賊」與國共兩黨在大革命時期的口號「打倒軍閥、打倒帝國主義」雖然看似相近，實際上，該黨主張的「全民革命」與國、共帶有階級鬥爭色彩的「國民革命」在解釋有著本質上的不同，故在清黨前，青年黨是國共雙方合作打擊的敵對勢力，在 1938 年由於抗日與國民黨達成協議，才轉型為合法公開的政黨，兩黨合作的前，「國家主義派」始終在國民黨的打擊之列。李金強，〈中國青年黨人與五四愛國運動關係之探討（一九一八-一九一九）〉，《中國歷史學會史學集刊》，第 23 期（1991 年 7 月，臺北），頁 165～192。而「第三黨」則為國民黨左派領袖鄧演達發起，集結一批在清黨後的共產黨失意份子與國民黨極左派如宋慶齡等，離開國民黨所籌組之黨，該黨不屬於國、共黨系統內，但自以「左派」自居，且號召恢復清黨前的政策。該黨名稱不定，先由「革命行動委員會」一變為「農工黨」、再變為「新中國國民黨」、三變為「中華革命黨」，終於成立。大致而言：第三黨首先在上海創立「中國國民黨臨時行動委員會」，而於鄧演達 1932 年去世後移至天津成為「中華農工黨」，在各地繼續活動。陳公博，〈再論第三黨〉，《革命評論》，1928 年第 8期，頁 1～3；〈天津第三黨之餘焰〉，《老實話》，1933 年第 14 期，頁 15；吉翁，〈讀者藝林：第三黨溯源〉，《錢業月報》，上海，1933 年第 13 卷第 12 期，頁 3～4。

〔註 14〕　「吳稚暉先生不也有一種主義的麼？而他不但不被普天同憤，且可以打呼『打倒……嚴辦』者，及因為赤黨要實行共產主義於二十年之後，而他的主義卻須數百年之後或者繞行」魯迅，〈答有恆先生〉（1927 年 9 月 4 日），《而已集》，頁 67。

經省及特別市黨部書面證明爲反革命分子者，法院或其他法定之受理
機關即應以反革命罪處分之，如不服得上訴，惟上級法院或其他上級
法定之受理機關，如得中央黨部之書面證明，即當駁斥之。〔註15〕

胡適在〈人權與約法〉〔註16〕一文中表示不滿，認爲這是對法治的否定：
「這就是說，法院對於這種案子，不須審問，只憑黨部一紙證明，便須定罪
處刑。」〔註17〕胡適爲此還投書給當時的司法院院長王寵惠，信中拿陳德徵
提案詰問王，世上有何國家有這種法律存在？此信胡適同時交送國聞通信社
發表。過了幾天，國聞通信社來函表示：「昨稿已爲轉送各報，未見刊出，聞
已被檢查者扣去。茲將原稿奉還。」此事亦使胡適大爲光火：「我不知道我這
封信有什麼軍事上的重要而竟被檢查新聞的人扣去。這封信是我親自署名
的，我不知道一個公民爲什麼不可以負責發表對於國家問題的討論。」〔註18〕
胡適本文得不到王寵惠本人的正面回應，但是這封信被胡適公開在《新月》
上，又造成了轟動。〔註19〕

1929年胡適發表〈知難，行亦不易〉、〈人權與約法〉二文，令蔡元培（1868
～1940）表示「不勝佩服」，〔註20〕然同時引發中央對於胡適的警戒，國民黨
官方指責他「批判黨義，觸犯黨諱」「污辱總理，大逆不道，有反革命罪」，「中
國國民黨中央執行委員會」決議由教育部向胡適加以警戒。〔註21〕關於胡適

〔註15〕 陳德徵，「嚴屬處置反革命份子案」（1929 年 3 月 21 日），《會議記錄》，黨史
館藏，館藏號：會議 3.1/3.2。

〔註16〕 本文文末註記日期爲「十八、五、六」（1929 年 5 月 6 日）所寫，然刊於《新
月》第 2 卷第 2 號，該期封面印刷日爲「民國十八年四月十日」（1929 年 4
月 10 日），可能有延誤出刊。

〔註17〕 胡適，〈人權與約法〉，《新月》，第 2 卷第 2 號（1929 年 4 月 10 日，上海），
頁 3。

〔註18〕 胡適，〈人權與約法〉，《新月》，第 2 卷第 2 號（1929 年 4 月 10 日，上海），
頁 4。

〔註19〕 王寵惠只有在事後函覆胡適，告知陳案「並未提出，實已無形打消矣」。「王
寵惠致胡適」（1929 年 5 月 21 日），《胡適往來書信選》，上冊（香港：中華書
局香港分局，1983 年），頁 515。

〔註20〕 「蔡元培致胡適」（1929 年 6 月 10 日），《胡適往來書信選》，上冊，頁 517。

〔註21〕 胡適時任中國公學校長，國民政府飭教育部警告其言論誤解黨義、逾越學術
研究範圍。羅隆基，〈告壓迫言論自由者〉，《新月》，第 2 卷第 6、7 號（1929
年 9 月 10 日，上海），頁 1。《國民政府公報》，南京，第 279 號，頁 19，收
入朱匯森主編，《中華民國史事紀要（民國十八年九至十二月份）》（新店：國
史館，1987 年），頁 143。

這次言論風暴，羅隆基寫道：「孫中山先生是擁護言論自由的。壓迫言論自由的人，是不明瞭黨義，是違背總理的教訓。倘使違背總理教訓的人是反動或反革命，那麼，壓迫言論自由的人，或者是反動或反革命。」〔註 22〕這年張發奎（1896～1980）因軍隊整併的編遣問題，最後發兵反叛，〔註 23〕此舉被打爲「反革命」行動，而胡適此時亦被國民黨中央視爲「反革命」，兩者雖皆未以〈暫行反革命治罪法〉被拘捕，但「反革命」胡適與「革命」國民黨此時的衝突，更明確言之正顯示政府無法忍受任何一方對「三民主義」與黨治制度的批判；另一方面，也顯示「只有黨的自由，沒有個人自由」的想法，並未被所有國民接受。

藉由《新月》撰稿者對陳德徵提案之抨擊，突顯法律關於人權與自由保障問題所在：「無論什麼人，只須貼上『反動分子』『土豪劣紳』『反革命』『共黨嫌疑』等等招牌，便都沒有人權的保障。……無論什麼書報，只須貼上『反動刊物』的字樣，都在禁止之列……無論什麼學校，外國人辦的只須貼上『文化侵略』字樣，中國人辦的只須貼上『學閥』『反動勢力』等等字樣，也就都可以封禁沒收，都不算非法侵害了。」〔註 24〕針對這種種現象，胡適因此認定：唯有制訂憲法，才能保障人權，否則，在訓政之下「至少，也應該制定所謂訓政時期的約法」。〔註 25〕胡適〈人權與約法〉刊出後，雜誌社收到許多讀者來函，〔註 26〕讀者諸青來提出「即使約法頒布，人民之言論出版仍須受嚴重限制」，胡適則回應：「其實今日所謂『黨治』，說也可憐，那里〔哪裡〕是『黨治』？只是『軍人治黨』而已」中國需要「規定人民的權利義務與政府的統治權」的約法，「不但政府要受約法的制裁，黨的權限也要受約法的制裁」，約法不僅是對人民自由的保障，亦是國

〔註 22〕「這並不是說在十八年的中國，胡適先生的地位的高貴，比得上蔣總司令等等，更不是『人權約法』這種反革命的口號，有張發奎們反革命的大炮的響亮」羅隆基，〈告壓迫言論自由者〉，《新月》，第 2 卷第 6、7 號（1929 年 9 月 10 日，上海），頁 1～2。

〔註 23〕胡漢民，〈去實現總理「知難行易」的學說！〉（1929 年 10 月 1 日，講於國府文官處學術講習會成立會），《胡漢民先生演講集》，第 10 集，頁 176。

〔註 24〕胡適，〈人權與約法〉，《新月》，第 2 卷第 2 號（1929 年 4 月 10 日，上海），頁 2。

〔註 25〕胡適，〈人權與約法〉，《新月》，第 2 卷第 2 號（1929 年 4 月 10 日，上海），頁 5。

〔註 26〕〈編輯後言〉，《新月》，第 2 卷第 3 號（1929 年 5 月 10 日，上海），頁 1。

民黨施行政綱的機會。〔註27〕

中國近代知識份子傾向西方民主思想已成爲時代的潮流，對於南京當局之批評，亦多以此爲標準。國民黨所謂訓政與「黨治」，與歐美之民主自由制度相衡量，顯然有相當距離，因此引起部分知識份子的不滿。知識份子反對聲浪以胡適等人爲代表。胡在早期與國民黨人頗多交往，亦有文字上討論互動，在北伐初期及國共分裂時，他對國民黨持肯定態度，希望國民黨帶來中國新生的局面。〔註28〕陳德徵提案所引發的討論與爭議，正呈現了在訓政初期各界對於「黨治」所涉及之法治與人權議題的關注。

縱然有上述輿論界人士對嚴懲「反革命」之舉大表不然，然而，1930年8月23日立法院開會討論處置相關案件，最終結果仍然是議決「一律加重治罪」不僅加重罪刑，並簡化了司法流程，又罔顧現代國家立法原則上所謂「既往不咎」原則：「修改〈反革命治罪條例〉，當場捕獲者格殺勿論，現已辦無期徒刑者，亦可加重治罪。」〔註29〕與武漢國民政府時期審判或拘捕之過程雷同，無論是1927年的武漢或1928年以後的南京，司法機構在審理「反革命」案件程序上，難保有自身獨立性。

第二節　「反革命犯」罪與罰的輿論反饋

中國自1927年2月9日頒布〈反革命罪條例〉開始出現了「反革命」政治犯，雖然這一開始並不是以清理共產黨員爲主的法律，卻隨政治情勢轉移，逐漸轉向以審理共產案件爲主，只是武漢國民政府對「反革命」逮捕行動，與南京國民政府在認定嫌疑人方面有頗爲顯著的差異，兩者裂解的轉捩發生在1927年上海工運界；南京國民政府在4月另組成立，與武漢對立展開寧漢分裂，南京也以「反革命」之名施行清理，構想除了來自武漢先行制定的〈反革命罪條例〉，還有發生在4月12日的「清黨」，清黨更確實表明南京當局態度，清黨當然被武漢方面視爲「反革命行動」；而站在南京觀點，具有武裝並

〔註27〕〈「人權與約法」的討論〉，《新月》，第2卷第4號（1929年6月10日，上海），頁3～5。

〔註28〕蔣永敬，〈國民黨實施訓政的背景及挫折〉，《百年老店國民黨滄桑史》（臺北：傳記文學出版社，1993年），頁191。

〔註29〕〈格殺勿論　反革命案件決加重治罪〉，《大公報》，天津，1930年8月24日，第1張第3版。

且組織強大、行動與黨義實有相悖的工人團體才是貨真價實的「反革命」。事件的真實性並非兩肇爭論關注所在，〔註30〕雙方只在乎於將上海工團解除武裝一事賦予對自己有利的政治解釋；清黨的傷亡都非政治焦點，這才是有目共睹的現實。

圖十六　左右夾攻

圖片說明：外界對於黨爭的理解，是一齣內同室操戈的
　　　　　悲劇，圖中巧妙安排了孫中山目擊持槍對決
　　　　　的兩方而潸然淚下。

資料來源：《益世報》，天津，1927年3月7日，第4張
　　　　　第14版。

〔註30〕「就這次上海的工潮（按：指1927年4月12日開始的清黨行動）而論，一
　　　方面說是當局壓迫工人，是反革命，一方也說是工人擾亂後方，是反動派。
　　　據所有報紙上的記載看來，兩者都是事實。但是孰為因果，都是各執一詞。」
　　　〈通信〉，《現代評論》，第5卷第125期（1927年4月30日，北京），頁19。

　　對「反革命」不同解釋反映政治立場對立，但在政壇觀點以外，知識分子視野裡對相關討論頗為蔑視，有人認為不管是這組詞彙或執政上黨派對立等現象，其實淨是一些無意義爭端：「無論你如何努力實現三民主義，只要少拂他派之意，他們便把你寫在右派的名冊，甚至於把你送在反革命派的隊裡」、〔註31〕「凡不與共產黨勾結妥協就是右派」與「反共產就是反革命」實際上是一個邏輯，〔註32〕「在國民黨立足點上看來，凡反對三民主義的便是反革命。凡反對中山及國民黨的也是反革命。蔣介石雖然有令人不滿意的地方，然而他所掛的是青天白日旗幟，並不像那些『中國人』扯蘇俄國旗那樣的喪權辱國體。蔣氏所標榜的三民主義是真是偽，不必深談，總較那些高呼打倒三民主義的共黨要強勝幾倍」。〔註33〕

　　對於大量共產黨人被捕，其實早在 1927 年清黨之後就有輿論界人士抱持著希望雙方和平解決的立場而提出觀點：「如果我們承認共產黨是一個和國民黨一樣的『黨』，則國民黨的『清黨』手段，不應該是殺戮，而應該是拚拒共產黨於國民黨之外，使它成立一個敵黨。相競相長的手段，不是武力的強弱，而是主義的強弱。」作者認為最後應該由人民來做最後兩黨勝負的判官，而共產黨也不應該繼續戴上假面具在國民黨中冒充，應該走出黨外，正式對決。〔註34〕而《大公報》更毫不客氣地批評：「今寧政府標榜反共產黨，獨司法觀念則學共產黨，其處置共黨也，猶之共黨主張之赤色恐怖，僅異其色耳」〔註35〕、「俄式黨治，反黨治者，即為反革命。其處置反革命也，動用極刑，不稍假借，此蘇俄式，非西歐式也。寧漢黨治，乘北方腐敗混亂之餘而起，挾革命之熱情，為群眾之奮鬥，其風靡一時也固宜，然而其於思想異己者之嚴峻，天下人心，頗喪失矣。」〔註36〕周作人亦指責國民黨對於共產黨的處置，似乎反映出一種中國人「殺亂黨」的嗜好：「無論是滿清的殺

〔註31〕　〈通信：反響的反響〉，《現代評論》，第 5 卷第 126 期（1927 年 5 月 7 日，北京），頁 15。

〔註32〕　〈通信：反響的反響〉，《現代評論》，第 5 卷第 126 期（1927 年 5 月 7 日，北京），頁 16。

〔註33〕　〈通信：反響的反響〉，《現代評論》，第 5 卷第 126 期（1927 年 5 月 7 日，北京），頁 17。

〔註34〕　熊保豐，〈通信：共國之爭〉（1927 年 5 月 10 日，綏遠），《現代評論》，第 5 卷第 128 期（1927 年 5 月 21 日，北京），頁 20。

〔註35〕　〈社評：黨治與人權〉，《大公報》，天津，1927 年 7 月 3 日，第 1 版。

〔註36〕　〈社評：論反共反蔣之道〉，《大公報》，天津，1927 年 7 月 13 日，第 1 版。

革黨，洪憲的殺民黨，現在的殺共黨，不管是非曲直，總之都是殺得很起勁，彷彿中國人不以殺人這件事當作除害的一種消極手段，（倘若這有效，）卻就把殺人當作目的，借了這個時候盡量地滿足他的殘酷貪淫的本性。」〔註37〕但是，國民黨主政的政府仍選擇對黨治施政之負面影響選擇嚴格控管，1929年的《申報》上端就曾出現下列短篇小品文，文中虛擬二人對話：

 甲　「孔子是一個反革命。」

 乙　「何以見得。」

 甲　「論語上不是有：『君子群而不黨。小人黨而不群。』兩句話嗎？

   這就是孔子誣蔑本黨的反革命證據。」

 乙　「…………。」〔註38〕

以「黨治」所開展的「反革命罪」審理，在南京時期整體看來是受負面評價多於正面表述；在上述句子中，「黨」一字存在成為作者諷刺挖苦「反革命」判準的文眼所在，凡觸及「黨」字的敏感神經，字句都須斟酌，沒有追溯上限的「反革命罪」不僅追溯近期犯行、還可上溯至民國建立以前的行為，上述甲、乙兩方對話當中，不僅凸顯出「反革命」認定標準依據之薄弱、亦顯示「證據」本身說服力之不足，與民間對於黨治政府追緝「反革命」的負面觀感，「反革命罪」最初的立法出發點是為了維持國家秩序，然而相關審訊過程中，卻顯示它帶有某部分荒誕不羈的成分。

第三節　「反革命」判決結果與戰後社會觀感

  南京國民政府以〈暫行反革命治罪法〉處置的全國性大刑事案件中，如發生在1927年的「一一二二慘案」、以及1929年「中東路事件／哈爾濱俄領館事件」，〔註39〕在審判與裁決行進過程中，社會焦點只在乎於法律處理辦法

〔註37〕 周作人，〈怎麼説才好〉（1927年9月20日），周作人著，止庵校訂，《談虎集》（石家莊：河北教育出版社，2003年），頁189。

〔註38〕 鍾靈，〈自由談：反革命的孔子〉，《申報》，上海，1929年5月12日，第19版。

〔註39〕 「一一二二」，發生於1927年11月22日，是黨爭衝突下武力鎮壓學生運動所造成的流血事件，造成中央黨務學校學生傷亡；而「中東路事件／哈爾濱俄領館事件」，為1929年俄方違反中俄協定，在俄國領事館內籌劃反對國民黨行動，未成而事洩，被查獲相關文宣，而相關人員被以〈暫行反革命治罪法〉起訴，此事造成中俄關係一度緊張，並衍生成中東路沿線的兩國戰事，最終除在押期間去世之一名人犯外，其餘俄員予以釋放復職。

或後續影響，人犯的處置在沸騰的愛國氣氛下為全國所矚目，至於罰則內容與意義，並非民眾關注的焦點。〔註40〕在愛國心驅使下，1920、1930年代各民眾團體時常發出頗為激進的宣言，要求嚴懲「反革命」，〔註41〕1920年代「國民革命」氣氛濃厚，凡遇全國性政治事件，各地、各團體的聲明常如雪片般飛來地表態支持官方立場，〔註42〕然而，這類口號未必能反映大眾真實心態，反倒比較像一種「趨吉避凶」的聲明，恐怕是各界欲與「反革命」這種避之唯恐不及的瘟疫劃清界限，打劑革命預防針的前置作業，〔註43〕口號與民間真實觀點間，可能存在著落差。1929年，《大公報》曾探討了以〈暫行反革命治罪法〉審判的案件，或許更具有當時社會對於相關案件實際感受的代表意義。

自1928年國民政府明令取消「特種刑事法庭」以後，所有「反革命」案件，概依刑律〈內亂罪〉，由高等法院辦理，1929年7月27日南京方面通過〈反革命案件陪審暫行法〉，〔註44〕立法規定各地最高級黨部為「反革命」案件第一審判決機關，天津方面更頒布〈黨部陪審條例〉，限定於「反革命」案，創行陪審制。〔註45〕自1928年以來，天津的「反革命」案件都由法院辦理，「未聞以軍法槍決反革命犯」〔註46〕1929年8月22日，傳言天津市民訓會議決議將仿效上海召開反俄大會，要求槍決被捕之共產黨人，《大公報》社評則論以：「法院並無槍決之權，刑人亦非公開之事，又安得若干判決死刑者於廣

〔註40〕 〈東方民眾眼中的蘇俄反革命案〉，《新東方》，1931年第1卷第12期，「時事述評」（1931年），頁1～3。

〔註41〕 〈京市民訓會為中俄事件發告民眾書　打倒違反協定並破壞和平的蘇俄　肅清中國共產黨及一切反革命派〉，《中央日報》，南京，1929年7月26日，第2張第3版。

〔註42〕 〈民國十六年十一月二十二日慘案（一）〉（1927/12/01～1928/08/20），《國民政府檔案》，國史館藏，典藏號：001-014000-0037，入藏登錄號：001000001882A；〈民國十六年十一月二十二日慘案（二）〉（1928/05/16～1930/05/29），《國民政府檔案》，國史館藏，典藏號：001-014000-0038，入藏登錄號：001000001883A。

〔註43〕 在當時，對於局勢有所批判辱罵，則難免「反革命」之嫌。如博興縣教育局長趙東岱措辭激烈，遭到「辦學不力」、「辱罵黨國」等指控，而被指責「有反革命嫌疑」。〈博興教育局長被控　謂有反革命嫌疑〉，《中央日報》，南京，1929年8月2日，第3張第1版。

〔註44〕 〈反革命案件陪審暫行法　最近立法院會議通過〉，《大公報》，天津，1929年7月31日，第1張第4版。

〔註45〕 〈法治與反共〉，《大公報》，天津，1929年8月29日，第1張第2版。

〔註46〕 〈法治與反共〉，《大公報》，天津，1929年8月29日，第1張第2版。

場槍決之……以殺人爲示威運動之舉，其心理等於古代殺人祭旗挖心祭靈之類，是將使中國倒退數世紀之遠，根本上不足爲訓」。〔註47〕《大公報》社評指出：「反革命犯人，一經逮捕，應隨時交高等法院依法檢舉，至於是否起訴，及起訴後之是否判刑，與夫判刑之輕重，皆法院之事。一般局外人，惡之不能強其死，愛之不能必其生」〔註48〕尊重法院審判職權、擁護法律神聖，才是法治國家與國民應有的態度。

　　確實在部分地區仍可見上述遊街示眾的法外刑罰，各省軍政機關也還是有未經長官核准而自行執行宣告死刑案件的刑罰，使 1929 年 9 月 24 日國民政府再次訓令嚴禁各直轄單位如公安局及各團體濫用遊街示眾等非法刑罰：「查拘捕人犯及關於死刑案件呈報核准等程序，現行法令均有詳細規定。至於濫用遊街示眾等刑罰，尤屬干犯法紀，自當一併禁止……查現代刑法採取感化主義，逮捕時應依法辦理，以顧全犯人之廉恥，況妄用遊街示眾等法外之刑，由非法治國家所許，……至宣告死刑者，尤須依法執行，決不得有梟首陳屍等情事，以維人道而保文明」。〔註49〕

　　1929 年 11 月 14 日，高等法院初審「荊緯反革命」一案，指出「天津共黨計畫在今秋有一種暴動，荊即負有此項重大嫌疑之一人。」〔註50〕荊緯是河南洛陽麻村人，1929 年 3 月充任國民革命軍第八師第八旅副官，8 月 20 日去職，由河東豐順棧搭乘火車移至華北公寓的途中，憲兵第一營分隊在其行李中搜出軍衣軍帽武裝帶各兩套、護照一紙，又共黨刊物《世界週刊》、《香港曉報》、《反動計畫》及黨員程玉環名片一紙，並其親草之入黨誓書，遂即逮捕，轉解警備司令部。

　　此案的根據爲：一、荊之入黨誓書；二、爲其在警部之自首書；三、共產黨員程玉環名片；四、其隨身所帶若干反動刊物；另指出荊緯與天津共產黨要人有所往來：「初有廖某者，隸該黨幹部，似任聯絡黨員之職，而不以眞名示人，……，車上邂逅廖某，傾談甚快，數過從，廖乃以共黨誓書，囑荊照抄一份，時荊在羈押中，曾具書自首，故警部據以送交法院，昨爲第一審，

〔註47〕　〈法治與反共〉，《大公報》，天津，1929 年 8 月 29 日，第 1 張第 2 版。
〔註48〕　〈法治與反共〉，《大公報》，天津，1929 年 8 月 29 日，第 1 張第 2 版。
〔註49〕　《國民政府公報》，南京，第 278 號，頁 7～8，收入朱匯森主編，《中華民國史事紀要（民國十八年九至十二月份）》，頁 142～143。
〔註50〕　〈荊緯反革命案昨初審〉，《大公報》，天津，1929 年 11 月 15 日，第 3 張第 12 版。

開庭調查，下次言辭辯論」〔註 51〕而荊氏則供稱：一、所謂共產黨誓書是廖某託抄，至於他本人不知在何用途；二、而作爲嫌疑主證的自首書，是經過憲兵司令部裁判所，在警部逼迫下所書寫之自述，絕非所謂「自首」，而只有所謂「自述」，他本人實非黨員；三、程玉環係軍政校同學，本次欲來津求職，故隨身攜帶；四、《世界週刊》係購自天津法租界天津書局；而廖某囑書之十條，平日放置案上，自爲不知係共黨書類之明證。

檢察官則於論告時指出：一、荊緯所持有的共產黨誓書第十條之第五項，有「紅軍」字樣，「荊隸軍籍，何得不知？」；二、「又有如何秘密工作之規定，荊既受自廖某，何爲不問？且據供已知廖某非類，而遂避地華北公寓等語，足證廖已與謀」；三、「就其自首書所云：廖某在東方飯店，侈談蘇俄收回中東鐵路，最爲正當，又廖同居之張某姜某，亦復高唱無產階級、奮鬥革命，即荊在本次所辯，仍極言與廖所談爲反對編遣公債問題，皆足爲共產反動之證明」律師則起而辯護稱：「荊既爲謀職來津，途寓廖某，或者聞其指陳時政，誤爲當道之人，蓄意攀緣，曲承意旨，出身武莽，鮮經事故，因受其給；再則荊之移入華北公寓，或因廖某不可與友而避之，非爲加入共黨敵人耳目之際，蓋果爲共黨，必避入租界，斷無仍遷移華界之理，故荊之所犯，似非所知」。而檢察官則反駁：「求職是一種希望心，因希望而有冒險，若爲求職，即不能加入共黨，顯無此理！」。〔註 52〕

荊緯從國民黨軍傾向共產的立場轉變，其實與內戰後大環境就職不佳相關，尤其軍職退下後，泰半青年已經錯過了人生中的求學精華時段。北伐結束後，全國有陸軍 220 萬人，軍費支出佔國家總收入的 85%，國民黨二屆五中全會（1928 年 8 月 14 日開幕）決議軍費支出不得超過國家總收入的 50%，於是非裁軍不可，1928 年 7 月，各軍總司令在北平已有裁軍討論，1929 年 1 月 1 至 25 日，南京召開國軍編遣會議，決定將全國軍隊分爲 6 個編遣區，6 個編遣區除 4 個集團軍外，每一區不超過 11 個師。因國軍編遣問題而在 1929 年 3 月 15 至 27 日三全大會之際引發各方軍人興兵反抗，與改組派共同號召「護黨救國」，且在 1929 年 2 月由桂系軍人爲首發動內戰。〔註 53〕裁軍造成

〔註 51〕 〈荊緯反革命案昨初審〉，《大公報》，天津，1929 年 11 月 15 日，第 3 張第 12 版。

〔註 52〕 〈荊緯反革命案昨初審〉，《大公報》，天津，1929 年 11 月 15 日，第 3 張第 12 版。

〔註 53〕 張玉法，〈體制認同與政治權利之爭（1929～1937）〉，《中華民國史稿》，第 4 章，（臺北：聯經出版事業公司，2001 年），頁 224～228。

了大量失業軍人的出現，並加深軍政衝突的擴大，編遣後的退伍軍人佔據了各地車站，甚至搶劫銀行，〔註 54〕其中，部分青年確實可能或因失業而由三民主義轉向對共產主義的信仰，期待藉由對不同政治理念效忠，來換取就業可能。

裁軍後大批退伍軍人求職與就業困難，造成社會問題，已常載諸報端，《大公報》對此案件特別關注，認爲「共犯荊緯者，可爲近時中國失業青年之寫照，彼曾卒業於前第四集團軍事政治學校，曾充赴關，離職來津，逆旅困頓，遂附黨人」對於荊緯本人辯論無效的無奈與困苦失業青年請願描寫頗深，顯露記者對於該案有著眞切同情。〔註 55〕同時，《大公報》編輯團隊對政府大規模以反共產爲目的掃蕩「反革命」的作爲，並不表贊同，認爲除共產黨外，人民對於政府並無反抗之行動。1930 年 10 月的社論復指出：

> 夫望當局首先注意者，自黨國統一以來，除共產黨外，凡在國府統治下之各業人民，對於政府絕無反抗之行動，甚至無其意念，兩年之亂，皆籍隸國民黨者爲之，一般人民，不預聞也，充其量，苦痛而呻吟已矣，然人民平日，對於許多問題實懷疑不解。……如寧漢對峙，互成敵人，然一旦握手，依然同志，文人固然，武人亦復如是，最著者如唐生智，十六年西征、十八年春復起用，唐、白二人，於兩年之前互易其位，夫當局用捨黜陟之間，自有其一定之政略，人民焉可妄作批評……良懦人民，對於政府一旦稱爲叛逆之人，且即在其下野失權之後，亦復不敢坦率攻擊其爲軍閥、爲封建、爲反革命。〔註 56〕

天津《大公報》的立場，不僅對於當局緝捕「反革命」罪犯的行爲有所疑慮，並認爲所謂「反革命」與「軍閥」、「封建」等口號相連運用推出，是一種政治上的鬥爭與權謀，政治上互爲寇仇者不日仍可言和，然而當局卻要求民眾對「反革命」加以批判與糾舉，一切政治口號與針對性總是日遷月易，由此觀之，媒體對於當局所謂「反革命」的概念與針對性，似乎有所存疑。

〔註 54〕 馮玉祥，《我所認識的蔣介石》（北京：國際文化出版公司，2011 年），頁 17～18。

〔註 55〕 〈荊緯反革命案辯論終結〉，《大公報》，天津，1929 年 11 月 16 日，第 3 張第 12 版。

〔註 56〕 〈社評：清議之源泉在政府〉，《大公報》，天津，1930 年 10 月 16 日，第 1 張第 2 版。

易勞逸（Ltoyd E. Eastman）在上個世紀 80 年代的研究中指出南京國民政府黨國體制下最虛弱特徵之一，便是政府機構無效率。〔註57〕官員忙著處理各種文件並制定新規範，但是新法規實際落實者不在多數；〔註58〕北伐時期的「革命者」很快地變成了南京時期的傳統官僚，前期國民革命的積極性並未賦予行政機關進步奮發的精神，南京丁家橋的中央黨部堪稱是全國最高權力機構，根據萬耀煌觀察，認為黨中央主管人事的組織部官僚氣息最重。〔註59〕

「反革命份子」（尤其以共產黨員為眾）的處置問題引發民間立場與國府立場針鋒相對，而有爭議則存在於黨部與高等法院之間。前述「荊緯反革命案」中，呈現「民意」與「政意」立場之殊；但除了民間立場觀點與國民政府的法治觀不同，另一起在 1930 年 2 月之初《大公報》所關注的「天津第六區反動案」（或可簡稱「張信庵反革命案」）審判爭議，則呈現國民政府內部「黨義」與「法意」權責歸屬之爭。

天津市第六區張信庵、牛玉慶等涉及共黨嫌疑之「反革命」案件審判中，嫌疑犯先後被高等與地方判決無罪，導致市黨部與法院間爭執。該案僅以一把沒有證書、無法射發子彈的廢手槍為證據，而張信庵本人在庭上供稱：自己只是反對中國國民黨第三次全國代表大會，只有在紀念週向黨員報告自己的反對立場，並無「反動」事實；法院方面認為，只有共產黨是「反革命」，而張等人只是反對了會議本身，「不算反動」，而一只不堪用的廢手槍，也並不足以證實嫌疑人有涉及共產黨事務，「不能成立反動證據」，根據律師辯護「反對三全代會，不算反動，廢手槍不能成立反動證據」，辯護得到法院採納；但在黨部的理解，則認為「反對三全大會，即係反革命」。〔註60〕雙方僵持不下。

〔註57〕 易勞逸（Ltoyd E. Eastman）著，陳謙平、陳紅民等譯，《流產的革命：國民黨統治下的中國（1927～1937）》（The Abortive Revolution, China Under Nationalist Rule, 1927～1937）（北京：中國青年出版社，1992 年），頁20。

〔註58〕 易勞逸（Ltoyd E. Eastman）著，陳謙平、陳紅民等譯，《流產的革命：國民黨統治下的中國（1927～1937）》，頁20。

〔註59〕 「我去過中央黨部三次，看來還算是個有朝氣的機關，但也感染上了一些官僚氣息，尤其組織部官僚氣息最重。」郭廷以校閱，沈雲龍訪問，賈廷詩、夏沛然、周道瞻、陳存恭紀錄，《萬耀煌先生訪問紀錄》，頁245。

〔註60〕 〈社評：市黨部與高等法院因張信庵反革命案判決無罪，引起市訓練部測驗黨義問題　法院聲請展期測驗事實恐不可能〉，《大公報》，天津，1930 年 2 月 7 日，第 3 張第 11 版。

　　黨部方面在獲知判決後，質以「張等反動有據，且吸食鴉片，並係現行犯，法院將張等釋放，究竟據何理由，請將判決書抄送一份」，〔註61〕並商討後續辦法，市黨部訓練部長劉不同（1905～1969）並以高等法院此種舉動「似乎不明黨義」，決定預備了黨義問題八十五項，於 1930 年 2 月 8 日巡行前往法院進行「黨義」測驗。對此，法院方面於 2 月 6 日函請測驗暫緩延期，「其理由之一為院長現正出巡各監獄未回；二為法院事務忙迫；三為法院禮堂狹小，職員眾多難於考驗。並聲明該院已成立黨義研究會，不過因時間較少，研究為臻精細云云」〔註62〕，請求遭到市黨部以理由不充分拒絕。「黨義」似乎在此是黨部念茲在茲的，但就實務來看，不過只是因為法院方面的審判果結果不如黨部預期。

　　「張信庵反革命案」反映出黨部與地方各司法審議機關互相掣肘，在 1928年初，《大公報》對於地方黨部與政府機構矛盾衝突有所觀察：「自其中央黨部以至各地機關，互罵打架，有如仇敵，甲起則乙否認。官僚投機於其間，黨人腐化而暴亂」〔註63〕在國民革命局勢尚未底定以前，南方號為「黨化」與北方號為「軍治」，照理應有相當懸殊之差，但「自中央府院以至地方官廳，消沉黯淡，殊無生氣，有地位而無權力」〔註64〕竟是中國 1920 年代南北戰爭中兩政府的共同點，永無止盡的痛苦與恐怖隨著戰爭席捲而來，似乎是一條看不見盡頭的死路。當黨部與司法機關發生爭議時，究竟應當以哪一種意見為準呢？張案爭議顯示此時國民政府仍然無法為此類衝突供給有效解套方法，難題依舊存在，地方各處政治與行政殊難同步。而民意對法權的觀點也與中央制定法政制度以「黨化」為導向的觀點不同。受了新式教育薰陶的知識份子，已經開始主張中國需要不只是統一政府、制度，而是更要進一步講求「法律教育之革新普及、司法獨立之絕對尊重」〔註65〕，雖在國民革命宣

〔註61〕　〈社評：市黨部與高等法院因張信庵反革命案判決無罪，引起市訓練部測驗黨義問題　法院聲請展期測驗事實恐不可能〉，《大公報》，天津，1930 年 2月 7 日，第 3 張第 11 版。

〔註62〕　〈社評：市黨部與高等法院因張信庵反革命案判決無罪，引起市訓練部測驗黨義問題　法院聲請展期測驗事實恐不可能〉，《大公報》，天津，1930 年 2月 7 日，第 3 張第 11 版。

〔註63〕　〈社評：混沌與恐怖〉，《大公報》，天津，1928 年 1 月 4 日，第 1 版。

〔註64〕　〈社評：混沌與恐怖〉，《大公報》，天津，1928 年 1 月 4 日，第 1 版。

〔註65〕　〈社評：修訂刑律與編纂法典問題〉，《大公報》，天津，1928 年 2 月 15 日，第 1 版。

傳中，中國各處都可見響應「黨化」的呼召與報導，表態支持政府推行以黨治國政策，但黨治風浪未必反映了全民心志所向，畢竟這是個政治怒滔與黨旗飛舞的時代。

在「張信庵反革命案」消息揭露隔天，《大公報》「社評」專欄就司法專業度來作判準，「欲令人民信用法院，首須政府自身，尊重司法獨立，無論軍、政、黨各方面，不可有干涉審判之舉動」〔註66〕認爲縱使法官判決有值得商榷之處，論者也必須要從法律範圍內來發想，撰稿者認爲天津「張信庵反革命案」判決的誤會與最終造成黨與法院關係之緊張，正是因爲判決有瑕疵時申訴管道並未經由法律途徑，而是變相以「黨」抑制「法」權行使，變成外力對法治的侵擾，司法討論偏離主題、在法庭以外另造糾紛，使民眾對法院輕視，都是根源於整體司法環境對法權獨立的不尊重以及長年中國司法單位經費短缺，無法統籌運作而導致的狀態，以張案判決爲例，若有任何審訊瑕疵，「不妨令由同級檢察官審核情形，提起上訴，以資糾正原案」。〔註67〕

從北伐到「訓政」，這段期間政令宣傳所使用的口號與司法案件中對「反革命」的認知對象，存在著「名」、「刑」差異：「國民革命」北伐階段中所控訴的奉、魯、直等地方實力派軍閥，或者過去聲稱爲更高遠的革命目標所需打擊之帝國主義等輩，往往在政治局勢改變之後，隨著口號的變易，其「反革命」罪行也被人淡忘而無甚追究，甚至溶爲「革命新血」，完全納入以黨治國的環境中成爲新成員；〔註68〕在刑事案件中被指控爲「反革命」而被逮捕、起訴、審訊、監禁的嫌疑犯，反而其罪遠不及於動輒連戰數省造成無數死傷的軍事將領，根據此時報刊資料，多數入監者被視爲有共產黨或青年黨、第三黨的連帶關係，其犯行往往也不過是散散傳單、發發牢騷，實際上涉及重大刑案，或涉及盤據土地、殺傷、放火、決水、掠奪者，並不在多數，更

〔註66〕〈社評：改良司法與增加經費〉，《大公報》，天津，1930 年 2 月 8 日，第 1 張第 2 版。

〔註67〕〈社評：改良司法與增加經費〉，《大公報》，天津，1930 年 2 月 8 日，第 1 張第 2 版。

〔註68〕「我在南京住了十幾天，我的印象是，國府要員多擁擠在滬寧路上，好多委員及革命要人虛憍奢華，浮而不實，昔日北京舊官僚都變成了新政府的要員，一切人事安排完全憑人事關係來決定，這那兒是個革命的政府。」萬耀煌，沈雲龍訪問，賈廷詩、夏沛然、周道瞻、陳存恭紀錄，《萬耀煌先生訪問紀錄》，頁 246。

有爲數不少的案件是因私人糾紛而遭到誣告。〔註69〕以上狀況，或許正是導致訓政前期敢於反對黨治的知識份子之所以在涉及「反革命」討論時，會更迫切以人權與司法獨立討論爲主要訴求的其他因素。

　　前輩研究者易勞逸指出南京國民政府擁有中國政治模式的雙重遺產：首先，中國的政治傳統本質是式專制的；其次，孫中山最初主張民主，但其晚年的思想與行動日趨獨裁。因爲中國本身政治傳統，導致黨治政府下針對制度而產生政府模式的民主與獨裁之爭。〔註70〕而以《大公報》所揭示的刑案與討論，便可以發現輿論立場與官方態度在「反革命罪」懲治上，正體現了「民主」與「獨裁」兩種思維出發而有的不同態度。民間認爲司法應當獨立、政治刑罰應該以訓誡而非剷除爲目的，然而黨政府方面的立場，則以爲唯有「集中黨權」、「嚴厲處置」，必將一切在國民政府下的「反革命」勢力清除殆盡，才能讓國家走向正向發展。

第四節　「革命」路線之爭與輿論界反應

　　1920 年代各黨派彼此間用「反革命」相互攻伐，批判交錯之快與繁，如同箭鏃在青天白日的旗幟下不斷交鋒、互相攻訐，在局外觀察者眼中乃「近來中國共產黨因爲國民黨不願繼續給他做魁儡，便大發雷霆，罵國民黨的軍事首領蔣介石是反革命，是新軍閥，是帝國主義的走狗。共產黨這樣說，許

〔註69〕　「保衛團之設立，原以輔助軍警維持治安爲宗旨，而其編制，係以縣長爲總團長，對於反革命分子又有隨時偵查捕獲解送該管官署依法訊辦之任務（參照縣保衛團法第一條第四條第十五條），是上訴人以意圖使他人受暫行反革命治罪法之處罰，而向該管保衛團誣告他人有反革命行爲，自係誣告。」「保衛團之設立，原以輔助軍警維持治安爲宗旨，而其編制，係以縣長爲總團長，對於反革命分子又有隨時偵查捕獲解送該管官署依法訊辦之任務（參照縣保衛團法第一條第四條第十五條），是上訴人以意圖使他人受暫行反革命治罪法之處罰，而向該管保衛團誣告他人有反革命行爲，自係誣告。」〈20 年上字第11 號〉（1930 年 1 月 1 日），《最高法院判例要旨》下冊（民國 16～77 年刑事部分），頁 200；《司法院公報》，第 44 卷第 10 期，頁 15～21；《司法周刊》，第 1101 期第 1 版；《最高法院判例要旨》，下冊（民國 16～92 年刑事部分），頁 1034；《最高法院判例要旨》（民國 16～94 年刑事部分），頁 966。收錄於「司法院法學資料檢索系統」：http://jirs.judicial.gov.tw/Index.htm （2013/9/23 點閱）。

〔註70〕　易勞逸（Ltoyd E. Eastman）著，陳謙平、陳紅民等譯，《流產的革命：國民黨統治下的中國（1927～1937）》，頁 176。

多人——尤其是一部分青年——也就這樣信。」〔註71〕《現代評論》上有位作者就是這麼看待局勢變化的，論述者站在不以蔣為「反革命」的立場，舉列寧以兵力強迫俄國臨時政府解散國會等事，若行於今日的中國，「反革命，新軍閥，以及種種應有的頭銜，當然會在群眾叫囂之中加在他的頭上的。」〔註72〕雖然在政壇上，國民黨派系彼此間將此口號喊得驚天動地，知識份子對於相關口號政令的推行，還是抱有一種懷疑的態度；對於聲討或懲罰「反革命」，在官方與民間立場見解頗不相同。

相較於南方沉浸於北伐勝利的喜悅以及「黨義」（「三民主義」為主的政綱概稱）推動之下少有反對當權的報導之情狀，民國初年的北方新聞報導較勇於對時局提出犀利評論，不僅是針對南方軍政、對北方局勢也有批判，在北伐過程中，北方報界依然對時局有頗為沉痛的報導跟觀察。1927 至 1931年間對「反革命罪」的討論，集中於北方輿論界，透過當時知識界對於與相關法制與政治宣傳之態度，顯示一般社會大眾對於政治案件觀感頗差，並不認為對於追緝或糾舉「反革命」，能改善紛擾的政治環境，南京國民政府執政下所引發的罪、罰與相關爭議，顯示國民黨方面對黨義訴求與民意對於落實民主法治、頒布憲法或約法以保障人權的期待有所落差。1927 年以來在國民政府轄下對共產黨清理中，眾多罪犯都是青年，即便是面對彭湃在海陸豐試圖建立蘇維埃政權而造成流血與動盪，《大公報》仍以為不該只顧慮「以殺止殺」，因為在衝突之中受害最深是青年學子，「南方省區共黨暴動之恐怖，與夫殺戮共黨之恐怖」本質上都是殺戮，「何代無狂熱少年？何國無偏激徒輩？」雖有少數嗜血的恐怖份自運動期間，但總體而論，青少年學生只是「誤墮黨網，或頭腦狂熱，發生妄信，其行為雖害人，而其意志則非利己者」〔註73〕實不該因為年輕人思想的一時迷失，而葬送大批青年未來前景，奪其性命。

1927 年 4 月 18 日，南京國民政府在南京丁家橋前江蘇省議會舉行成日典禮，發表宣言揭示定都南京之意義與方略，當中表示「蓋惟三民主義為救中國之唯一途徑，亦惟三民主義為造成新世界之唯一工具，本政府所行政策，

〔註71〕 無文，〈反革命與列寧〉，《現代評論》，第 5 卷第 129 期（1927 年 5 月 29 日，北京），頁 8。
〔註72〕 無文，〈反革命與列寧〉，《現代評論》，第 5 卷第 129 期（1927 年 5 月 29 日，北京），頁 9。
〔註73〕 〈社評：青年與黨禍〉，《大公報》，天津，1928 年 4 月 22 日，第 1 版。

惟求三民主義之貫澈。凡反對三民主義者，即反革命；反對國民革命而為階級獨裁者，即反革命。」〔註74〕宣言中，表示將「集中全國革命份子於三民主義之下，共同奮鬥，務使一切帝國主義、殘留軍閥及一切反革命派根絕」，而「凡反對三民主義者，及反革命；反對國民革命而為階級獨裁者，即反革命」，而當遏止一切不革命、假革命，乃至反革命之勢力「凡不利於三民主義之反革命派，在所必除」。〔註75〕國民政府「以黨治國」架構與國民黨以主義治國，凡是訴諸「三民主義」的作法，頗受知識份子非議，羅隆基層撰文特別反對汪兆銘〈思想統一〉一文有關「革命時代，所最需要的，是革命力量之集中」的論述：

> 汪先生的「革命」，「反革命」用什麼做標準？「革命」「反革命」用
> 什麼做定義。……汪先生拿了許多理由來指責別人做反革命。南京
> 政府自然要說：「因爲這些理由，我們才開除並警戒了許多改組派」。
> 共產黨天天在說：「因爲這些理由，我們才要剷除整個的國民黨」。
> 〔註76〕

南京國民政府內部各方自立「革命」而互斥爲「反革命」的現象，羅隆基直指：「誰是革命，誰是反革命，誰是不革命，實在難得公平的定義。在汪精衛先生眼裡，蔣介石主席是反革命，在蔣主席眼裡，汪先生是反革命，是之謂此亦一是非，彼亦一是非。南京認爲韓復渠爲革命，石友三爲反革命；北平認爲石友三爲革命，韓復渠爲反革命，誰是革命，誰是反革命，不但我們不知道，韓、石本人或者亦不知道」，〔註77〕以羅隆基的立場，認爲「黨統」、「法統」都是迂腐濫調，「革命」、「反革命」都是幼稚謾罵，時代的潮流應走向憲政體制與民主人權落實，而認爲所謂「黨在國上」、「黨權高於國權」則是不合乎時代潮流、篡奪民權的制度。〔註78〕

〔註74〕〈國民政府宣言〉（1927 年 4 月 18 日），《國民政府公報》，南京，1927 年 5 月 1 日，第 8 期，頁 1～2。

〔註75〕〈宣言：國民政府宣言〉，《國民政府公報》，南京，1927 年 5 月 1 日，頁 1～2。

〔註76〕羅隆基，〈零星：汪精衛論思想統一〉，《新月》，第 2 卷第 12 號（1930 年 2 月 10 日，上海），頁 4。

〔註77〕羅隆基，〈我們要什麼樣的政治制度〉，《新月》，第 2 卷第 12 號（1930 年 2 月 10 日上海），頁 14～15。文末註記日期爲「十九、六、五」（1930 年 6 月 5 日）所寫，，可能有延誤出刊。

〔註78〕羅隆基，〈我們要什麼樣的政治制度〉，《新月》，第 2 卷第 12 號（1930 年 2 月 10 日，上海），頁 24。

〈我們走那條路？〉中，胡適對這種凡事訴諸「革命」的政治動向有所建議，他指出武力暴動不過是革命方法的一種，而在紛亂的中國卻成了「革命」的唯一方法，竟至「於是你打我叫做革命，我打你也叫做革命。」〔註79〕的結果：打勝的人時時防止別人用武力來「革命」，而落敗的一方處心積慮、招兵買馬，準備再次「革命」，怕人「革命」的一方自稱「革命的」，反對的人都被叫做「反革命」，於是人人自居於「革命」，而「革命」永遠是「尚未成功」，使得「革命」變成一種盲目而空洞無義的口號，喪失其興利除弊的進步原意。中國當前「所需要的不是暴力專制而製造『革命』的『革命』，也不是那用暴力推翻暴力的『革命』，也不是那懸空捏造革命對象因而用來鼓吹的革命」〔註80〕當務之急並非訴求盲動的「革命」，而是有自覺進行改革。

胡適指出：一概強調「革命」性與「三民主義」，對於施政並不會有正面影響，「現在國民黨所以大失人心，一半固然是因為政治上的設施不能滿人民的期望，一半卻是因為思想的僵化不能吸引前進的思想界的同情。」像國民政府「天天摧殘思想自由、壓迫言論自由，妄想做到思想的統一」只是一種思想「僵化」而非「變化」，只能提供不思想的人「黨義考試夾帶品」，提供一些「黨八股」的材料，絕對不能以此「收革命之成功」。〔註81〕梁實秋則隨後也在《新月》聲援其觀點，指出勉強以教育機關、宣傳方法或利用政治與經濟力量排除異己的辦法，不僅不能達到「思想統一」的目的，反而有害無利，革命運動應該是「解放的運動」、「同情於自由」，「斷沒有革命運動的本身而對於民眾竟用束縛的高壓的政策的」。〔註82〕

國民黨的政治作法是試圖將「革命」解釋權歸於單一政黨黨統之管理下，然而以青年黨的立場觀之，不管是哪種革命方式，目的皆在試圖掃除軍閥以謀國家之統一、修改條約以爭國家之獨立，「革命」本來應該存在方法的不同，

〔註79〕胡適，〈我們走那條路？〉，《新月》，第2卷第10號（1929年12月10日，上海），頁10～11。

〔註80〕胡適，〈我們走那條路？〉，《新月》，第2卷第10號（1929年12月10日，上海），頁14。

〔註81〕胡適，〈新文化運動與國民黨〉，《新月》，第2卷第6、7號（1929年9月10日，上海），頁14。本文文末註記日期為「十八、十一、廿九」（1929年11月29日）所寫，然刊於《新月》第2卷第6、7號，該期封面印刷日為「民國十八年九月十日」（1929年9月10日），可能有延誤出刊。

〔註82〕梁實秋，〈論思想統一〉，《新月》，第2卷第3號（1929年5月10日，上海），頁3～8。

而不會只有一種主義、一條路線:「夫以總目的言之,本無異同可言,而終於有異同者,可知社會本爲多方面的,豈容以一元之革命主義繩之哉。」〔註83〕但在嚴懲共產黨派的立場上,青年黨與國民黨反共鷹派想法契合,只要有機會,便嚴加打擊「共產主義」的「革命」論述。李璜與張君勱合力創辦《新路》,對於國民政府施行「黨治」的狀態展開猛烈抨擊,李璜回憶:「記得我的文字,則正告政府當局去反共,要將共產黨專橫跋扈的主張與作法反掉,而不是專反其人而用其言行其策,那就叫割瘡而不消毒,其毒仍將害人。而君勱文字則多係說明黨外無黨,則黨內必有派;聽任黨內有派之暗鬥,最爲惡劣;尚不如黨外有黨,兩黨或三黨公開明爭,反足以互相競賽,收彼此監督之效。」〔註84〕李璜的說法確實反映當時國民黨內鬥爭的顯著問題,除了黨內原有各派僵持之外,更嚴重的狀況是各地黨部軍權與黨權的僵持,以南京江寧黨部爲例,該黨部執行委員會第五十七次會議在 1929 年 10 月 25 日就通過議案,決議呈請「凡軍事機關,槍殺黨委,應即立予槍斃,非法逮捕黨員,搗毀黨部者,應依〈反革命罪條例〉治罪,並將罪狀揭露報端」。〔註85〕黨內鬥爭的局面,明顯已經不是只在「文攻」或「武嚇」層次了,而進行到了以彼此性命爲豪賭籌碼的境界。

　　南京定都以後,號稱「以黨治國」,但這樣的構想「國家主義」派始終反彈,《新路》時評以爲「現在國民黨壓迫反對黨的手段,可謂無所不用其極。『反革命』一名辭〔詞〕,既所包者廣,可以隨意解釋以置人於死」〔註86〕「以當前之事實觀之,其所標口號,曰以黨治國,曰黨外無黨,曰反三民主義即是反革命,全國之是非善惡功罪,決之於革命不革命之標準,……」〔註87〕,1928 年 2 月〈一黨專政與吾國〉就對於「革命」的標準認定有以下認知:以國民黨政策言之,1927 年 3 月以前容共,3 月以後反共,〔註88〕12 月以前聯

〔註83〕 立齋(張君勱),〈一黨專政與吾國〉,《新路》,第 1 卷第 2 號(1928 年 2 月 15 日,上海),頁 27～28。

〔註84〕 李璜,〈張君勱先生逝世紀念特輯:敬悼張君勱先生〉,頁 74。

〔註85〕 〈江寧縣黨部呈請中央切實保障黨員〉,《中央日報》,南京,1929 年 10 月 26 日,第 2 張第 4 版。

〔註86〕 純士,〈爲國民黨計論一黨專政之利害〉(1928 年 2 月 5 日)《新路》,第 1 卷第 2 號(1928 年 2 月 15 日,上海),頁 41。

〔註87〕 立齋(張君勱),〈一黨專政與吾國〉,《新路》,第 1 卷第 2 號(1928 年 2 月 15 日,上海),頁 27。

〔註88〕 此指南京國民政府而言,武漢國民政府分共爲該年 7 月 15 日之事,武漢分共

俄，12 月以後絕俄，12 月以前，從事民眾運動，12 月以後暫停民眾運動，在 3 月以前有數共產黨之罪惡者，12 月以前有言聯俄之中而爲俄欺者，有言民眾運動之徒以亂社會者，按之所定〈反革命治罪條例〉，正足以構成「推翻國民革命主義」或曰「宣傳與國民革命不相容之主義」之罪狀，這種「昔之是者善者有功者，而今爲非者罪惡者有罪矣；昔之非者惡者有罪者，而今爲是者著者有功者矣」。〔註89〕然而是非、善惡之標準，豈能套以「革命」、「不革命」，來框架出明確定義？

　　國民黨內「左傾」的改組派與「右派」之爭在訓政初期如火如荼地展開，黨爭正熾時，除與共產黨、青年黨聯絡會被指控，與改組派的聯繫行爲也構成「反革命罪」條件之一，針對黨內改組派或相關嫌疑犯，部分黨員主張毫不手軟地予以肅清，1929 年 10 月 19 日上海特別市的黨部曾提議主張使用「反革命罪」對付改組派，實在頗有以「反革命」清理門戶的味道。〔註90〕據胡漢民強調:「是黨義治國，不是以黨員治國。」於胡漢民政治藍圖裡，他想推動那套「訓政」乃訓練一般民眾行使治權的方法，但是訓政實際落實過程中，各種事實表現卻呈現了黨國制度被人詬病的那面，國民黨擴張成爲龐大的國家機器代名詞，頗有名望的胡適在此時對政治有幾句批判，即也被視作眼中釘，更顯出執政者的氣量狹小；〔註91〕另一方面，黨根基本身也動搖著:黨員雖然已經籠罩全國，但是，政界領袖如胡漢民、汪兆銘，軍界領袖如馮玉

或稱「七一五事件」，當天汪兆銘主持召開國民黨會議。汪兆銘在會上公開了「五月指示」(即魯易出示給汪兆銘看〈關於中國問題之決議〉，當中有不利於中國國民黨的指示)，指責共產黨的政策，但主張以和平方式遣散共產黨人，這一主張得到了大多數人贊同，只有宋慶齡的代表陳友仁抗議並退場。會議最後針對中共的宣言通過了〈統一本黨政策案〉，要國民黨和軍隊中的共產黨人立即聲明脫離共產黨，否則予以停職。但汪亦表示無意採取暴力分共。但在當天，汪得知了 7 月 13 日中共發表的宣言，次日又以政治委員會主席團名義，抨擊共產黨「破壞革命」，並將武漢國民政府內的共產黨員一律停職。然而更明確言之，在 1927 年 4 月 12 日才算是真正清黨的開端，而武漢方面的分共則更是到 7 月才展開，無論以何方的反共政策作爲出發點，均非《新路》中所稱的 3 月「反共」。

〔註89〕 立齋(張君勱)，〈一黨專政與吾國〉，《新路》，第 1 卷第 2 號(1928 年 2 月 15 日，上海)，頁 27～28。

〔註90〕 〈滬市執委決議以反革命罪處置改組派〉，《中央日報》，南京，1929 年 10 月 20 日，第 1 張第 1 版。

〔註91〕 吳相湘，〈胡適與中國國民黨:在「以黨治國」口號下爭取言論自由〉，《傳記文學》，第 313 號(1988 年 6 月，臺北)，頁 26～35。

祥、閻錫山，在行動與思想上都並沒有同步。「革命」的精神是虛幻、抽象的，作爲法律條文規範，施於政治犯與思想犯的「反革命」罪罰，其影響卻又實際而深遠，人民行動與性命，在眞實刑事律令規範下，爲紊亂的國家機器所主宰。

　　早在 1927 年 5 月 21 日《現代評論》中，就有評論人對於當權執政者使用「革命」、「反革命」以框架敵對勢力的做法不以爲然，表示：「在南京政府治下，共產黨就是反革命，因而死有餘辜；在武漢政府治下，反共產就是反革命，因此也死有餘辜，到處都是屠殺，到處的土地都洒滿了鮮紅的熱血」〔註 92〕在軍部、黨部、臨時集會都有可以殺人的時候，執筆者批評「等於亂殺」，「一個不阿世俗的意見的人，在西則不免被視爲反革命，在東則不免被視爲共產黨，在北則不免被視爲赤俄的走狗」〔註 93〕，所謂千里不同風、百里不同俗，在各領導集團認知中，政見與己不同者則可動輒不經正式法律手續殺滅，而多數受害者是活躍於社會各界的青年，這篇寫作者認爲，就算是共產黨員，共產黨當中縱然有許多是百無聊賴的人，但是大多數青年有向上的精神，只是理想常常高不可攀，容易被虛華的口號所眩惑；就算是反對共產，也不能以屠殺解決問題，因此葬送國家的人才，「革命究竟是青年的事，革命的成功究竟須得青年的同情和積極的奮鬥」，希望南京的主政者「不要爲了殺幾個人而失去一般青年的同情」。〔註 94〕然而反觀國民黨方面的態度，仍認爲國家之所以動盪的關鍵因素並非嚴厲鎮壓反政府運動或著手建設之緩速所導致，反而認爲國內局勢不穩，必須歸咎於內部尚未予以嚴格肅清統一，在國民政府統治之下，雖有自由，但黨的自由高過個人的自由，如胡漢民所說：「在本黨施行訓政時期中，必須有所謂『輿論』，這種輿論，應以督促大家努力實行主義爲標準，誰不照總理的主義去行，輿論就攻擊誰！就制裁誰！」。〔註 95〕

〔註 92〕 英子，〈不要殺了〉，《現代評論》，第 5 卷第 128 期（1927 年 5 月 21 日，北京），頁 3。

〔註 93〕 英子，〈不要殺了〉，《現代評論》，第 5 卷第 128 期（1927 年 5 月 21 日，北京），頁 4。

〔註 94〕 英子，〈不要殺了〉，《現代評論》，第 5 卷第 128 期（1927 年 5 月 21 日，北京），頁 4。

〔註 95〕 胡漢民，〈從黨義研究說到知難行易〉（1929 年 9 月 23 日，講於立法院），《胡漢民先生演講集》，第 10 集，頁 149。

　　1928 年東北易幟，北伐告終，國民黨開始進入「訓政」時期的國家建設階段，但是隨著廣州傳統「國民革命」精神而後起的「反革命」，卻並未隨著國民革命軍的勝利而成「功成身退」，有如腳下緊隨不離的陰影，始終伴隨在南京國民政府施政之下，「革命」與「反革命」對立的觀點，持續在社會發酵，國、共兩黨彼此透過過去合作時期所創造的口號彼此攻訐，國民黨內部權勢衝突下也有同黨之內互斥為「反革命」的狀況。

　　相較於國民黨與共產黨對於「革命」、「反革命」口號的運用與鬥爭，國家主義派並不積極參與這場爭奪革命權勢的殺伐，因為立足權力邊緣，青年黨沒有實權，反而能始終站在旁觀他人角度理解「反革命罪」；青年黨人左舜生（1893～1969）直到 1950 年代寫作〈哥德論革命〉一文，尚指出：「革命是一個不祥的名稱，一個國家非到萬不得已的時候，決不宜輕言革命。但不幸中國在最近的五十年，革命乃成了無上的美名，好像凡革命都是對的，凡不革命或反革命都是該死的，……於是乎革來革去，乃把一個國家革成了如今天的景象！」〔註96〕

　　以「軍政」、「訓政」至於「憲政」為理想的政治途徑，終歸智者構想的國家體制，然廣大平民百姓則未必有對於建國方略的理解。辛亥鼎革，將數千年帝制崩潰以後，國家進入軍閥割據十餘年，政黨與政權彼此拉距，時有分合，構成 1920 年代中國政治版圖上喧囂不斷的黨爭、政爭與軍事角力。在這個言必稱「革命」、必頌「黨義」、高舉「三民主義」的時代，唯有遵循孫中山遺志的中國國民黨為真理，一切危害「國民革命」的異議份子，被冠以「反革命」荊棘冠冕，此類與「革命」道路相悖之徒，成為「革命」者欲去之而後快的心頭大患。

〔註96〕　轉引自李敖，〈革命‧革命‧反革命〉，李敖等，《革命‧革命‧反革命》，頁166。

結　論

　　1927 至 1931 年「反革命罪」的法案與判決橫跨了武漢國民政府與南京國民政府兩段時期。1927 年是個特殊的時代里程起始，這年起，白熱化的國共鬥爭造就當時中國政治上最劇烈的潮流，「迎汪」或「倒蔣」、國民黨內部「容共」或「反共」傾向之爭，是前期政治特徵，在武漢國民政府時期，「反革命」的認識開始進入法治層次，自此開啓民國黨派鬥爭裡，運用法規定義「反革命罪」、並用以合理打擊政敵的惡始；而在 1928 年開始，南京國民政府則上演了黨政軍各實力領袖在同一政黨體制之下同室操戈的劇碼，使 1929 至 1931 年中國仍舊擺脫不了「反革命罪」的陰影，「反革命」竟於同一幅青天白日旗幟之下，成為同黨操戈的新指標。1927 年至 1931 年的政治局勢，無論是在前期國民革命號召下聯俄容共局勢之下，抑或後段進入「訓政」、落實「黨治」的建國階段之中，「反革命罪」的存在，顯示在此間難以消弭的政治鬥爭。

　　民國以來「革命」與「反革命」的爭議，見證了中國各段時期政爭概況，北伐前後至訓政之間各黨派紛爭與國民黨內所存在主義路線之分歧，其實正是晚清以來知識份子對救國手段不同而分化的延續，是文化與政治影響下的產物。晚清對「革命」的認識與論述雖亦受國外譯介資訊影響，但大體上仍以中國自發性為主；〔註1〕「國民革命」時期對「反革命」之批判與晚清對「保皇」、「改革」批判的不同之處，在於除了國內知識份子的討論與衝突之外，蘇聯有意直接介入並試圖主導中國對於「革命」與「反革命」的認知，使得

〔註 1〕 王慧婷，〈嚮往革命──近代知識份子的政治追尋（1890～1903）〉，胡春惠、周惠民主編，《2012 兩岸四地歷史學研究生論文研討會論文集》（臺北：國立政治大學歷史學系，2013 年），頁 17～34。

1920 年代關於革命「正」、「反」之爭的政治衝突有了比晚清知識份子意識型態衝突更爲複雜的樣貌。

以「反革命」話語相互指控的政治現象正反映出北伐前後在單一政黨領導下的中國國民黨內部，始終存在著黨內各派互相攻訐、進行政治角力的競技，而「反革命罪」復將整場鬥爭從話語層面帶向刑事法律，使得對異議份子或黨內、黨外敵對勢力扣以「反革命」之罪所展開的清理行動，找到了合法宣洩管道。歷史的孰是孰非，後人仍難論斷，關於當時各種「反革命」案件的審理然否，並非本研究關注所在，在國民革命與以黨治國爲人所理解的歷史時段內所誕生的「反革命」律令及其相關審理、輿論探討，是一種表徵，而其裡層結構的核心所在是中國國民黨內部政治動態的展現。

綜觀 1927 年至 1931 年期間的「反革命罪」，在相關法制施行到結束爲期五年間，對「反革命」刑事案的判準，因各界、各時期不同的立場與考量而有所差異；在這段期間論述「反革命」而象徵「革命」的中國國民黨本身，在組織與精神上亦經歷極大的變動，然而不變的卻是站在己方立場而對敵方斥以「反革命」的政治對立依然存在，南京時期延續了武漢所制定懲治「反革命」的條文與刑罰，無論在北伐時或北伐後，「反革命罪」誕生於中國的歷史意義，正展現了這段時期企圖以「三民主義」統一中國而標榜著「革命」的中國國民黨，在此時段展現出了不斷鬥爭、「黨同伐異」的政治動態。

若將 1927 至 1931 年間的「反革命罪」審理作爲三階段理解，政治情勢在不同時段當中都具有主導性。以相關法規制訂與施行過程爲經緯，首先看到 1927 年 2 月至 5 月間武漢國民政府對「反革命」罪犯的處置，在此一階段中，由最初共產黨與國民黨左派共同研擬，推演出〈反革命罪條例〉，隨著司法對此類罪性的詮釋擴張，展現「國民革命」軍攻克長江中下游以來，「反革命」譴責已由對軍閥與內戰戰犯漸次轉向針對黨內異己者的清理，除顯示日益加劇的國共黨爭之外，反映出了清黨、寧漢分裂乃至汪蔣合作中武漢方面的政治立場與國民黨內部權力結構之變化。

而在馬日事件至武漢分共後，進入第二階段。1927 年 5 月至此時不僅武漢國民政府方面正逐步調整其政治策略，來自反共軍人的壓力亦使當局重新重視「反革命罪」的審訊問題。馬日過後，武漢的宣傳、政治犯判決等，因受到軍隊內部反共聲勢影響，迫使徐謙、汪兆銘、譚延闓等曾試圖對逐漸失控的「反革命」追緝與處決有所控制，然而，共產黨對於奪取革命政統的企

圖，在此已展現無疑，國、共分家已不能免，政治現實擺在眼前，使武漢方面黨內開始尋思解決軍人反彈的急迫問題，政治影響使「反革命」罪犯之辦理產生變化，開始講求證據、查清誣告案件、關注監獄人犯數量控管問題；除此之外，黨人紛紛起議檢討民眾運動之不當、農民工作之過度激烈、「反革命」審判之進程、相關政治案件釋放與審訊等諸多現象，至同年 8 月間，又因武漢分共，使得監獄中不再以「西山會議」派、孫文主義學會等國民黨黨員充斥，而成為收容分共以後跨黨份子、共產派成員的所在地。

　　第三階段則是 1928 年完成北伐以後的國民政府。在南京政權建立之際，其實就已開始研擬「反革命罪」之相關刑事律令與武漢方面「分庭抗禮」，然而實際確定刑責是在武漢國民政府頒布〈反革命罪條例〉一年以後，1928 年 2 月底、3 月初之際，南京〈暫行反革命治罪法〉出現，延續了武漢時期「反革命罪」的概念，然而兩者的立法精神上已有不同之處：1927 年的法規當中，企圖推翻「國民政府」或破壞「國民革命」者，屬於「反革命」；1928 年的規範已轉為針對「中國國民黨」與「國民政府」的顛覆力量。另一方面，人犯的認定標準雖然一樣涉及軍事行動、民眾運動與黨政活動等項，然而，1928 年以後南京「反革命」犯中，不再以武漢時期認定的反汪、親蔣、反共、西山會議派、孫文主義學會等國民黨人為緝捕對象，而改列共產主義青年團、共黨成員、參與非法集會、改組派等為嫌犯。

　　上述三段時期中，南京時期輿論較多關於司法層次「反革命罪」的內涵，而在此之前，「反革命」的報導與輿論焦點，主要放在北伐時期武漢地區政治風尚與宣傳口號中，罪刑、罰則的討論在初時並不多見。以「反革命罪」的輿論反應綜觀民意與國民黨立場的差別：所謂「反革命」，在南京國民政府下定義為「反三民主義」，此時中國共產黨、國家主義派（中國青年黨）、第三黨與黨內改組派的勢力，對於南京國民政府執政者而言是極大的威脅，其主張被視為反「三民主義」。透過民間與官方對「反革命」的觀點以及輿論與施政差距，突顯出兩造對於制度的不同期待：民間要求輿論與思想自由，而官方雖重視輿論與思想，卻認為此自由的限度應當在「黨治」下，黨意志下對「反革命」打壓的種種措施，正是官方企圖在民間造成一種敵我對立的「正」、「反」「革命」抗衡觀念，以強化「黨治」基礎的行動，然而民意卻不見得認為打壓「反革命」勢力的舉動有利於施政，反而讓部分知識分子將相關舉措視為國家對個人人權與思想自由的壓制手段，撰稿嚴加抨擊。

　　爬梳北伐後期至「訓政」前期報刊上知識份子對「反革命罪」的回應，顯示雙方構想差異：官方主要以維護黨權爲優先考量，而知識份子所反映的民意則主張先制定法律保障人權。官方企圖塑造「革命」與「反革命」對立觀念，但同時民間未必有對於政府大力打擊「反革命」，維護國家和平的同仇敵愾之感，反倒有部分知識份子反彈政府大規模掃蕩「反革命份子」的行動，認爲與其強化「黨治」與「革命」訴求，未若提出務實的政治制度，對「黨治」理解的差距與立場不同，使得政府與民意在討論「反革命罪」的議題場域中，形成針鋒相對之勢。〔註2〕

　　比起玄奧難懂的政治理論，宣傳更能貼近民心；但是即便宣傳得沸沸揚揚，老百姓對於「革命」的政治反應也不盡相同。〔註3〕政治口號之運用，往往受政局影響、抑或反之影響政治情勢；從晚清「改革」、「革命」；民國初年「民主」、「共和」；至於「國民革命」、「反帝國主義」等諸多宣傳，不僅體現時人對國家的期許，更是當權者將政令概括化後、寓有政治目的於斯的訴求。政治宣傳與民眾運動緊密結合，但在群眾運動中，民眾或個別意見領袖往往隨之轉化了政治宣傳的意義與方向，若無明確的中心思想，或有心人士介入煽動，社群就容易流於無的放矢的激情，其危殆之甚者，甚至將造成暴亂、導致社會動盪。

　　透過審判「反革命」案件的現場，可以看見結合了群眾運動的「人民審判大會」，實在是政治操弄民粹的高招，往往是運用了群眾運動中發起口號及容易感染集體響應的特性，一面進行宣傳、一面展示嫌疑犯爲負面範本，而審判大會的高潮往往在人犯槍決的現場到達頂端，是類的司法判決，所依據的並非確證或嚴謹程序，而是一種缺乏理性的政治渲染與權威展示。與清末行刑的「殺千刀」效用雷同。〔註4〕

　　「辛亥革命」並未迅速造成穩定的中國，數千年帝制的崩潰以後，國家進入軍閥割據十餘年，政黨與政權彼此拉距，時有分合，構成1920年代中國政治版圖上喧囂不斷的黨爭、政爭與軍事角力。在這個言必稱「革命」、必頌「黨義」、高舉「三民主義」的時代，唯有遵循孫中山遺志的中國國民黨爲眞

〔註2〕張玉法，《中國現代政治史論》，頁183。
〔註3〕蔣廷黻口述，謝鍾璉譯，《蔣廷黻回憶錄》，頁110。
〔註4〕卜正民（Timothy Brook），《殺千刀：中西視野下的凌遲處死》（*Death by a Thousand Cuts*）（北京：商務出版社，2013年），頁110。

理，與此正統相斥、一切危害「國民革命」的異議份子，被冠以「反革命」荊棘冠冕，舉凡革命道路相悖之徒，盡成為當道者欲去之而後快的心頭大患。

　　北伐至「訓政」初期「反革命罪」及其爭議，反映出在追求國家富強道路之上，國民黨本位政府的立場與民意訴求人權落實之間有所差異，而「反革命」這個一名詞的認定本身，隨著黨內政治方向改變而轉向，其標準日遷月易，無論何人、何派，相關宣傳口號背後，動機皆為捍衛本身權利而發，唯一不變的是以「黨」為主體領導之訴求：在宣傳與口號中，「假革命」、「反革命」、「不革命」等詞彙，往往是隨著時空或環境、立場不同而任意變化，受到政治環境牽引，「革命」之真、假定義可以立刻翻轉，而「革命」立場的正、反，則由人心證。透過國民黨外對於國民黨運用「正」、「反」「革命」的概念以強化黨權的理解，是將此視為「以黨治國」概念的強化，與對政治意識型態不同者的壓迫，而在時人觀察中，透過「反革命罪」制裁異己的方式不僅不能造成「黨外無黨、黨內無派」的目標，而一切訴諸「革命」，且限制言論與思想的方式，將對國家發展有所阻礙。

徵引文獻

中文資料

一、檔案

1. 臺北，國史館藏

   《蔣中正總統文物》。

   《國民政府檔案》。

2. 臺北，中國國民黨中央文化傳播委員會黨史館藏

   《一般檔案》。

   《會議記錄》。

   《漢口檔案》。

二、史料彙編

1. 中央檔案館編輯、中共中央文獻研究室審定，《中共中央文件選集：第一冊（1921～1925）》。北京：中共中央黨校出版社，1989 年。

2. 中國國民黨中央執行委員會，《中國國民黨第一屆中央執行委員會會議紀錄彙編》。臺北：中央委員會秘書處，1954 年。

3. 中華民國史料研究中心，《中國國民黨第一次全國代表大會史料專輯》。新店：中華民國史料研究中心，1984 年。

4. 王正華編輯，《蔣中正總統檔案：事略稿本》，第 1 冊「民國十六年一月至八月」。新店：國史館，2003 年。

5. 司法行政部編，《司法統計》，1929 年度。南京：司法行政部，1931 年。

6. 秦孝儀主編，《國父全集》，第 1、2、3、9 冊。臺北：近代中國出版社，1989 年。

7. 劉忘齡，《孫中山題詞遺墨彙編》。武漢：華中師範大學出版社，2000 年。

8. 蔣永敬，《北伐時期的政治史料——一九二七年的中國》。臺北：正中書局，1981 年。

三、年鑑、辭典、工具書

1. 中華民國史事紀要編輯委員會，《中華民國史事紀要（民國十七年一至六月）》。新店：中華民國史料研究中心，1978 年。

2. 中華民國史事紀要編輯委員會，《中華民國史事紀要（民國十六年一至六月份）》。臺北：正中書局，1977 年。

3. 中華民國史事紀要編輯委員會，《中華民國史事紀要（民國十六年七至十二月份）》。新店：中華民國史料研究中心，1978 年。

4. 朱文原、周美華、葉惠芬、高素蘭、陳曼華、歐素瑛，《中華民國建國百年大事記（上）》。臺北：國史館，2012 年。

5. 朱匯森主編，《中華民國史事紀要（民國十八年九至十二月份）》。新店：國史館，1987 年。

6. 朱匯森主編，《中華民國史事紀要（民國十八年五至八月份）》。新店：國史館，1986 年。

7. 朱匯森主編，《中華民國史事紀要（民國二十年一至六月）》。新店：國史館，1986 年。

8. 李雲漢主編，《中國國民黨一百周年大事年表》，第 1 冊。臺北：中國國民黨中央委員會黨史委員會，1994 年。

9. 郭廷以，《中華民國史事日誌》，第 2 冊，「民國十五年至民國十九年」。臺北：中央研究院近代史研究所，1979 年。

10. 郭廷以，《中華民國史事日誌》，第 3 冊，「民國二十年至二十六年」。臺北：中央研究院近代史研究所，1979 年。

11. 劉萬國、侯文富主編，《中華成語辭典》。臺北：建宏出版社，1999 年。

四、報紙、期刊

1. 《大公報》，天津，1927～1930 年。

2. 《中央日報》，南京，1928～1930 年。

3. 《中央半月刊》，南京，1927 年。

4. 《中國共產黨黨報》，上海，1923 年。

5. 《中國國民黨週刊》，廣州，1924～1926 年。

6. 《世界日報》，北京，1927 年。

7. 《民國日報》，上海，1924～1932 年。

8. 《民國日報》，廣州，1923～1931 年。

9. 《申報》，上海，1926～1931 年。

10. 《老實話》，出版地不明，1933 年。

11. 《革命評論》，1928 年。

12. 《益世報》，北京，1927 年。

13. 《國聞週報》，上海，1926～1927 年。

14. 《晨報》，北京，1927～1928 年。

15. 《現代評論》，北京，1925～1927 年。

16. 《盛京時報》，瀋陽，1927 年。

17. 《湖南民報》，長沙，1927 年。

18. 《新月》，上海，1928～1929 年。

19. 《新東方》，出版地不明，1931 年。

20. 《新路》，上海，1928 年。

21. 《漢口民國日報》，漢口，1927 年。

22. 《民國日報》，上海，1927 年。

23. 《廣州民國日報》，廣州，1924 年。

24. 《醒獅週報》，上海，1924～1928 年。

25. 《錢業月報》，上海，1933 年。

26. 《嚮導週報》，上海，1923～1924 年。

五、公報

1. 《中華民國國民政府公報》，廣州、南京，1927～1931 年。

2. 《最高法院公報》，南京，1928 年。

3. 《司法公報》，南京，1930 年。

4. 《汕頭市政公報（公安）》，汕頭，1929 年。

六、文集、回憶錄、訪談錄、傳記

1. 王淮注釋，《老子探義》。臺北：臺灣商務印書館，2001 年。

2. 包惠僧，《包惠僧回憶錄》。北京：人民出版社，1983 年。

3. 何智霖編輯，《陳誠先生回憶錄：北伐平亂》。新店：國史館，2005 年。

4. 李宗仁口述，唐德剛記錄，《李宗仁回憶錄》，上冊。臺北：遠流出版社，2010 年。

5. 李璜著、沈雲龍節錄，《學鈍室回憶錄》。臺北：中國青年黨黨史委員會，1985年。

6. 汪兆銘，《汪精衛先生最近演說集》。出版地、出版者不詳，1927年。

7. 周佛海，《往矣集》。上海：上海書店，1989年。

8. 周作人著，止庵校訂，《談虎集》。石家莊：河北教育出版社，2003年。

9. 胡漢民，《胡漢民文集》。臺北：中國國民黨黨史會，1978年。

10. 胡漢民，《胡漢民先生演講集》，第10集。上海：民智書局，1930年。

11. 胡適著，曹伯言編，《胡適日記全編（1928～1930）》，第5冊。合肥：安徽教育出版社，2001年。

12. 孫中山，《孫中山全集》，第11卷。北京：中華書局，1986年。

13. 張國燾，《我的回憶》。香港：明報月刊出版社，1974年。

14. 許克祥，《馬日剿共回憶錄》。臺北：中央文物供應社，1956年。

15. 郭廷以校閱，沈雲龍訪問，賈廷詩、夏沛然、周道瞻、陳存恭紀錄，《萬耀煌先生訪問紀錄》。臺北：中央研究院近代史研究所，1993年。

16. 陳公博，《寒風集》。上海：上海書店，1989年。

17. 程天放，《程天放早年回憶錄》。臺北：傳記文學出版社，1968年。

18. 馮玉祥，《我所認識的蔣介石》。北京：國際文化出版公司，2011年。

19. 馮玉祥，《馮玉祥自傳》。北京：軍事科學出版社，1988年。

20. 黃紹竑，《五十回憶》，上冊。杭州：風雲出版社，1945年。

21. 鄒魯，《回顧錄》。上海：上海書店，1990年。

22. 蔣廷黻口述，謝鍾璉譯，《蔣廷黻回憶錄》。臺北：傳記文學出版社，1979年。

23. 魯迅，《而已集》。上海：北新書局，1928年。

24. 戴季陶，《戴天仇文集》。臺北：文星書店，1962年。

25. 謝冰瑩，《女兵自傳》。臺北：東大圖書有限公司，1980年。

26. 瞿秋白，《中國革命中之爭論問題》。名古屋：采華書林，1976年。

27. 簡又文，《西北從軍記》。臺北：傳記文學出版社，1982年。

28. 顏惠慶，《顏惠慶自傳》。臺北：傳記文學出版社，1973年。

29. 羅敦偉，《五十年回憶錄》。臺北：中國文化供應社，1952年。

七、專書

1. Bernard Lecherbonnier 著，張丹彤、張放譯，《劊子手世家》（Bourreaux De Pere en Fils Les Sanson1688～1847）。臺北：麥田出版，2013年。

2. Martin Bernal 著，丘權政等譯，《1907 年以前中國的社會主義思潮》。福建：福建人民出版社，1985 年。

3. 卜正民（Timothy Brook），《殺千刀：中西視野下的凌遲處死》（*Death by a Thousand Cuts*）。北京：商務出版社，2013 年。

4. 王世杰、錢端升，《比較憲法》。北京：中國政法大學出版社，1997 年。

5. 王奇生，《革命與反革命——社會文化視野下的民國政治》。香港：香港中和出版，2011 年。

6. 王奇生，《黨員、黨權與黨爭：1924～1949 年中國國民黨的組織形態》。北京：華文出版社，2011 年。

7. 王季文，《中國國民黨革命理論之研究》。永和：文海出版社，1987 年。

8. 王健民，《中國共產黨史稿》，第 1 冊。香港：中文圖書供應社，1975 年。

9. 王寵惠，《中華民國刑法》。北京：中國方正出版社，2006 年

10. 卡爾佛特（Peter Calvent）著，張長東等譯，《革命與反革命》（Revolution and Counter Revolution）。長春：吉林人民出版社，2005 年。

11. 古屋奎二，《蔣總統秘錄》，第 6 冊，第 11 卷。臺北：中央日報出版社，1976 年。

12. 田湘波，《中國國民黨黨政體制剖析（1927～1937）》。長沙：湖南人民出版社，2006 年。

13. 石川禎浩著，袁廣泉譯，《中國共產黨成立史》。北京：中國社會科學出版社，2006 年。

14. 吳奇英，《中共專政下的反革命份子》。臺北：韋柏文化事業出版社，1998 年。

15. 呂芳上，《革命之再起——中國國民黨改組前對新思潮的回應（1914～1924）》。臺北：中央研究院近代史研究所，1999 年。

16. 李敖等，《革命・革命・反革命》。臺北：天元圖書有限公司，1985 年。

17. 李雲漢，《從容共到清黨》。臺北：及人書局，1987 年。

18. 李遜、文漢，《大崩潰——上海工人造反派興亡史》。臺北：時報文化出版企業有限公司，1996 年

19. 李璜，《中國青年黨殉國死難及已故同志略傳初稿》。臺北：中國青年黨中央執行委員會宣傳組，1972 年。

20. 貝納爾・勒歇爾博尼埃（Bernard Lecherbonnier）著，張丹彤、張放譯，《劊子手世家》（Bourreaux De Pere en Fils Les Sanson1688～1847）。臺北：麥田出版，2013 年。

21. 屈萬里註，《尚書今註今譯》。臺北：臺灣商務印書館股份有限公司，2009 年。

22. 易勞逸（Ltoyd E. Eastman）著，陳謙平、陳紅民等譯，《流產的革命：國民黨統治下的中國（1927～1937）》（The Abortive Revolution, China Under Nationalist Rule, 1927～1937）。北京：中國青年出版社，1992年。

23. 韋慕庭，《孫中山：壯志未酬的愛國者》。北京：新星出版社，2006年。

24. 秦孝儀主編，《中華民國政治發展史》，第2冊。臺北：近代中國出版社，1985年。

25. 高郁雅，《北方報紙輿論對北伐之反應——以天津大公報、北京晨報為代表的探討》。臺北：臺灣學生書局，1998年。

26. 張玉法，《中國現代政治史論》。臺北：臺灣東華書局股份有限公司，1988年。

27. 張玉法，《中華民國史稿》。臺北：聯經出版事業公司，2001年。

28. 張樹軍、柳建輝主編，《中國共產黨九十年歷程》，第2卷「合作北伐」。長春：吉林人民出版社，2011年。

29. 深町英夫，《近代廣東的政黨・社會・國家——中國國民黨及其黨國體制的形成過程》。北京：社會科學文獻出版社，2003年。

30. 許育銘，《汪兆銘與國民政府：1931至1936年對日問題下的政治變動》。新店：國史館，1999年。

31. 陳亦平，《篡竊》。臺北：中央文物供應社，1962年。

32. 陳佑慎，《持駁殼槍的傳教者：鄧演達與國民革命軍政工制度》。臺北：時英出版社，2009年。

33. 陳建華，《「革命」的現代性：中國革命話語考論》。上海：上海古籍出版社，2000年。

34. 陳進金，《機變巧詐：兩湖事變前後軍系互動的分析》。新莊：輔仁大學出版社，2007年。

35. 陳耀煌，《共產黨・地方菁英・農民——鄂豫皖蘇區的共產革命（1922～1932)》。臺北：國立政治大學歷史學系，2002年。

36. 費正清（John King Fairbank）著、劉尊棋譯，《偉大的中國革命（1800～1985年)》。北京：世界知識出版社，2003年。

37. 費正清主編，劉敬坤、潘君拯等譯，《劍橋中國史》。臺北：南天，1999年，第12冊，「民國篇（上）1912～1949」。

38. 馮客（Frank Dikötter）著，徐有威等譯，《近代中國的犯罪、懲罰與監獄》（Punishment and the Prison in Modern China）。南京：江蘇人民出版社，2008年。

39. 馮筱才，《北伐前後的商民運動（1924～1930)》。臺北：臺灣商務印書館，2004年。

40. 黃源盛，《民初大理院與裁判》。臺北：元照出版公司，2011 年。

41. 楊天石，《蔣介石與南京國民政府》。北京：中國人民大學出版社，2011 年。

42. 楊幼炯，《近代中國立法史》。臺北：臺灣商務印書館，1966 年。

43. 楊奎松，《中間地帶的革命：國際大背景下看中共成功之道》。太原：山西人民出版社，2010 年。

44. 楊奎松，《國民黨的「聯共」與「反共」》。北京：社會科學文獻出版社，2009 年。

45. 蔣永敬，《百年老店國民黨滄桑史》。臺北：傳記文學出版社，1993 年。

46. 蔣永敬，《國父革命運動史要及其思想之演進》。臺北：正中書局，1975 年。

47. 蔣永敬，《鮑羅廷與武漢政權》。臺北：傳記文學出版社，1972 年。

48. 賴光臨，《中國新聞傳播史》。臺北：三民書局股份有限公司，1990 年。

49. 瞿同祖，《中國法律與中國社會》。臺北：里仁書局，1984 年。

八、論文

1. 方鵬程，〈總體戰爭時期與冷戰時期的宣傳戰〉，《復興崗學報》，第 98 期（2010 年 6 月，臺北），頁 51～78。

2. 王奇生，〈「反革命」的源起與剔除〉，《政府法制》，2011 年 12 期（2011 年，北京）頁 46～48。

3. 王奇生，〈北伐中的漫畫與漫畫中的北伐〉，《南京大學學報（哲學・人文科學・社會科學版）》，第 4 期（2004 年 3 月，南京），頁 78～89。

4. 王奇生，〈北伐時期的地緣、法律與革命──「反革命罪」在中國的緣起〉，《近代史研究》，2010 年第 1 期（2010 年，北京），頁 28～39。

5. 王超然，〈書評：王奇生，《革命與反革命：社會文化視野下的民國政治》〉，《中央研究院近代史研究所集刊》，第 73 期（2011 年 9 月，臺北），頁 184～197。

6. 王慧婷，〈嚮往革命──近代知識份子的政治追尋（1890～1903）〉，胡春惠、周惠民主編，《2012 兩岸四地歷史學研究生論文研討會論文集》（臺北：國立政治大學歷史學系，2013 年），頁 17～34。

7. 王慧婷，〈政治與規訓：武漢國民政府對「反革命」罪犯的懲處〉，《政大史粹》，期 28（2015 年 6 月，臺北）頁 105～152。

8. 王慧婷，〈全面対決－南京国民政府の「反革命罪」制定をめぐる論壇状況（1927～1931）〉／〈針鋒相對：輿論界對南京國民政府制定「反革命罪」的討論（1927～1931）〉，大阪大學中国文化フォーラム編，《21 世紀の日中関係：青年研究者の思索と対話》（2014 年 3 月，大阪），頁 91～108。

9. 吳相湘，〈胡適與中國國民黨：在「以黨治國」口號下爭取言論自由〉，《傳記文學》，第 313 號（1988 年 6 月，臺北），頁 26～35。

10. 吳淑鳳，〈訓政時期國民政府對異議份子的態度——以處置鄧演達及「七君子」為例的討論〉，吳淑鳳、薛月順、張世瑛編，《近代國家的型塑——中華民國建國一百年國際學術討論會論文集》，上冊（臺北：國史館，2013 年），頁 519～538。

11. 呂芳上，〈尋求新的革命策略——國民黨廣州時期的發展（1917～1926）〉，《中央研究院近代史研究所集刊》，第 22 期上（1993 年 6 月，臺北），頁 297～324。

12. 李金強，〈中國青年黨人與五四愛國運動關係之探討（一九一八-一九一九）〉，《中國歷史學會史學集刊》，第 23 期（1991 年 7 月，臺北），頁 165～192。

13. 李達嘉，〈左右之間：容共改組後的國民黨與廣東商人，1924～1925〉，《中央研究院近代史研究所集刊》，第 71 期（2011 年 3 月，臺北），頁 1～50。

14. 李達嘉，〈從「革命」到「反革命」——上海商人的政治關懷和抉擇，1911～1914〉，《中央研究院近代史研究所集刊》，第 23 期（1994 年 6 月，臺北），頁 237～284。

15. 李璜，〈張君勱先生逝世紀念特輯：敬悼張君勱先生〉，《傳記文學》，第 83 號（1969 年 4 月，臺北），頁 74。

16. 沈雲龍，〈「少年中國學會」六十週年紀念——我所認識的「少中」師友〉，《傳記文學》，第 35 卷第 1 期，總第 206 期（1979 年 7 月，臺北），頁 25～34。

17. 沈雲龍，〈回憶・自述：早年留學東瀛的經過〉，《傳記文學》，第 28 卷第 3 期，總第 166 期（1976 年 3 月，臺北），頁 59～66。

18. 岳新宇，〈20 世紀 20 年代中國反革命罪考論〉，孫家紅、俞江主編，《近代法的維度——李貴連教授榮休紀念論文集》（北京：九州出版社，2013 年），頁 400～430。

19. 金觀濤，〈革命觀念在中國的起源和演變〉，《政治與社會哲學評論》，第 13 期（2005 年 6 月，臺北），頁 1～51。

20. 張世瑛，〈罪與罰——北伐時期湖南地區懲治土豪劣紳中的暴力儀式〉，《國史館學術研究集刊》，第 9 期（新店：國史館，2006 年 9 月），頁 49～101。

21. 馮筱才，〈自殺抑他殺：1927 年武漢國民政府集中現金條例的頒布與實施〉，《近代史研究》，2003 年第 4 期（2003 年，北京），頁 140～175。

22. 黃金麟，〈革命與反革命——「清黨」再思考〉，《新史學》，第 11 卷第 1 期（2000 年 3 月，臺北），頁 99～143。

23. 楊天石,〈胡適和國民黨的一段糾紛——讀胡適日記〉,《蔣介石與南京國民政府》(北京:中國人民大學出版社,2011 年),頁 209～215。

24. 楊奎松,〈1927 年南京國民黨「清黨」運動之研究〉,《歷史研究》,第 6 期(2005 年 12 月,北京),頁 55。

25. 劉恆妏,〈革命／反革命——南京國民政府時期國民黨的法律論述〉,王鵬翔主編,《2008 法律思想與社會變遷》,中央研究院法律學研究所籌備處專書第 7 冊(臺北:新學林,2008 年),頁 255～304。

26. 劉維開,〈訓政前期的黨政關係(1928～1937)——以中央政治會議爲中心的探討〉,《國立政治大學歷史學報》,第 24 期(2005 年 11 月,臺北),頁 85～130。

27. 劉維開,〈訓政時期「國民政府組織法」制訂與修正之探討〉,吳淑鳳、薛月順、張世瑛編,《近代國家的型塑——中華民國建國一百年國際學術討論會論文集》,上冊(臺北:國史館,2013 年),頁 489～518。

28. 蔣永敬,〈對中國近代革命運動的觀察〉,《國立政治大學歷史學報》,第 7 期(1990 年 1 月,臺北),頁 137～142。

29. 薛化元,〈從民國建立到民國憲政——中國憲政發展的考察(1912～1949)〉,吳淑鳳、薛月順、張世瑛編,《近代國家的型塑——中華民國建國一百年國際學術討論會論文集》,下冊(臺北:國史館,2013 年),頁 589～610。

30. 羅敦偉,〈生活回憶:牢獄之災——記「馬日事變」對我的影響〉,《傳記文學》,第 2 卷第 3 期,總第 10 期(1963 年 3 月,臺北),頁 19～20。

九、學位論文

1. 王肇宏,〈訓政前期的地方自治(一九二八～一九三七)〉。臺北:政治作戰學校政治學研究所碩士論文,1979 年。

2. 任秀姍,〈北伐時期宣傳工作之研究〉。臺北:國立臺灣大學三民主義研究所碩士論文,1980 年。

3. 李有容,〈中共社會主義人權觀之研究——以反革命罪爲例〉。臺北:國立政治大學東亞研究所碩士論文,1999 年。

4. 姚誠,〈訓政時期政治體系之研究(1929～1947)〉。臺北:國立政治大學三民主義研究所博士論文,1990 年。

5. 洪世明,〈黨權與民權之間:訓政時期立法院之試行(1928～1937)〉。臺北:國立臺灣師範大學歷史研究所碩士論文,1999 年。

6. 張麗眞,〈「新月月刊」的政治言論〉。臺北:國立政治大學中山人文社會科學研究所碩士論文,1989 年。

7. 郭文元，〈訓政時期黨政關係之研究〉。臺北：中國文化大學政治研究所碩士論文，1974 年。

8. 陳毓雯，〈中共刑法反革命罪章之研究〉。臺北：文化大學法律學研究所碩士論文，1992 年。

9. 曾淑媛，〈中國國民黨中央黨政關係之研究〉。臺北：中國文化大學三民主義研究所碩士論文，1982 年。

10. 黃慧欣，〈國民革命軍北伐經費之研究〉。臺北：國立政治大學歷史研究所碩士論文，2007 年。

11. 鄭建生，〈國民革命中的農民運動——以武漢地區為中心的探討〉。臺北：國立政治大學歷史研究所博士論文，2007 年。

英文資料

1. Arif Dirlik. *The Origins of Chinese Communism.* New York: Oxford University Press, 1989.

2. John Fitzgerald. *Awakening China: Politics, Culture, and Class in the Nationalist Revolution.* Stanford: Stanford University Press, 1996.

3. John Foran. *Theorizing Revolutions.* New York: Routledge,1997.

4. Harold Dwight Lasswell. *Propaganda Technique in the World War.* London: Kegan Paul, 1927.

5. Harold Dwight Lasswell. *World Politics and Personal Insecurity.* New York: McGraw-Hill, 1934.

6. Roy Jr. Hofheinz. *The Broken Wave: The Chinese Communist Peasant Movement, 1922～1928.* Cambridge, Mass.: Harvard University Press, 1977.

7. Xiaoqun Xu. *Trial of Modernity: Judicial Reform in EarlyTwentieth-Century China, 1901～1937.* Stanford: Stanford University Press, 2008.

數位資料

一、資料庫、網路資料

1. 「大成老舊刊全文數據庫」：www.dachengdata.com/。

2. 「中國哲學書電子化」：
http://ctext.org/shang-shu/announcement-of-zhong-hui/zh。

3. 「司法院法學資料檢索系統」：http://jirs.judicial.gov.tw/Index.htm。

4. 「司法院法學資料檢索系統」：http://jirs.judicial.gov.tw/Index.htm。

5. 「舍我先生紀念報業數位典藏」：
http://newsmeta.shu.edu.tw/shewo/basic.jsp。

6. 「馬克思主義文庫」：
   http://www.marxists.org/chinese/chenduxiu/marxist.org-chinese-chen-192912
   10.htm。

7. 「國史館史料文物查詢系統」：http://weba.drnh.gov.tw/index.jspx。

8. 「維基百科」：http://zh.wikipedia.org。

附錄一：〈反革命罪條例〉
（1927 年 2 月 9 日公布）

第一條　凡意圖傾覆國民政府或推翻國民革命之權力而為各種敵對行為者，以及利用外力或勾結軍隊，或使用金錢而破壞國民革命之政策者，均認為反革命行為，依左例處斷：

（一）首魁死刑，並沒收其財產。

（二）執重要事務者死刑，無期徒刑，並沒收其財產。

（三）幫助實施者，無期徒刑至二等有期徒刑，並沒收其財產。

第二條　凡以反革命為目的，統率軍隊或組織武裝暴徒，或集合土匪盤踞土地者，處死刑並沒收其財產。但繳械投降者，得減輕或免除其刑。

犯前條及本條之罪者，如兼犯殺傷放火決水掠奪及其他各罪，〔照〕俱發論。

第三條　與世界帝國主義者通謀，以武力干涉國民政府者，依第一條之例，分別處斷。

第四條　凡組織各種反革命團體者，其重要分子，處三等至五等有期徒刑，並解散其團體，及沒收其個人與團體之財產。

第五條　凡圖利敵軍或妨害國民政府而有左列行為之一者，處死刑並沒收其財產。

（一）組織機關，以炸裂燒燬或其他方法損壞鐵路，或其他交通事業，及關於交通各項建築物，或設法使不堪用者。

（二）將要塞軍港軍隊船艦，及其他軍用處所建築物，或兵器彈藥，錢糧交通財料，及其他軍用品，交付敵軍，或燒燬損壞，或設法使不堪用者。

（三）設法煽動陸海空軍隊，互起衝突，或發生叛變者。

（四）引導敵人之軍隊船艦，使侵入或迫近國民政府領域者。

第六條　以反革命為目的，盜竊刺探或收集重要軍務政務應秘密之消息文件圖畫，煽動通於敵軍或世界帝國主義者，處死刑、無期徒刑或一等有期徒刑，並沒收其財產。

第七條　以反革命為目的而破壞國家金融機關或妨害其信用者，處二等至四等有期徒刑，並沒收其財產。

第八條　宣傳反革命之各種煽惑文字圖書者，處三等至五等有期徒刑，並科二千元以下之罰金。

第九條　以反革命為目的，捏造及宣傳各種謠言，足使社會發生恐慌者，處四等以下有期徒刑，並科二千元以下之罰金。

第十條　在反革命勢力之下，利用官紳勢力對於革命運動或農工運動曾有積極壓迫行為者，處一等以下有期徒刑，並沒收其財產，其有殺傷行為者，照俱發罪之例處斷。

第十一條　本條例之未遂犯罪。

第十二條　預備或陰謀犯第一條至第三條及第五條之罪者，處一等以上有期徒刑，並科五千元以下之罰金。

第十三條　本條例之罪宣告二等有期徒刑以上之刑者，褫奪公權，其餘得褫奪之。

第十四條　本條例對於在中華民國內或中華民國外犯反革命各條之罪者，不問何人適用之。

第十五條　凡犯本條例之罪，如有情節較輕者，得酌減本刑一等或二等。

第十六條　犯本條例之罪，以控訴法院為第一審，但由國民政府命令組織特別審判機關，不在此限。

第十七條　本條例自公佈日施行。

在公佈前未經確定審判之案，亦適用之。〔註1〕

〔註1〕〈昨日中央聯席會通過之反革命罪條例〉，《漢口民國日報》，漢口，1927 年 2 月 10 日，第 1 張新聞第 2 頁。

附錄二：〈反革命治罪條例草案〉
（1927 年 7 月 31 日會議通過）

第一條　凡犯本條例所列舉之行為者為反革命罪。

第二條　意圖傾覆國民政府或反對國民革命軍而起暴動者依左列分別處斷。
一　首魁死刑。
二　執行重要事務者死刑或無期徒刑。
三　附和隨行者二等至四等有期徒刑。

第三條　意圖傾覆國民政府或反對國民革命軍、勾結外人而與外人締結損失國家主權利益或土地之協定者，處死刑。

第四條　有左列行為之一者，處無期徒刑或二等以上有期徒刑。
一　私設機關運動反革命或為反革命之偵探者。
二　意圖反革命而製造、收藏、販運或携帶爆烈物者。
三　以欵項或軍需品接濟反革命者。

第五條　凡宣傳與國民革命不相容之主義者，處三等或四等有期徒刑。

第六條　凡藏匿反革命之人犯或湮滅反革命之犯罪證據者，處二等至四等有期徒刑。

第七條　預備或陰謀犯第二條之罪者，處一等至三等有期徒刑。

第八條　以文書圖畫演說或他法煽惑他人犯反革命罪者，從左列處斷。
一　其罪之最重刑為死刑無期徒刑者，處二等至四等有期徒刑。
二　其罪之最重刑為有期徒刑者，處四等以下有期徒刑。

第九條　　犯反革命罪宣告三等以上有期徒刑者褫奪公權，其餘得褫奪之。

第十條　　凡以暴動犯反革命罪未至暴動而自首者得見輕或免除其刑。

第十一條　凡犯反革命罪而涉及軍事者由軍事機關依軍法處斷。

第十二條　本條例自公布之日施行，在公布前未經確定審判之，反革命案件
　　　　　亦適用之。〔註1〕

〔註1〕「法制委員會呈擬反革命治罪條例草案」（1927年7月31日），黨史館藏，館
　　　藏號：政11/57.10。

附錄三：〈暫行反革命治罪法〉
（1928 年 2 月 29 日政會通過、3 月 7 日公布版本）

第一條　凡犯本法第二至第七條所列舉之行為者，為反革命。

第二條　意圖傾覆中國國民黨及國民政府，或破壞三民主義而起暴動者，依左列各款分別處斷。

　　　　（甲）首魁　死刑。

　　　　（乙）執行重要事務者　死刑，或無期徒刑。

　　　　（丙）附和隨行者　二等至四等有期徒刑。

　　　　犯前項之罪，未至暴動而自首者，得減輕或免除其刑。

第三條　意圖顛覆中國國民黨及國民政府，或破壞三民主義，而與外國締結損失國家主權利益或土地之協定者，處死刑。

第四條　利用外力或外資，勾結軍隊而圖破壞國民革命者，處死刑。

第五條　凡以凡革命為目的，而有左列行為之一者處死刑、無期徒刑或二等以上有期徒刑。

　　　　（甲）以炸藥燒燬或其他方法損失〔壞〕鐵路或其他交通事業，及關於交通各建築物，或設法使不堪用者。

　　　　（乙）引導敵人軍隊、船艦，使侵入或接近國民政府領域者。

　　　　（丙）盜竊刺探或收集政治軍事上之重要或秘密消息、文書、圖畫，而交付敵人者。

　　　　（丁）製造、收藏、販運軍用品者。

　　　　（戊）以款項或軍需品接濟反革命者。

第六條　　宣傳與三民主義不相容之主義及不利於國民革命之主張者，處二
　　　　　等至四等有期徒刑。

第七條　　凡以反革命為目的，組織團體或集會者，其執行重要事務者，處
　　　　　二等至四等有期徒刑，並解散其團體或集會，如止加入團體或集
　　　　　會者，處五等有期徒刑或拘役。

第八條　　於本法第二條及第五條第一款所列情形內，犯殺傷、放火、決水、
　　　　　損壞及其他各罪者，援用刑律所犯各條，依同律俱發之例處斷。

第九條　　預備或陰謀犯本法第二條至第四條之罪者，得減本刑一等或二等。

第十條　　本法之未遂犯罪之。

第十一條　犯本法之罪，宣告二等以上有期徒刑者褫奪公權，其餘得褫奪之。

第十二條　凡於中華民國內或中華民國外犯反革命罪者，無論何人，皆依本
　　　　　法處斷。

第十三條　本法自公布之日施行，其犯罪在本法公布以前未經確定審判者，
　　　　　亦依本法處斷。〔註1〕

〔註 1〕此版本為 1928 年 2 月 29 日公布時之版本，「〔本報南京特約通訊〕二十九日政
　　　　會通過，通知中央執委會交國府公布之暫行反革命治罪法，條文如下……。」
　　　　與 1928 年 3 月 9 日公布、《國民政府公報》上之條文有部分文字不同。該法實
　　　　際公布日，當以 3 月 9 日為准。一日、一葦（張季鸞），〈反革命治罪法　條文
　　　　已公布〉，《晨報》，北京，1928 年 3 月 7 日，第 3 版。亦見於〈本館要電：暫
　　　　行反革命治罪法　中央政治會議通過〉，《申報》，1928 年 3 月 1 日，第 4 版。

附錄四：〈暫行反革命治罪法〉
（1928 年 3 月 9 日公布）

第一條　凡犯本法第二至第七條所列舉之行爲者，爲反革命。

第二條　意圖傾覆中國國民黨及國民政府，或破壞三民主義而起暴動者，依左列各款分別處斷。

（一）首魁　死刑。

（二）執行重要事務者　死刑，或無期徒刑。

（三）附和隨行者　二等至四等有期徒刑。

犯前項之罪，未至暴動而自首者，得減輕或免除其刑。

第三條　意圖顚覆中國國民黨及國民政府，或破壞三民主義，而與外國締結損失國家主權利益或土地之協定者，處死刑。

第四條　利用外力或外資，勾結軍隊而圖破壞國民革命者，處死刑。

第五條　凡以凡革命爲目的，而有左列行爲之一者處死刑、無期徒刑或二等以上有期徒刑。

（一）以炸藥燒燬或其他方法損失〔壞〕鐵路或其他交通事業，及關於交通各建築物，或設法使不堪用者。

（二）引導敵人軍隊、船艦，使侵入或接近國民政府領域者。

（三）盜竊刺探或收集政治軍事上之重要秘密消息、文書、圖畫，而交付敵人者。

（四）製造、收藏、販運軍用品者。

（五）以款項或軍需品接濟反革命者。

第六條　宣傳與三民主義不相容之主義及不利於國民革命之主張者，處二等至四等有期徒刑。

第七條　凡以反革命為目的，組織團體或集會者，其執行重要事務者，處二等至四等有期徒刑，並解散其團體或集會，如止加入團體或集會者，處五等有期徒刑或拘役。

第八條　於本法第二條及第五條第一款所列情形內，犯殺傷、放火、決水、損壞及其他各罪者，援用刑律所犯各條，依同律俱發之例處斷。

第九條　預備或陰謀犯本法第二條至第四條之罪者，得減本刑一等或二等。

第十條　本法之未遂犯罪之。

第十一條　犯本法之罪，宣告二等以上有期徒刑者褫奪公權，其餘得褫奪之。

第十二條　凡於中華民國內或中華民國外犯反革命罪者，無論何人，皆依本法處斷。

第十三條　本法自公布之日施行，其犯罪在本法公布以前未經確定審判者，亦依本法處斷。〔註1〕

〔註1〕〈中華民國國民政府令：制定「暫行反革命治罪法」〉（1928年3月9日），《國民政府公報》，1929年3月，南京，第39卷第3期，頁2～4。

附錄五：南京時期反革命嫌疑犯年齡、職業資訊

姓　名	年齡	職　業	犯行或嫌疑	資料
荊　緯		待業	共產黨員。	A.
鞠　懷	46		被控往返於唐山、天津間遞送共黨文件。	
林根章	27		共產黨員。	
呂紹洪	27	工人	共產黨員，發起工運。	B.
傅志賚	28	工人	共產黨員。	
梁乃林	24			
何福利	34			
李初學	21	學生	散發反革命宣傳品，犯第六條。	C.
趙　鈺	27	工人	散發反革命宣傳品，犯第七條。	
胡學驀		學生	共產黨員。	
蔣梅生		學生	共產黨員。	D.
韓錦堂		學生	共產黨員。	
韓　義	22	店夥	共產黨員，發起工運。犯第六條及第七條。	
范玉華	23	工人	共產黨員。	
李　春	19	工人	共產黨員。	E.
劉桂同	19	工人	共產黨員。	
劉景光	26	工人	共產青年團員。	F.
張其光	26	記者	共產青年團員。	
王堯存	26	店夥	共產青年團員。	

姓　名	年齡	職　業	犯行或嫌疑	資料
王繼昌	23	工人	共產青年團員。	
黃其光	29	工人	共產青年團員。	
王幼蘭	26	工人	共產青年團員，宣傳反動。	
馬聯甲		寓公	前安徽督軍，進行反革命運動。	G.
江聖的		學生	在就讀之藝術大學進行反動募款。	H.
吳硯農		學生	在各馬路用粉筆書寫反動標語於電桿上。	H.
張昂淮		學生	在各馬路用粉筆書寫反動標語於電桿上。	
王正清	23	工人	共產黨員。	
余保元	20	店夥	共產黨員。	
王金生	28	送貨員	共產黨員。	
謝樹人	24	學生	共產黨員。	
袁杏生	21	公司職員	共產黨員，強迫罷工、宣傳反動。	I.
張　朋	31	教員	共產黨員。	
徐斌淵	24	待業	共產黨員。	
丰彥士	23	公司職員	共產黨員。	
朱立先	33	教員	共產黨員。	
陳育生	22	學生	共產黨員。	
陳春林	25	店夥	共產黨員。	
孔昭善	23	公司職員	共產黨員。	
董木彬	25	工人	共產黨員。	J.
張　平	34	店夥	共產黨員。	
陳生陽	30	工人	共產黨員。	
葛建時	32	黨部職員	與改組派有所往來，涉嫌包庇。	
倪　弼	35	黨部職員	與改組派有所往來，涉嫌包庇。	
顧子揚	49	黨部職員	與改組派有所往來，涉嫌包庇。	
王志仁	28	黨部職員	與改組派有所往來，涉嫌包庇。	K.
谷曙吟	26	黨部職員	與改組派有所往來，涉嫌包庇。	
陳柏心	21	黨部職員	與改組派有所往來，涉嫌包庇。	
葛尚德	20	黨部職員	與改組派有所往來，涉嫌包庇。	
趙餘興	34	軍職	共產黨員。	L.
宋　鵬	43	律師事務所辦事員	共產黨員。	

姓　　名	年齡	職　　業	犯行或嫌疑	資料
顧秉中	21	軍職	共產黨員。	
趙芹圃	26	軍職	共產黨員。	
羅　列	21	軍職	共產黨員。	
孫詩圃	18	印刷學徒	共產黨員。	
周鑽文	24	工人	共產黨員。	
周紹旦	30	教職	共產黨員，宣傳反動。	
于耀西	41	商務	接濟反革命（北伐中援助張宗昌）。	
李愼生	38	商務	接濟反革命（北伐中援助張宗昌）。	M.
楊子峯	37	商務	接濟反革命（北伐中援助張宗昌）。	
尤福渭	24	學生	共產黨員。	
程伯寅	28	工人	共產黨員。	
彭福保	29	工人	共產黨員。	
王槐堂	26	工人	共產黨員。	
楊壽保	34	工人	共產黨員。	
毛崇德	22	工人	共產黨員。	
王雅亭	33	店夥	共產黨員。	
范熙堯	55		共產黨員。	
周欽容	23	商務	共產黨員。	N.
洪憲章	25	店夥	共產黨員。	
任其祥	26	印書館職員	共產黨員。	
張雲嶺	31	公司職員	共產黨員。	
錢　淳	19	學生	共產黨員。	
戴漢森	41	查票員	煽動罷工。	
丁啓祥	27	工人	共產黨員。	
張瑞恒		學生	宣傳反動。	
鄔一清	31	醫生	反動份子。	
馬延壽	35	軍職	共產黨員。	O.
帥培岷	25	學生	共產黨員。	
王鏞震	26	工人	參與工會。	
楊亞傑	26	學生	共產黨員。	
周毓英	25	政治部職員	宣傳反動。	

姓　名	年齡	職　業	犯行或嫌疑	資料
繆國本	33	公司職員	參與工會。	
陳邦俊	35	查票員	參與工會。	
周榮平	47		共產黨員。	
王渠中	31	軍職	共產黨員。	
馮遂堂	30	軍職	共產黨員。	O.
趙榮慶	27	工人	參與工會。	
舒蘭芳	28	收帳	共產黨員。	
張奎元	20	待業	共產黨員。（犯處理共黨案件第六條）	P.
葛文成	16	學生	街頭暴動。	
黃　蓬	21	學生	街頭暴動。	
黃　成	28	待業	街頭暴動。	
黃封氏	27		街頭暴動。	Q.
劉義青	30		街頭暴動。	
彭子劼	27	教職	街頭暴動。	
薛殿魁	64	地方保衛團員	地方黨部衝突。	R.
施紹華	20		犯第七條。	S.
葛迺斌		教職	加入反革命團體。	
單子舟		學生	宣傳反動。	
顧臣賢		工友	宣傳反動。	U.
朱蘭生		工友	宣傳反動。	
程之期	27		共黨首領。犯第二條。	V.
孟尚德	27		共黨首領。犯第二條。	

資料來源：A.〈荊緯反革命案昨初審〉，《大公報》，天津，1929 年 11 月 15 日，第 3 張第 12 版；B.〈唐山鞠懷反革命案〉，《大公報》，天津，1929 年 12 月 9 日，第 3 張第 12 版；C.〈李初學趙鈺之反革命案〉，《大公報》，天津，1929 年 12 月 27 日，第 3 張第 9 版；D.〈共黨嫌疑案分別判決〉，《大公報》，天津，1929 年 10 月 3 日，第 3 張第 12 版；E.〈韓義反革命案昨開審〉，《大公報》，天津，1929 年 9 月 13 日，第 3 張第 12 版；F.〈張其光等反革命案〉，《大公報》，天津，1930 年 4 月 17 日，第 3 張第 12 版；G.〈本埠新聞二：馬聯甲被控有反革命行為〉，《申報》，上海，1929 年 4 月 11 日，第 15 版；H.〈本埠新聞二：三青年均因反革命罪被控一藏反動捐簿　二寫反動標語〉，《申報》，上海，1930 年 4 月 18 日，第 15 版；I.〈本埠新聞二：中央特種刑庭續審反革命上訴案

昨日審訊二十一起〉,《申報》,上海,1928 年 8 月 1 日,第 15 版;J.
〈本埠新聞二:中央特種刑庭昨訊反革命上訴案昨日審畢者八起〉,《申
報》,上海,1928 年 7 月 29 日,第 15 版;K.〈要聞:江蘇法院對萬
建時等起訴書萬等犯反革命嫌疑　依刑事法提起公訴〉,《申報》,上
海,1930 年 2 月 8 日,第 10 版;L.〈本埠新聞二:中央特種刑庭續
審反革命上訴案〉,《申報》,上海,1928 年 8 月 3 日,第 15 版;M.
〈要聞:于耀西反革命案判決于判處徒刑十年〉,《申報》,上海,1930
年 3 月 22 日,第 10 版;N.〈本埠新聞二:中央特種刑庭續審反革命
上訴案〉,《申報》,上海,1928 年 8 月 2 日,第 15 版;O.〈本埠新聞
二:特種刑庭昨日訊釋九起〉,《申報》,上海,1928 年 7 月 31 日,第
4 張第 16 版;P.〈高等法院今日審理案件〉,《大公報》,天津,1929
年 11 月 3 日,第 3 張第 9 版;Q.〈本埠新聞二:北京路事件續獲三關
係人〉,《申報》,上海,1930 年 4 月 11 日,第 15～16 版;R.〈要聞:
薛殿魁案辯論終結〉,《申報》,上海,1930 年 2 月 23 日,第 12 版;
S.〈本埠新聞:警備部處治共黨案〉,《申報》,上海,1928 年 10 月 16
日,第 14 版;T.〈地方通信:蘇州〉,《申報》,上海,1930 年 8 月 31
日,第 13 版;U.〈地方通信:蘇州〉,《申報》,上海,1930 年 8 月 31
日,第 4 張第 13 版;V.〈要聞:武漢警備部斬決共黨〉,《申報》,上
海,1930 年 8 月 6 日,第 9 版。

附錄六：1927 年《漢口民國日報》 上公佈之反革命案件表

姓　名	案　由	到案日期			判決或處置結果	收押所在	資料
沈志坤	劣紳	1926	12	21	移法院	漢口公安局	A.
盧士英	工賊	1926	12	17	移送法院	漢口公安局	A.
萬樹芬	貪官	1927	1	4	漢川縣署提回	漢口公安局	A.
王荊僕	污吏	1927	1	4	漢川縣署提回	漢口公安局	A.
黃鶴堂	劣紳	1927	1	17	移送法院	漢口公安局	A.
湯毓龍	劣紳	1927	1	16	移蘄水縣署	漢口公安局	A.
周應臣	逆黨	1927	1	13	移控訴法院	漢口公安局	A.
李華甫	工賊	1927	2	13	移控訴法院	漢口公安局	A.
張哲夫	劣紳	1927	2	21	拘留	漢口公安局	A.
裴　衡	敵探	1927	2	23	拘留	漢口公安局	A.
李鶴林	工賊	1927	2	25	移送法院	漢口公安局	A.
吳協盛	工賊	1927	2	25	移送法院	漢口公安局	A.
彭廣發	工賊	1927	2	25	移送法院	漢口公安局	A.
張　炳	工賊	1927	2	25	移送法院	漢口公安局	A.
尹東林	劣紳	1927	3	1	拘留	漢口公安局	A.
羅傳鴻	劣紳	1927	3	6	拘留	漢口公安局	A.
汪潤之	劣紳	1927	3	6	拘留	漢口公安局	A.
楊百福	土豪	1927	3	7	拘留	漢口公安局	A.
吳子誠	劣紳	1927	3	13	拘留	漢口公安局	A.

姓　　名	案　　由	到案日期			判決或處置結果	收押所在	資料
李維國	反革命	1927	3	3	拘留	漢口公安局	A.
李藩西	反革命	1927	3	5	移控訴法院	漢口公安局	A.
梁作英	工賊	1927	1		送總政治部	漢口公安局	A.
楊全盛	敵探	1927	3	18	拘留	漢口公安局	A.
張國春	工賊	1927	3	16	拘留	漢口公安局	A.
譚堯峯	劣紳	1927	3	10	拘留	漢口公安局	A.
李松泉	劣紳	1927	3	10	拘留	漢口公安局	A.
周從彥	買辦	1927	3	19	拘留	漢口公安局	A.
盧　□	逆黨	1927	3	14	拘留	漢口公安局	A.
汪律彬	土豪劣紳	1927			收押	武昌公安局	B.
傅宗說	土豪劣紳	1927			收押	武昌公安局	B.
胡仰直	土豪劣紳	1927			收押	武昌公安局	B.
張子鵠	土豪劣紳	1927			收押	武昌公安局	B.
黎海源	土豪劣紳	1927			收押	武昌公安局	B.
朱介祺	土豪劣紳	1927			收押	武昌公安局	B.
李樹穟	土豪劣紳	1927			收押	武昌公安局	B.
梅丙正	土豪劣紳	1927			收押	武昌公安局	B.
李悉值	土豪劣紳	1927			收押	武昌公安局	B.
劉學昭	土豪劣紳	1927			收押	武昌公安局	B.
劉景川	土豪劣紳	1927			收押	武昌公安局	B.
張競溪	反革命派	1927			收押	武昌公安局	B.
劉學文	反革命派	1927			收押	武昌公安局	B.
穆繼珍	反革命派	1927			收押	武昌公安局	B.
常水堂	反革命派	1927			收押	武昌公安局	B.
汪理臣	反革命派	1927			收押	武昌公安局	B.
陳曉初	反革命派	1927			收押	武昌公安局	B.
吳伯珩	反革命派	1927			收押	武昌公安局	B.
張達北	反動份子	1927			收押	武昌公安局	B.
潘紹山	反動份子	1927			收押	武昌公安局	B.
吳濟川	反動份子	1927			收押	武昌公安局	B.
郭灰伯	反動份子	1927			收押	武昌公安局	B.

姓　名	案　由	到案日期	判決或處置結果	收押所在	資料
朱祖善	反動份子	1927	收押	武昌公安局	B.
曹伯齋	反動份子	1927	收押	武昌公安局	B.
張惠言	反動份子	1927	收押	武昌公安局	B.
郭漢卿	反動份子	1927	收押	武昌公安局	B.

資料來源：A.〈反革命者藏身無所　數月來捕獲者之姓名〉,《漢口民國日報》,1927
年 3 月 17 日,第 3 張新聞第 2 頁;B.〈連日捕獲之反革命派　收押
武昌公安局〉,《漢口民國日報》,1927 年 4 月 3 日,第 3 張新聞第 1
頁。

附錄七：武漢中央黨部職員錄（1927年）

姓　名	籍　貫	年　齡	性　別	職　別	到職年月
秘書處					
吳玉章	四川	49	男	常務秘書	1927 年 3 月
陳公博	廣東		男	常務秘書	1927 年 3 月
譚平山	廣東		男	常務秘書	1927 年 3 月
楊瓠安	廣東	32	男	代理常務秘書	1927 年 5 月
于若愚	湖南	46	男	書記長	1927 年 3 月
文書科					
張步光	廣東	30	男	主任	1926 年 3 月
張光祖	南通	46	男	幹事	1924 年 6 月
黃　蓀	廣東	25	男	幹事	1926 年 2 月
許志行	浙江	25	男	幹事	1926 年 3 月
雷立品	湖南	25	男	幹事	1927 年 4 月
金佩瑤	廣東	20	女	幹事	1925 年 8 月
楊复南	湖南	22	女	幹事	1926 年 2 月
謝肇堅	廣東	46	男	幹事	1925 年 2 月
李鴻聲	廣東	24	男	幹事	1925 年 2 月
譚約禮	湖南	41	男	助理	1926 年 2 月
宋鳳章	江蘇	22	男	錄事	1927 年 1 月
顧達[皆]	湖北	43	男	錄事	1927 年 1 月
宋瑞農	浙江	27	男	錄事	1927 年 4 月

姓　名	籍　貫	年　齡	性　別	職　別	到職年月
機要科					
蔣保瀛	湖南	38	男	代理主任	1927 年 6 月
張振翮	安徽	26	男	幹事	1927 年 2 月
銀雨蒼	四川	25	男	幹事	1927 年 5 月
何惠民	廣東	18	男	幹事	1927 年 2 月
黃燦顯	廣東	24	男	助理	1927 年 2 月
嚴樹勛	廣東	25	男	譯電員	1927 年 4 月
會計科					
郭維青	湖南	50	男	主任	1927 年 3 月
蔣保瀛	湖南	38	男	兼任幹事	1927 年 6 月
郭伯典	湖南	29	男	幹事	1927 年 5 月
庶務科					
劉　陶	廣東	32	男	主任	1924 年 1 月
劉　森	廣東	39	男	助理	1925 年 8 月
李鏡河	廣東	33	男	助理	1927 年 2 月
印刷科					
譚劍秋	廣東	38	男	主任	1923 年 10 月
溫[汴]萱	廣東	20	男	幹事	1926 年 9 月
區振雄	廣東	20	男	助理	1926 年 3 月
羅友生	廣東	40	男	助理	1925 年 10 月
梁偉雄	廣東	31	男	助理	1926 年 12 月
溫月筵	廣東	30	男	助理	1927 年 5 月
組織部					
汪精衛	廣東		男	部長	
陳春圃	廣東	26	男	秘書	1927 年 6 月
羅伯倫	四川	21	男	幹事	1927 年 4 月
張忠仁	廣東	30	男	幹事	1927 年 5 月
黃燦塋	廣東	34	男	幹事	1925 年 4 月
黃衍桃	廣東	24	男	助理	1925 年 2 月
李　[橉]	湖南	19	女	收發	1927 年 6 月

姓　　名	籍　貫	年　齡	性　別	職　　別	到職年月
曾　華	江西	23	女	收發	1927 年 5 月
劉少焦	湖南	27	男	幹事	1927 年 4 月
馬式材	湖南	27	男	幹事	1927 年 6 月
毛　杜	四川	23	男	幹事	1927 年 4 月
唐伯濤	湖南	28	男	幹事	1927 年 4 月
曹榮芳	湖南	19	女	助理	1927 年 4 月
張藍軒	廣東	35	男	助理	1927 年 4 月
宣傳部					
顧孟餘			男	部長	1926 年 5 月
賴特才	廣東	34	男	秘書	1926 年 5 月
谷源瑞	山東	34	男	秘書	1927 年 3 月
封岳崧	四川	25	男	幹事	1927 年 6 月
張　[棺]	湖北	28	男	幹事	1925 年 10 月
賴岳中	廣東	28	男	助理	1926 年 4 月
吳潤江	廣東	22	男	助理	1926 年 9 月
農民部					
鄧演達	廣東		男	部長	
陳克文	廣西	30	男	秘書	1926 年 6 月
蘇甲榮	廣西	30	男	秘書	1927 年 4 月
周希齡	湖南	20	男	文書股幹事	1927 年 4 月
金肅凱	廣東	36	男	收發股幹事	1924 年 4 月
蘇詠裳	廣東	25	女	會計幹事	1927 年 4 月
劉冠英	廣東	35	男	庶務幹事	1924 年 11 月
鄧良生	廣東	25	男	組織幹事	1926 年 6 月
劉德榮	江西	26	男	組織幹事	1927 年 4 月
朱鴻翔	江蘇	23	男	組織幹事	1927 年 5 月
汪探源	河南	18	男	組織幹事	1927 年 6 月
易輔化	江西	29	男	組織幹事	1927 年 6 月
黃書亮	廣西	24	男	宣傳幹事	1926 年 12 月
華傑生	廣東	21	男	組織幹事	1927 年 5 月
徐名功	廣東	24	男	宣傳幹事	1927 年 4 月

姓　　名	籍　貫	年　齡	性　別	職　　別	到職年月
蘇甲薰	廣西	25	男	宣傳幹事	1926 年 11 月
王少祥	四川	22	男	宣傳幹事	1927 年 4 月
冗振華	湖北	19	男	宣傳幹事	1927 年 5 月
李又陵	四川	28	男	宣傳幹事	1927 年 5 月
譚玉松	四川	26	女	宣傳幹事	1927 年 5 月
劉宏宇	湖北	39	男	組織幹事	1927 年 6 月
孟筱雲	直隸	24	女	宣傳幹事	1927 年 4 月
萬劍虹	湖北	18	女	宣傳幹事	1927 年 5 月
江　淮	湖南	17	男	宣傳幹事	1927 年 5 月
覃靜訪	廣西	26	男	宣傳幹事	1927 年 5 月
曾煥光	福建	19	男	宣傳幹事	1927 年 4 月
朱才亮	湖南	23	男	宣傳幹事	1927 年 5 月
劉錫庚	湖南	19	男	文書股幹事	1927 年 5 月
陳伯夔	湖北	30	男	文書股幹事	1927 年 5 月
譚鑑均	廣東	40	男	文書股幹事	1927 年 5 月
譚柳門	江蘇	38	男	文書股幹事	1927 年 4 月
賴　琯	廣西	25	男	特派員	1927 年 3 月
陸智西	廣西	27	男	特派員	1926 年 6 月
羅紹徽	廣西	28	男	特派員	1926 年 6 月
劉乾初	山東	30	男	特派員	1927 年 4 月
孟天培	直隸	29	男	特派員	1927 年 4 月
工人部					
陳公博	廣東		男	部長	
薛　修	廣東		男	秘書	1927 年 4 月
李士豪	浙江	29	男	組織主任	1926 年 11 月
譚重[養]	廣東	26	男	幹事	1927 年 3 月
王晃琳	湖南		男	幹事	1927 年 4 月
周秉逵	廣東	26	男	幹事	1927 年 2 月
丁人護	湖南	28	男	幹事	1927 年 6 月
蔣心儀	安徽	26	女	幹事	1927 年 7 月
陳俊生	廣東	35	男	宣傳主任	1927 年 4 月

姓　名	籍　貫	年　齡	性　別	職　別	到職年月
丁振亨	廣東	26	男	宣傳主任	1927 年 6 月
陳淑舉	廣東	35	男	宣傳主任	1927 年 7 月
黃振華	廣東	22	女	宣傳主任	1926 年 8 月
陳德熾	廣東	32	男	總務主任	1927 年 4 月
劉行驤	湖北		男	總務主任	1927 年 3 月
陳錫璜	廣東	32	男	總務主任	1927 年 4 月
陳嶺梅	江西	32	男	總務主任	1927 年 4 月
何葆珍	湖南		女	總務主任	1927 年 4 月
黃　成	廣東	20	男	書記兼庶務	1927 年 4 月
李令賢	廣東		男	書記	1927 年 4 月
藍辛堂	廣東	29	男	指導員	1927 年 3 月
張殭石	雲南	29	男	指導員	1927 年 3 月
許　畫	廣東	24	男	指導員	1927 年 2 月
伍稚騰	廣東	26	男	指導員	1927 年 4 月
龍亮鐸	湖南	26	男	特務員	1927 年 4 月
羅君如	湖南	26	女	特務員	1927 年 6 月
蔡鐘音	河南		男	特務員	1927 年 6 月
附勞工通訊社					
陳俊生	廣東	35	男	宣傳主任	1927 年 4 月
屈瑞華	廣東	26	男	通訊社	1927 年 5 月
朱文楷	江西	32	男	通訊社	1927 年 5 月
胡　英	廣東		男	通訊社	1927 年 5 月
青年部					
孫科	廣東		男	部長	
胡耐安	湖南	27	男	秘書	1927 年 5 月
黃弘超	廣東	28	男	總務幹事	1927 年 4 月
屈毅仁	湖南	24	女	助理	1927 年 5 月
沈毅英	湖南	27	男	助理	1927 年 6 月
周谷城	湖南	28	男	宣傳幹事	1927 年 5 月
陳昌時	河南	19	男	助理	1927 年 4 月
楊光明	湖南	20	女	助理	1927 年 4 月

姓　名	籍　貫	年　齡	性　別	職　別	到職年月
李錫元	湖北	20	男	指導幹事	1927 年 4 月
李若蘭	湖南	21	女	助理	1927 年 6 月
商民部					
王法勤	直隸	58	男	部長	1927 年 3 月
經亭頤	浙江		男	代理部長	
魯佛民	山東	44	男	秘書	1927 年 3 月
田子逸	直隸	34	男	幹事	1927 年 3 月
王子弦	湖南	33	男	幹事	1927 年 5 月
王兆龍	湖北	24	男	幹事	1927 年 3 月
劉瑤章	直隸	31	男	幹事	1927 年 3 月
陳桴杭	山東	29	男	幹事	1927 年 3 月

資料來源：「中國國民黨中央黨部職員一覽表」（1927 年 7 月），〈二屆武漢中央黨部職員錄〉，《會議記錄》，黨史館藏，館藏號：會 2.4/51。

* 有[ ]者表示印字頗難判讀，[ ]內字體可能有誤，列以備考。